H. Norman Wright

Friede mit gestern

H. Norman Wright

Friede mit gestern

Editions Trobisch

Die Originalausgabe erschien unter dem Titel
MAKING PEACE WITH YOUR PAST,
im Verlag Fleming Revell, USA

ISBN 3-87827-028-3

2. Auflage 1995

Postfach 2048, 77680 Kehl/Rhein

Umschlag: Holler Design
Übersetzuung: Reinhilde Klatte
Satz: Fotosatzstudio Schillinger, Lahr
Druck: St.-Johannis-Druckerei, Lahr

Danksagung

Ich möchte all denen danken, die mein eigenes Denken und Reifen bei dem Zustandekommen dieses Buches herausgefordert und angeregt haben.

Ich danke meiner Frau Joyce für ihre liebevolle Ermutigung und dafür, daß sie die Unordnung, die Bücherstapel, die Papierstöße und mein Vertieftsein während der Zeit, in der ich mit dem Schreiben beschäftigt war, voll akzeptiert hat.

Ich möchte auch meine Wertschätzung und meinen Dank für eine Bekannte zum Ausdruck bringen, die mich nicht nur beim Schreiben dieses Buches, sondern auch vieler anderer unterstützt, ermutigt und motiviert hat. Es ist Marilyn McGinnis, eine frühere Studentin von mir, die auf ihrem Fachgebiet selbst eine äußerst begabte Autorin ist. Sie redigiert jeweils meine Bücher, meißelt an meinen grobumrissenen Ideen und gibt ihnen so die notwendige Leichtigkeit. Ihre Unterstützung befreit mich zur Kreativität, ohne mich um Feinheiten kümmern zu müssen.

Inhalt

Einleitung

Die wichtigste Reise, die Sie je machen können

Ich lade Sie ein, mit mir auf eine Reise zu gehen – eine Reise durchs Leben. Unterwegs werden wir sehen, woher wir gekommen sind, wo wir uns heute befinden und wohin wir gehen werden. Gemeinsam werden wir über die Bedeutung der Vergangenheit nachdenken und dabei erkennen, welche Rolle sie in unserem heutigen Leben spielt.

Mir liegt besonders daran, Ihnen zu helfen, Rückschau auf Ihre Vergangenheit zu halten, weil sie Ihnen Auskunft über Sie selbst geben kann. Auf Ihrer Reise durchs Leben möchten Sie doch die Route, die Ereignisse, den Bestimmungsort und das Ziel bestimmen. Dazu müssen Sie klarsehen, woher Sie gekommen sind. Inwieweit Sie über Ihr Leben selbst bestimmen, hängt davon ab, ob Sie Ihr Leben als Ihr eigener Herr leben oder ob Sie einer anderen Person in Ihnen erlauben, Ihre Energie und Gedanken zu leiten. Diese „andere Person", die versucht, Sie zu kontrollieren, ist das, was Therapeuten und Psychologen Ihr „inneres Kind aus der Vergangenheit" nennen. Dieses innere Kind ist der Teil Ihrer Psyche, der die Lasten und Probleme Ihrer frühen Tage nicht losläßt.

Wenn Sie Ihr inneres Kind besser erkennen, werden Sie sich selbst auf neue und andere Weise verstehen. Sie werden bessere Einsicht gewinnen in Fragen wie beispielsweise:

- Wie konnte ich werden, was ich heute bin?
- Wer ist für das verantwortlich, was ich heute bin?
- Wie kann ich das an mir ändern, was ich nicht mag?

Die Konzepte, die jetzt folgen, sind das Ergebnis eines zwanzig Jahre langen Forschens in der Bibel, der Beratung von Hunderten von Einzelpersonen und Paaren und von vielen Stunden, die ich damit verbracht habe zu ergründen, wie ich meine Studenten am besten unterrichten kann. Andere Konzepte wieder stammen von Theologen und Pastoren und aus der Weisung und Leitung des Heiligen Geistes, der mir geholfen hat, diese Gedanken auszufiltern und zusammenzufassen. Ich bin überzeugt, daß der Heilige Geist die kraftvollste Hilfe zum Friedensschluß mit unserer Vergangenheit ist, vorausgesetzt, wir kennen Jesus Christus persönlich. Die Bibel sagt dem Christen, daß er ein in die Familie Gottes aufgenommenes Mitglied ist. In Galater 4,5 steht, daß Gott seinen Sohn gesandt hat, um uns von der Sünde zu erlösen: „damit wir die Kindschaft empfingen."

1. Johannes 3,1 drückt es noch persönlicher aus: „Seht, welch eine Liebe hat uns der Vater erwiesen, daß wir Gottes Kinder heißen sollen – und wir sind es auch!"

Die Familie, in die wir aufgenommen worden sind, unterscheidet sich sehr von den irdischen Familien, zu denen oft labile und wankelmütige Eltern gehören. Bei unserem himmlischen Vater finden wir absolute Stabilität und Sicherheit. Wir haben in ihm einen Vater, der durchweg weise und gut ist, und der unsere Position als seine Kinder sicher verankert.

A. W. Tozer hat die Art der Liebe Gottes, die er für uns hat, sehr schön beschrieben, indem er sagt: „Es ist eine wundersame und herrliche Sache des freien Gottes, daß er es seinem Herzen erlaubt, sich emotional mit den Menschen zu identifizieren. Er ist zwar nicht darauf angewiesen, aber er möchte unsere Liebe und gibt sich nicht zufrieden, bevor er sie bekommt. Frei wie er ist, hat er trotzdem sein Herz für immer an uns gebunden."[1]

Wenn Jesus Christus der Herr in unserem Leben ist, dann wird der Heilige Geist ebenso Teil unseres Lebens sein. Der Heilige Geist ist unser Lehrer und Leiter, der uns ein immer größeres Verständnis darüber schenkt, in welchem Verhältnis wir zu Gott stehen. Paulus sagt in Römer 8,15: „Denn ihr habt nicht einen knechtischen Geist empfangen, daß ihr euch abermals fürchten müßtet; sondern ihr habt einen kindlichen Geist empfangen, durch den wir rufen: Abba, lieber Vater!" Das Wort *„ABBA"* heißt wörtlich übersetzt „Papi" oder „Vati". Der Heilige Geist leitet uns dazu an, Gott als unseren Vater zu sehen und ihm als unserem Vater zu vertrauen, wie ein geborgenes Kind einem zuverlässigen Elternteil vertraut. Das heißt auch, daß wir fähig werden, frühere Verhaltensmuster aus der Kindheit fallenzulassen, die immer wieder die Art, wie wir gegenwärtig leben, beeinflussen wollen.

Dank der Gegenwart Jesu Christi in unserem heutigen Leben und der Wirkung des Heiligen Geistes können wir die nachstehenden Konzepte benützen, um die negativen Reaktionen, die ihre Ursache in Ihrer Vergangenheit haben, unwirksam werden zu lassen. Sie können ein freier Mensch werden, einer, der das Leben genießt, ohne daß Sie durch die schweren Anker Ihrer Kindheit aufgehalten und lahmgelegt werden. Trotz der schädigenden Erlebnisse oder Einflüsse in Ihrer Vergangenheit können Sie Kontrolle über Ihr „inneres Kind“ gewinnen, das sich gern weiterhin in Ihnen Raum schaffen möchte. Sie können mit Ihrer Vergangenheit Frieden schließen, indem Ihr himmlischer Vater „nachholende Elternschaft“ übernimmt!

Bitten Sie den Heiligen Geist, daß die Gedanken auf diesen Seiten in Ihrem Geist haften bleiben und Ihnen helfen, nichtwünschenswerte Verhaltensweisen, Reaktionen und Überzeugungen zu überwinden. Versuchen Sie, was Sie hier lernen, in die Praxis umzusetzen. Bitten Sie um Gedankenstützen für das, was Sie entdeckt haben. Schreiben Sie sich wichtige Erkenntnisse auf und halten Sie sie immer griffbereit. Memorisieren, visualisieren und meditieren Sie Worte Gottes als Antriebskraft für Ihr Leben. Danken Sie Gott, daß wir uns als seine Kinder ändern *können.*

Noch etwas: Wenn Sie dieses Buch auf die vielleicht wichtigste Reise Ihres Lebens mitnimmt, stoßen Sie möglicherweise auf Erinnerungen, Gedanken und Gefühle, die über Jahre in Ihnen geschlummert haben. Sie haben dann vielleicht das dringende Bedürfnis, mit einem Menschen darüber zu sprechen, der Ihnen helfen kann mit dem, was Sie entdeckt haben, fertig zu werden. Zögern Sie nicht, Ihren Pastor oder einen Seelsorger, zu dem Sie Vertrauen haben, anzusprechen.

Wohin uns unsere Reise durchs Leben auch führt, wir können uns an der Zusicherung freuen, daß wir keine verkrüppelten, kraftlosen Menschen zu sein brauchen. Wir sind neue Geschöpfe, die in Gottes Familie aufgenommen worden sind. Ich glaube nicht, daß man die Bedeutung der Guten Nachricht überbetonen kann, daß wir nämlich von Gott dazu verordnet sind, „seine Kinder zu sein durch Jesus Christus nach dem Wohlgefallen seines Willens“ (Epheser 1,5). Wenn Sie die Konzepte in diesem Buch erfassen und ihre Wahrheiten in Ihr Leben integrieren, wird Gott Ihnen die Einsicht, Kraft und Stabilität schenken, die Sie brauchen, um nicht nur in dieser Welt zu leben, sondern um das Leben in Fülle zu erfahren, trotz aller Sie umgebenden negativen Einflüsse und Belastungen. Viel zu viele Christen leben so, als seien sie Waisen. Danken Sie Gott jeden Tag, daß Sie sein Kind sind, und bitten Sie ihn, Ihnen zu zeigen, wie Sie nach seinem Willen leben sollen – heute.

1

Überflüssiges Gepäck – wohin damit?

Vor einiger Zeit hatten meine Frau und ich die Gelegenheit, eine Kreuzfahrt zu machen. Termin und Route lagen fest. Wir brauchten nur noch unsere Koffer zu packen. Als wir uns aber die Stapel von Kleidern und anderen uns liebgewordenen Dingen anschauten, die wir im Wohnzimmer zusammengetragen hatten, war es kaum zu glauben, daß unsere geplante Kreuzfahrt nur ganze acht Tage dauern sollte. Es sah mehr nach einer Reise *in 80 Tagen um die Welt* aus! Uns wurde klar, daß wir letztendlich einen unglaublichen Ballast hätten, wenn wir nicht sorgfältig auswählten, was auf die Kreuzfahrt mit sollte.

So fingen wir an, zu sortieren und uns zu fragen: *Brauchen wir diesen Gegenstand wirklich? Werde ich dieses Kleidungsstück überhaupt anziehen? Was hat dieses Accessoire für einen Sinn? Wird diese Ausrüstung unsere Reise erfreulicher gestalten oder nur lästig werden? Wird es nicht viel vorteilhafter sein, wenn ich das hier nicht mitnehme?* Wir mußten uns entscheiden. Nähmen wir unsere ganze Habe mit auf die Kreuzfahrt, würden wir uns eine Menge Schwierigkeiten einhandeln. Außerdem mußten wir zuerst fliegen und wußten, daß wir am Flughafen einen Mehrpreis für überschüssiges Gepäck zu zahlen hätten. So ließen meine Frau und ich vieles von dem beiseite, was wir zusammengetragen hatten.

Doch trotz sorgfältiger Auswahl hatten wir noch zuviel. Als wir am Schiff ankamen und die Stewards unser Gepäck in unsere Kabine trugen, merkten wir schon, daß wir viel zu viele Koffer und Taschen hatten. Wir packten die Kleidung aus und versuchten, soviel wie möglich im Schrank unterzubringen, aber es ließ sich beim besten Willen nicht alles verstauen. Wir nahmen noch einmal eine Auswahl vor und packten Überflüssiges zurück in die Koffer und Taschen.

Dann hatten wir eine weiteres Problem: Wir mußten die Koffer und Taschen verstauen. Wir schoben soviel wie möglich unter das Bett. Tagsüber ging das ganz gut, aber wenn wir uns hinlegen wollten, dann störte die Erhöhung im Bett, die durch das darunter aufgetürmte Gepäck entstand, und wir konnten es uns nicht so bequem machen, wie es hätte sein können.

Was aber sollten wir mit den Taschen machen, die nicht mehr unter das Bett paßten? Sie einfach in der Kabine stehen lassen? Das war aber ungemütlich. Wir hätten auch versuchen können, sie in den Ecken unserer Kabine zu verstauen. Wer aber schon einmal eine Kreuzfahrt in einer „briefmarkengroßen" Kabine gemacht hat, wird wissen, daß es dort *keinen* ungenutzten Platz gibt.

So! Wie wäre es damit, diese Taschen und Koffer einfach über Bord zu werfen? Dann wären sie für immer aus dem Weg. Es gäbe keine Probleme und keinen Ärger mehr! Aber zu welchem Preis! Die Auswirkungen einer solchen Tat hätten wir monate- und jahrelang spüren können. Das Gepäck wäre zwar aus den Augen, aber nicht aus dem Sinn gewesen.

Wir konnten nicht viel gegen unsere unkluge Kreuzfahrtplanung unternehmen, aber wir entschlossen uns beide, in Zukunft bessere Entscheidungen zu treffen. Weil wir zu viel Gepäck mitgenommen hatten, wurde unsere Reise behindert und beeinträchtigt.

So wie meine Frau und ich überschüssiges Gepäck auf unsere Reise mitgenommen hatten, so schleppen wir vielleicht auch überflüssiges Gepäck mit auf unserer Reise durchs Leben. Wir alle starten diese Reise mit der Geburt, segeln durch unsere Kindheit und Adoleszenz ins Erwachsenenalter und sammeln dabei Gepäck an. Und dieses Gepäck – die Einflüsse und Belastungen durch unsere Eltern und andere Menschen in unserer Kindheit – hat eine große Bedeutung für unser Erwachsenenleben. Man erwartet, daß wir der Kindheit entwachsen und erwachsen werden. Davon sprach Paulus, als er sagte: „Als ich ein Kind war, da redete ich wie ein Kind und dachte wie ein Kind und war klug wie ein Kind; als ich aber ein Mann wurde, tat ich ab, was kindlich war" (1. Korinther 13,11). Aber statt „abzutun", was „kindlich" ist, versuchen wir, alles auf die weitere Reise mitzunehmen, und behindern damit oft den Prozeß des Erwachsenwerdens.

Wie offenbart sich dieses Kindlich-Sein im Erwachsenenleben? Die Art und Weise, wie ein Kind behandelt wird – sei sie gut oder schlecht –, entwickelt in dem Betreffenden eine Meinungsbildung darüber, wie er denkt, daß man ihn behandeln sollte. Wächst er heran, wird er die Handlungsweisen seiner Eltern ihm gegenüber dadurch verfestigen, daß er seine eigenen Handlungsweisen in Beziehung setzt zu den aus der Kindheit vertrauten Reaktionen auf sein Verhalten. Statt negative Steuerungen auszuschalten, wird er sich selbst genauso behandeln, wie er es aus der Vergangenheit von seiten seiner Eltern gewohnt ist. Wenn nicht irgend etwas passiert, wodurch sich sein Verhalten ändert, wird er diesen Aspekt seiner Kindheit in seine Reaktionen als Erwachsener mit einbauen.

Haben Sie schon einmal bei sich gedacht, nachdem Sie etwas Bestimmtes gesagt oder getan haben: *„Das war kindisch!"* Wie haben Sie dabei empfunden? Waren Sie über Ihr Verhalten glücklich oder eher traurig? Sind Sie durch derartige Gedanken oder Handlungen selbstkritisch geworden. Wie das überschüssige Gepäck auf unserer Kreuzfahrt, so sind kindliche Dinge Belastungen aus der Vergangenheit. Sie stellen sich oft in den Weg, wenn wir versuchen, zu entspannen und uns an unserer Lebensreise zu erfreuen. Diese Belastungen sind unnötiger Ballast.

Überschüssiges Gepäck

Manches Gepäck, das wir in der Kindheit angesammelt haben, hilft uns im Erwachsenenalter, manches aber behindert uns und erzeugt fortwährend Spannungen. Hilfreich oder hinderlich – mit Sicherheit bestimmen uns die Verhaltensmuster, die wir uns früh angeeignet haben. Wir werden niemals unsere Kindheitserfahrungen oder das Kind in uns vollständig ausschalten können, wie Dr. Hugh Missildine schreibt:

„Das Kind, das wir einmal waren, lebt in unserem Erwachsenen-Selbst weiter. ‚Wuchern' ist vielleicht noch ein besserer Ausdruck als 'weiterleben', denn oft ist 'dieses innere Kind der Vergangenheit' ein strampelndes, brüllendes, streitsüchtiges Ding, das sich kopfüber in Aktivitäten stürzt, die es mag, und sich um Dinge drückt, die es nicht mag, sich herausstiehlt und lügt und dabei das Leben anderer durcheinanderbringt oder sogar zerstört. Vielleicht ist dieses Kind aber auch der ängstliche, scheue, zurückgezogene Teil Ihrer Persönlichkeit.

Ob es uns gefällt oder nicht, wir sind gleichzeitig das Kind, das wir einmal waren und das in der emotionalen Atmosphäre der Vergangenheit lebt, die sich oft mit der Gegenwart mischt, und wir sind zugleich ein Erwachsener, der versucht, die Vergangenheit zu vergessen und ganz in der Gegenwart zu leben. Das Kind, das Sie einmal waren, kann Ihr Erwachsenen-Dasein frustrieren oder behindern, Sie aus der Fassung bringen und quälen und krank machen – oder aber Ihr Leben bereichern."[1]

Unsere kindlichen Neigungen treten oft zutage, wenn wir erschöpft oder krank sind, unter Druck stehen, zu viele Verpflichtungen haben oder wenn wir uns bedroht fühlen. Wenn Sie, ein erwachsener Mensch, dieses Buch lesen, haben Sie beides: die Wunden der Vergangenheit und entsprechende Schriftstücke als Beweis für Ihr Erwachsensein: eine Geburtsurkunde, einen Führerschein, vielleicht eine Heiratsurkunde und einige Zertifikate über abgelegte Prüfungen. Vielleicht geben Falten und graues Haar – oder auch schwindendes Haar – der Tatsache, daß Sie ein Erwachsener sind, eine noch größere Glaubwürdigkeit. Doch obwohl Sie alle physischen Merkmale haben, heißt das noch nicht, daß Sie in all den Jahren wirklich „erwachsen" geworden sind.

Was erwartet man von einem wirklichen Erwachsenen? Man erwartet, daß er sein eigenes Leben in die Hand nimmt. Das schließt ein, daß wir unsere eigenen Entscheidungen treffen, für unser Leben verantwortlich sind und den Erwartungen, die man an Erwachsene stellt, gerecht werden. Viele von uns machen das größtenteils recht gut. Manche werden diesen Forderungen nur zeitweise gerecht. Einige legen nur gelegentlich ein Erwachsenenverhalten an den Tag und vermischen es mit viel Kindischem. Alle von uns aber benehmen sich dann und wann so, daß man auf ein Nicht-erwachsen-geworden-Sein schließen kann. Beispielsweise sind manche Menschen so unsicher, eigene Entscheidungen zu treffen, daß sie immer die Zustimmung und Bestätigung durch andere brauchen. Sie sind in ihrem eigenen Gefängnis gefangen. Bei manchen kommt diese Haltung von Reaktionen bestimmter Menschen aus ihrem Umfeld. Aber bei den meisten ist es auf den kontrollierenden Einfluß ihrer Eltern zurückzuführen. Dabei spielt es keine Rolle, ob diese noch leben oder bereits gestorben sind. Das ist nicht entscheidend. Ganz gleich, ob unsere Eltern schon verstorben sind, ob sie Tausende von Kilometern entfernt oder unter demselben Dach leben, die elterlichen Ermahnungen und Einstellungen leben in uns fort. Wir sind noch immer auf ihr Urteil ausgerichtet, weil wir als Kinder verständlicherweise alles geglaubt haben, was sie uns sagten. Folgerichtig stellen wir vielleicht auch fest, daß bei uns alte Verhaltensmuster wieder auftauchen, wenn wir mit den Eltern zusammenkommen.

Wichtig ist die Tatsache, daß Sie Ihr Wachstum behindern können, wenn Sie gegenwärtig bestehende Beziehungen dazu benutzen, um vergangene Konflikte mit Ihren Eltern zu lösen.

Gepäck, das durch Bindungen entstanden ist

Von den frühesten Tagen an empfindet jeder Mensch ein Gefühl des Verbundenseins mit seinen Eltern. Unsere Eltern befriedigen unsere Wünsche und Bedürfnisse und vermitteln uns ein Gefühl der Stabilität. Und so wie wir uns auf sie verlassen, werden wir uns auf Modelle aus der Kindheit verlassen, die weit in unser Erwachsensein hineinreichen. Wir können uns dessen durchaus bewußt sein und doch eine Lähmung bei dem Versuch empfinden, damit richtig umzugehen. Aber auch eine unbewußte Bindung hält die Kontrolle über unsere Reaktionen aufrecht. Wie auch immer, Kindheitsmuster und -modelle, seien sie gesund oder schmerzlich, sind uns vertraut, und Vertrautheit gibt uns eine gewisse Sicherheit.

Beispielsweise kann eine Übertragung aus unserer Vergangenheit unser Hingezogensein zu gewissen Menschen bestimmen. Wenn unsere Eltern liebevoll waren, haben sie unserem Leben diesen Stempel aufgedrückt, selbst wenn wir uns nicht an Einzelheiten dieser Beziehung erinnern können. Manche von uns fühlen sich im Erwachsenenalter zu Menschen hingezogen, die wie unsere Eltern sind, und andere zu solchen, die das Gegenteil von ihren Eltern sind.

Ein Beispiel für diese Art Verknüpfung ist Maria. Sie schien besonders von Männern angezogen, die eigentlich kein guter Umgang für sie waren. Sie erkannte, daß es sie besonders zu Männern hinzog, die mit einem gewissen Makel behaftet waren. Ihr eigener Vater war ein sehr ansehnlicher, aber passiver und uneffektiver Mann. Von frühester Kindheit an verehrte sie ihn maßlos und kämpfte darum, seine Schwächen nicht zu sehen. Aber nach den vielen Jahren der Enttäuschung fühlte sie sich von ihrem Vater betrogen. Trotzdem ging sie nun mit Männern aus, die wie ihr Vater waren, immer in der Hoffnung, daß diese sich als verläßlich erweisen würden und sie ihnen dabei helfen könnte.

Bei John zeigt sich eine andere Variante dieser Tendenz. Er wurde von einer Mutter aufgezogen, die kalt, reserviert, abweisend und unzuverlässig war. Darüber hinaus war sie sehr gepflegt, äußerst genau und mehr darauf aus, daß ihr Heim einer Möbelausstellung glich, als daß sie ihre Familie angemessen ernährte. Sie kleidete sich gut und wollte nie, daß ihr Sohn ihr zu nahe kam, weil er ihre Kleidung und ihre Frisur in Unordnung bringen könnte. John fühlte, daß er von seiner Mutter nicht geliebt, sondern nur gebraucht wurde. Sie sagte ihm immer nur, was er zu tun und wie er es zu tun habe. Ansonsten war sie dauernd beschäftigt und hatte nie Zeit. Obwohl John ohne Wärme, Liebe und Fürsorge aufgewachsen ist, fühlt er sich immer und immer wieder zu Frauen hingezogen, die sich nicht verschenken können und die nichts anderes sind als gefühllose Mannequins. Warum? Er versucht, Frauen, die seiner Mutter gleichen, umzugestalten, damit sie ihm geben, was er eigentlich gebraucht hätte, aber immer entbehren mußte. Und weil er Frauen auswählt, die wenig Aussicht bieten, ihm zu geben, was er braucht, frustrieren ihn seine Versuche, sie umzuformen.

Diese Verknüpfung kommt oft auch bei der Auswahl des Ehepartners zum Tragen. Manche Menschen versuchen, durch eine Eheschließung ein Gegenstück ihrer eigenen Familie zu schaffen. Beispielsweise wird ein Einzelkind, das wenig Umgang mit Gleichaltrigen hatte, eher eine Elternfigur als Ehepartner aussuchen. Manche Menschen wählen sich als Ehepartner eine Person, die gewissermaßen ein Transferobjekt aus ihrer Vergangenheit ist – jemand, der einem Elternteil oder auch einer anderen für sie bedeutsamen Person ähnelt. Sie gehen mit dieser Person um, als sei sie die Person aus der Vergangenheit. Bis zu einem gewissen Grade tun wir das alle. Wenn aber noch ungelöste emotionale Probleme zu der für uns wichtigen Person aus der Vergangenheit bestehen, können Schwierigkeiten auftreten. Beispielsweise könnten Sie einen Partner auswählen, der einem Menschen ähnelt, mit dem Sie in der Vergangenheit nicht gut zurechtkamen. Es wird dann möglicherweise auch in der gegenwärtigen Situation mit diesem Menschentyp problematisch werden. Man ist sich aber nicht immer bewußt, daß sich hier alte Muster wiederholen.

Nicht alle Menschen versuchen, durch ihre Heirat ihre ursprüngliche Familie neu aufleben zu lassen. Viele möchten genau das Gegenteil und halten nach einem Ehepartner Ausschau, der ganz anders ist als Vater und Mutter. Sie meinen, daß sie es mit einem ganz anderen Menschentyp leichter haben werden. Oft aber übersehen diese Menschen die doch vorhandenen, aber verborgenen Ähnlichkeiten, die erst später ans Licht treten. Wenn sie diese an ihrem Partner entdecken, geraten sie in Panik, weil sich die Vergangenheit zu wiederholen scheint. Je größer die ungelösten Probleme in der früheren Familiensituation sind, desto größer die Bestürzung.

Warum, so fragen Sie vielleicht, hängt so vieles in unserem Leben von dem Einfluß wichtiger Menschen aus unserer Vergangenheit ab? Muß das wirklich so sein, läßt sich das nicht ändern? Warum ist das so schwer? Weil wir unsere wechselseitige Beziehung zu unseren Eltern begonnen haben, als wir noch in einem hilflosen Zustand waren. Wir waren total von ihnen abhängig, um zu überleben. Das haben wir schon sehr früh begriffen, und wir haben auch gelernt, daß wir auf bestimmte

Weise reagieren mußten, wollten wir mit ihnen gut zurechtkommen. Wenn Vater und Mutter mit uns glücklich waren, schenkten sie uns mehr positive Aufmerksamkeit. Deshalb entwickeln Kinder über die Jahre ein ganzes Repertoire an Reaktionen, um diese positive Aufmerksamkeit zu erlangen.

Als wir heranwuchsen, wurde unser physisches Überleben von unseren Eltern unabhängiger. Aber unsere „gefühlsmäßige“ Abhängigkeit von unseren Eltern nahm nicht im gleichen Maße ab. Dr. Howard Halpern hat das gut ausgedrückt: „Die emotionale Nabelschnur bleibt nicht nur undurchtrennt, sondern verdreht sich oft noch zu einem gordischen Knoten, der uns an ihre Reaktionen uns gegenüber bindet.“[2]

Das mächtige innere Kind

Manche Eltern haben erkannt, daß es ihre Aufgabe ist, ihren Kindern zu helfen, sich zu autonomen, selbständigen Individuen zu entwickeln, und sie mühen sich sehr darum, dieses Ziel zu erreichen. Andere Eltern lassen es jedoch zu, daß eigene Bedürfnisse und Schwierigkeiten bei der Erziehung zum Tragen kommen. Auch die Eltern werden von ihrem eigenen inneren Kind beeinflußt, das sich ihnen in den Weg stellt und sie davon abhalten kann, als gut funktionierende Erwachsene zu leben. Videobilder der eigenen Kindheit schieben sich zwischen vernünftige angemessene elterliche Verhaltensweisen den eigenen Kindern gegenüber. Ihr eigenes inneres Kind könnte bedroht werden durch das Bedürfnis ihres heranwachsenden Kindes nach Reife, Unabhängigkeit und nach dem Aufbau seines Selbstvertrauens. Und was passiert? Das sich entwickelnde innere Kind im Kind kommt mit dem inneren Kind der Eltern ins Gehege, und Wachstum wird gestört.

Heißt das, daß wir alle Schuld für unsere Probleme und Schwierigkeiten, die wir als Erwachsene haben, unseren eigenen Eltern anlasten können? Bestimmt nicht! Wer waren unsere Eltern? Unvollkommene Menschen wie Sie und ich. Sie hatten ihre eigenen Probleme mit dem Leben und mußten selbst mit ihren eigenen Kindheitserinnerungen fertig werden. Die sozialen und kulturellen Kräfte ihrer Zeit haben sie geprägt, und auch ihre eigenen ehelichen Beziehungen hatten ihren Einfluß auf sie. Wegen ihrer eigenen Schwierigkeiten und ausgefilterten Wahrnehmungen des Lebens war die Sicht, die sie von uns hatten, verzerrt, und sie sind vielleicht nicht immer auf die beste Art und Weise auf uns eingegangen. Auch wir reagieren nicht immer optimal auf unsere eigenen Kinder. Wenn Sie als Kind verletzt wurden, dann in den meisten Fällen nicht deshalb, weil Ihre Eltern Sie wirklich verletzen wollten, sondern weil sie es nicht besser wußten.

Wenn wir dem Verhalten unseres inneren Kindes, das aus den Unvollkommenheiten der Erziehung resultiert, zuviel Bedeutung beimessen, dann wird unsere Wahrnehmung der Gegenwart verzerrt. Wir werden feststellen, daß wir unangemessen reagieren oder unsere Reaktionen und Handlungsweisen übermäßig analysieren. W. Hugh Missildine sagt: „Wir verstehen vielleicht diese Gefühle und Reaktionen nicht und wissen nicht, warum sie auftreten; wir schämen uns ihrer; wir geraten vielleicht ihretwegen mit uns selbst in einen Widerstreit. Wir betrachten uns vielleicht deshalb als andersartig, vielleicht sogar als neurotisch. Und wenn wir darüber bestürzt sind, versuchen wir vielleicht, die Schuld dafür auf die Familie, auf Freunde, auf das Schicksal oder sogar auf das Wetter zu schieben. Falls sie öfter aufkommen, werden wir zunehmend irritiert und fühlen uns vielleicht allein gelassen und von anderen Menschen getrennt und isoliert.“[3]

Eltern oder andere für unsere Probleme verantwortlich zu machen ist ein geeigneter Weg, sich selbst aus der Verantwortung zu ziehen. Auf diese Weise wird man aber seine Probleme nicht los. Es ist eine Tatsache, daß diese Ketten der Kindheit gesprengt werden können. Als Erwachsene können wir uns entscheiden, ob wir so bleiben wollen, wie wir sind, oder ob wir uns ändern und wachsen wollen. Es ist nicht unsere Aufgabe, zwischen uns und unseren Eltern, Betreuern oder anderen Menschen, die Einfluß auf unser Leben hatten, eine Mauer aufzurichten. Vielmehr sollen wir begreifen, wer wir sind, und mit der Hilfe Jesu Christi frei werden von den schädigenden Einflüssen aus unserer Vergangenheit. Wenn wir Rückschau halten und verschlossene Türen öffnen, werden wir die Gespenster aus der Vergangenheit sehen, die uns stören und aus der Fassung bringen wollen. Gespenster können uns aber nicht verletzen. Sie sind nicht unsere Feinde. Im nächsten Kapitel wollen wir mit diesen aufräumen, indem wir erkennen, daß der eigentliche Feind in uns selbst steckt.

2

Wie haben Sie all das Gepäck angesammelt?

Als Jan zu mir in die Therapie kam, rang er gerade darum, auf eigenen Füßen zu stehen. Seine Ehe war gescheitert, weil es seine Frau leid war, alle Entscheidungen für die Familie treffen zu müssen. Sie hatte Jan gesagt, daß es ihr vorkäme, als müßte sie mit ihm ein weiteres Kind aufziehen, statt sich an einer Partnerschaft mit ihm in der Ehe erfreuen zu können. Jan erzählte, daß er seiner eigenen Fähigkeit, Entscheidungen zu treffen, nicht trauen könne, weil seine Eltern und älteren Geschwister in seiner Kindheit und Jugend sich immer in seine Angelegenheiten gemischt und jeden einzelnen Schritt seines Lebens für ihn geplant hatten. Jan ist ein Opfer von „übertriebenem Zwang", (Überbehütung), wie Dr. W. Hugh Missildine[1] dieses Syndrom nennt. Dies ist nur eine der unterschiedlichen elterlichen Verhaltensweisen, die wir vielleicht in unserer Kindheit erlebt haben und die uns daran gehindert haben, verantwortungsbewußte Erwachsene zu werden. Prüfen Sie, ob Sie sich mit einem oder mehreren der folgenden Verhaltensmuster identifizieren können. Wenn ja, dann hilft Ihnen das vielleicht zum Verständnis dafür, warum Sie auf bestimmten Gebieten Ihres Erwachsenenlebens Schwierigkeiten haben, und das kann Sie ermutigen, Befreiung von Ihrer Vergangenheit anzustreben.

Negative elterliche Verhaltensweisen

Übertriebener Zwang ist eine der häufigsten elterlichen Verhaltensweisen. Dazu gehört, einem Kind dauernd Anweisungen zu geben, es dauernd zu beaufsichtigen, es zu dirigieren, zu instruieren und zu mahnen. Weil Eltern es dem Kind leicht machen möchten und/oder nicht die erforderliche Zeit und Mühe aufbringen, um das Kind in die Unabhängigkeit zu führen, geben sie ihm nicht die Möglichkeit, seine eigenen Interessen zu entwickeln.

In einem solchen Umfeld hat ein Kind die Wahl, sich entweder dem Einfluß (offen oder versteckt) zu widersetzen oder nachzugeben und sich auf diese Führung zu verlassen. Ein Kind, das sich diesem Zwang widersetzt, offenbart seinen Widerstand vielleicht durch Vergessen, durch Verzögerungstaktiken und durch die Flucht in Tagträume. Wenn ein Kind sich aber diesem übertriebenen Zwang unterwirft, dann wird es wahrscheinlich auch im Erwachsenenalter Hilfe von außen brauchen. Es kann aber auch sein, daß dieser Mensch sehr hart gegen sich selbst wird und sich selbst genauso ermahnt und zurechtweist, wie es früher seine Eltern taten.

Der durch übertriebenen Zwang überbehütete Erwachsene hat gelernt, sich seinen eigenen Direktiven zu widersetzen. Er macht sich gewissermaßen selbst zum Kind seiner eigenen elterlichen Befehle. Der Kreislauf der Kindheit funktioniert immer noch.

Antiautoritäre Erziehung – also übertriebene Nachgiebigkeit – ist das Gegenteil von übertriebenem Zwang. Antiautoritär erziehende Eltern geben den Wünschen, den Temperamentsausbrüchen und der Impulsivität des Kindes nach und erlauben ihm, zu herrschen und zu kontrollieren und „Boss" zu sein. Die Eltern tun das angeblich aus „Liebe" zum Kind, aber es ist keine Liebe und schadet letztendlich dem Kind. Denn die Reaktion des Kindes ist meistens, daß es noch fordernder wird und bald auch die Rechte anderer nicht mehr achtet. Das Wörtchen „nein" ist für das antiautoritär erzogene Kind ein Fremdwort. Ein solches Kind lernt keine Grenzen kennen, deshalb begreift es auch nicht als Erwachsener die Bedeutung dieses Wortes.

Im Erwachsenenalter werden die Ziele eines solchen Menschen oft von seinem eigenen impulsiven Verhalten sabotiert. Das kann zum Exzeß beim Essen, Rauchen oder Trinken führen. Ein solcher Mensch ist oft gedankenlos, leicht verärgert und nimmt auf andere keine Rücksicht.

Perfektionismus treffen wir oft bei einem Menschen an, der zwar erfolgreich, aber immer unzufrieden mit dem bisher Erreichten ist. Alles ist niemals genug oder gut genug. Wo hat der Perfektionist das gelernt? Oft in einem Elternhaus, in dem er nur bedingt Annahme erfahren hat. Die eigenen Eltern setzten ihn unter großen Leistungsdruck. Nur wenn er diesem gerecht wurde, hat er Annahme erfahren. Und er kooperierte mit dieser Maxime durch übermäßiges Streben nach Leistung. Der Perfektionist hat mit einem ständigen Gefühl des Unwertseins gelebt, weil er immer wieder feststellen mußte, daß er den Forderungen seiner Eltern nicht gerecht werden konnte.

Das Verhaltensmuster der eigenen Herabsetzung wird aus der Kindheit direkt ins Erwachsenensein übernommen. Perfektionisten bleiben von ihren Leistungen enttäuscht und haben wenig Freude am Leben. Auch wenn andere Menschen durchaus mit den Leistungen des Perfektionisten zufrieden sind, zählt das für einen solchen Menschen nicht wirklich.

Verwöhnen und verziehen bedeutet, ein Kind wird mit Geschenken, Privilegien und Gefälligkeiten überschüttet, obwohl es diese besonderen Aufmerksamkeiten nicht braucht oder möchte; seine Wünsche werden nicht in Betracht gezogen. Wenn ein Kind über Jahre hinweg verzogen worden ist, wirkt es gelangweilt, es verliert jegliche Initiative und Spontaneität und wird apathisch. Da es nie gelernt hat, für Belohnungen zu arbeiten, hat es die Fähigkeit, beharrlich an einer Sache zu bleiben, nicht erwerben können.

Ein solches Kind entwickelt sich zum verwöhnten Erwachsenen. Wenn dieser nicht mehr umsorgt und durch andere befriedigt wird, macht er entweder das Leben selbst oder die Menschen in seinem Lebenskreis dafür verantwortlich. Er wird weiterhin nach Menschen Ausschau halten, die seine Wünsche und sein Begehren befriedigen. Wie wird er aber reagieren, wenn er solche Menschen tatsächlich findet? Mit Langeweile und Apathie, wie er es aus der Kindheit gewohnt ist. Das Kindheitsmuster wiederholt sich.

Übermässige Bestrafung ist eine elterliche Reaktion, die sich auf vielerlei Weise manifestiert, bis hin zur ausgeprägten Feindseligkeit und Aggressivität dem Kind gegenüber. Dieses Fehlverhalten geht oft einher mit Überbehütung, Perfektionismus und überhöhtem Erwartungsdruck. Die Eltern fühlen sich zu ihren strafenden Aktionen berechtigt, sie reagieren aber gewöhnlich aus Ärger, Frustration oder Ungeduld heraus, selten aufgrund eines Verhaltens oder einer Handlungsweise des Kindes. Wenn ein Kind das Subjekt vieler Strafmaßnahmen gewesen ist, lernt es unter Umständen, Verhaltensweisen zu zeigen, die Bestrafung noch verstärken, rechtfertigen oder herausfordern.

Falls die Eltern nicht nur übermäßig straften, sondern auch nachlässig waren, ist ein kindlich gebliebener Erwachsener vielleicht geneigt, alles zu vergelten. Da er niemals wirklich erfreuliche Beziehungen zu anderen erlebt hat, kann es geschehen, daß ihn Rachegedanken überkommen. Wenn andererseits die Eltern zwar Liebe gezeigt, aber trotzdem übermäßig gestraft haben, könnte der kindliche Erwachsene lernen, Situationen heraufzubeschwören, in denen er Bestrafung erfährt, und sei es nur, daß er sich selbst durch Selbstkritik und Schuldgefühle bestraft.

Vernachlässigung geschieht, wenn Eltern entweder nie in der Nähe des Kindes oder zu sehr beschäftigt sind, als daß sie zu jedem Zeitpunkt der Entwicklung auf das Kind eingehen könnten. Vernachlässigung finden wir auf jeder Stufe der sozialen Leiter. Bei einem Menschen, der schon früh in seinem Leben Vernachlässigung erfahren hat, können als Folgen verschiedene Schwierigkeiten auftreten. Es ist möglich, daß ihm die Fähigkeit fehlt, enge, sinnvolle Beziehungen zu anderen Menschen zu entwickeln; vielleicht fällt es ihm schwer, sich selbst Grenzen zu setzen, weil sich in der Kindheit niemand die Mühe gemacht hat, ihm Grenzen aufzuzeigen. Er kann auch Schwierigkeiten damit haben, eine eigene Identität zu entwickeln, die ihm hilft, mit anderen Menschen in Beziehung zu treten.

Ablehnung. Ob Sie es glauben oder nicht, Ablehnung ist nicht so verbreitet, wie man vielleicht vermutet, wenigstens nicht im wahrsten Sinne des Wortes. Ablehnung ist gewöhnlich vermischt mit anderen Formen elterlichen Fehlverhaltens, oder das Kind interpretiert eine andere elterliche Reaktion als Ablehnung. Ein Kind, das fortwährend abgelehnt wird, entwickelt ein schwaches Selbstbild. Wächst ein solcher Mensch heran, wird er bitter und ängstlich und fühlt sich isoliert, hilflos und minderwertig.

Ein Weg, einem Kind gegenüber Ablehnung zum Ausdruck zu bringen, ist der, ihm zuviel Verantwortung aufzubürden. Die Eltern legen die Verantwortung eines Erwachsenen auf das Kind, ehe es in der Lage ist, sie zu übernehmen. Die Folge ist, daß ein solcher Mensch niemals Gelegenheit hatte, wirklich Kind zu sein, und er sehnt sich nach dem, was er vermissen muß – nach Annahme, Liebe und Lob.

Als Erwachsener tendiert dieser Mensch vielleicht dazu, zuviel Verantwortung zu übernehmen; er kann niemals entspannen, spielen und sich am Leben freuen. Ein solcher Mensch schränkt nicht nur sein eigenes Leben ein, sondern neigt auch dazu, auf das Leben seiner Mitmenschen einschränkend zu wirken.

Das waren einige der am häufigsten vorkommenden elterlichen Verhaltensweisen und Bedingungen des häuslichen Umfelds. Haben Sie sich in einigem des Geschilderten wiedergefunden? Welche Einflüsse aus Ihrer Vergangenheit machen Sie zu dem, wer und was Sie heute sind?

Am Ende dieses Kapitels stellen wir einige Fragen, die Ihnen helfen werden, herauszufinden, wieviel überflüssiges Gepäck aus der Vergangenheit Sie noch immer mit sich herumschleppen und wie Sie einiges davon auf positive, konstruktive Weise abwerfen können.

Zuvor jedoch möchte ich Sie bitten, das Umfeld, in dem Sie aufgewachsen sind, noch einmal zu betrachten. Prüfen Sie, ob Sie nicht heute noch in Ihrem jetzigen Leben Situationen aufrechterhalten oder schaffen, die potentiell destruktiv sind.

Depressionsförderndes Umfeld

Manche Kinder sind in einer Atmosphäre aufgewachsen, die Depression begünstigt und Selbstachtung unterdrückt. Eine solche häusliche Atmosphäre – das Gegenteil dessen, was ein christliches Heim sein sollte – möchte ich „depressogenes Umfeld" nennen. Doch leider schaffen auch viele Christen eine solche Atmosphäre in ihren Familien, weil sie „Du sollst" und

„Du sollst nicht" zu sehr betonen, statt für die positiven Dinge, die die Familienmitglieder tun, Lob und Ermutigung auszusprechen. Ein solches Umfeld deckt diese wichtigen positiven Bedürfnisse nicht ab. Es verfügt weder für ein Kind noch für einen Erwachsenen über eine ausreichende Voraussetzung für die Entwicklung von Selbstachtung.

Dieses Umfeld unterminiert in den meisten Fällen die Selbstachtung, oder es beschwört Emotionen und Konflikte herauf, mit denen der Mensch nicht fertig wird. Gewöhnlich ist eine Depression das Ergebnis. Wenn wir in einer Atmosphäre ständiger Attacken durch Menschen, die wir lieben und respektieren, leben, stellen sich Verletztsein, Schuld und Hilflosigkeit ein. Und je verletzlicher wir werden, desto mehr kann uns der verbale und nicht-verbale Austausch beeinträchtigen. Nachstehend ein paar typische Situationen, die zu einem depressogenen Umfeld beitragen:

1. Andere Menschen versuchen, uns zu beherrschen, so daß wir keinerlei Unabhängigkeit erwerben können. Diese Kontrolle kann subtil und verborgen sein, aber unser Leben wird dirigiert. Und irgendwann fangen wir an zu glauben, daß wir nicht ohne diese Richtungweisung anderer leben können.
2. Andere versuchen, uns vorzumachen, daß wir sie brauchen und ohne ihre emotionale Unterstützung nicht überleben können.
3. Uns erreichen ambivalente Botschaften, die unsere Selbstachtung unterminieren wie etwa: „Obwohl du so schlampig bist, lieben wir dich immer noch" oder „Obwohl du ein Problemkind bist, sollst du wissen, daß wir dich liebhaben."
4. Andere versuchen, in uns Schuld hervorzurufen, indem sie uns das Gefühl geben, für Situationen oder Umstände verantwortlich zu sein. Sie versuchen, uns Unbehagen einzuflößen. Das können sie auch ohne Worte tun. Ein Elternteil kann ins Zimmer kommen, sich umschauen, um zu sehen, wie sauber es ist, den Kopf schütteln, hämisch grinsen oder angeekelt das Zimmer wieder verlassen. Welche Gefühle könnte das in einem Menschen auslösen?
5. Unsere Absichten und Motive werden vielleicht durch für uns wichtige Menschen falsch interpretiert, was bewirken

kann, daß wir unsere eigenen Wahrnehmungen anzweifeln. Dauernde Fragen wie die folgenden können das schaffen: „Weißt du auch genau, ob du das gesagt oder getan hast?" oder „Ich glaube, außer dir hat niemand sonst gehört, daß..." oder „Das meinst du natürlich nicht wirklich..." Wenn man derartige Äußerungen oft genug hört, können Zweifel aufkommen.

6. Konkurrenzdenken kann in einer Familienkonstellation Depression und/oder verminderte Selbstachtung auslösen. Alles, was getan wird, um Neid oder Eifersucht aufzubauen, kann eine schädliche Wirkung auf die Familie haben. Wenn wir mit anderen Kindern verglichen wurden oder wenn einem anderen Kind mehr Aufmerksamkeit zuteil wurde, beeinflußt uns das.
7. Wenn ein Elternhaus ohne Freude und Humor ist und nur andauernde Monotonie bietet, fragen wir uns vielleicht selbst: *Bin ich die Ursache für dieses stupide Leben? Warum werden meine Bemühungen, Abwechslungen und neue Aktivitäten zu schaffen, nicht akzeptiert?* Wenn wir nur wenig oder gar keine positiven Reaktionen empfangen, schließen wir vielleicht daraus, daß es nicht gut ist, sich mitzuteilen.
8. Wenn es in einer Familie nicht erlaubt war, irgendwelchen Ärger zu zeigen, haben wir wahrscheinlich gelernt, diesen und auch jeden anderen emotionalen Ausdruck abzublocken. Vielleicht ist der Ärger sogar in Depression umgeleitet worden?[2]

Was machen wir mit dem überflüssigen Gepäck?

Verhaltensweisen, die, wie die soeben beschriebenen, eine Depression begünstigen, können später das Kind in uns veranlassen, überflüssiges „Gepäck" mitzutragen, um das wir dauernd herumgehen oder das wir zu den ungelegensten Zeiten übersteigen müssen. Falls uns derartige Kindheitstendenzen bewußt sind und wir versuchen, dieses Gepäck unter dem Bett zu verstecken (wie wir auf unserer Kreuzfahrt), dann macht sich seine

Existenz bemerkbar, sobald wir ruhen und entspannen wollen. So ruft das mächtige innere Kind nicht nur in unseren wachen Stunden, sondern auch in den Stunden der Ruhe, Schmerzen und Qualen hervor.

Manche von uns gestehen sich zwar dieses überflüssige Gepäck ein, versuchen es jedoch im Schrank zu verstecken. Eines Tages aber müssen wir den Schrank öffnen. Dann sehen wir uns – wieder einmal – mit dem Unliebsamen konfrontiert. Wir versuchen vielleicht, die Angelegenheit neu einzuordnen, aber dieses Vorgehen beseitigt ihren dauernden Einfluß auf unser tägliches Leben nicht.

Können Sie das überflüssige Gepäck Ihres inneren Kindes über Bord werfen und seinen Einfluß aussondern? Können Sie wirklich jeden Einfluß und alle Kindheitserlebnisse beseitigen? Ist es möglich, sich selbst zu befreien und neu zu beginnen? Natürlich nicht. Wir können das mächtige innere Kind nicht überwältigen, aber wir sind fähig, es zu identifizieren und unsere negative Einstellung ihm gegenüber zu korrigieren. Wir müssen uns mit derselben Aufmerksamkeit behandeln, wie Gott sie uns gegenüber aufbringt. Wir können alle Ressentiments und alle Bitterkeit, die wir gegenüber uns wichtigen Menschen aus unserer Vergangenheit haben, aufgeben. Wir können „erwachsene Erwachsene" werden. Unsere Erinnerungen werden immer bei uns sein, aber ihre Wirkung kann verringert werden. Christen haben diese Möglichkeit. Es ist möglich, positive Eltern für uns selbst zu werden.

Rekonstruieren Sie Ihre Vergangenheit

Benutzen Sie Ihre Erinnerungen als Schlüssel zum Verständnis für Ihre Vergangenheit und für den Einfluß, den Ihr inneres Kind auf Ihre Emotionen und Reaktionen als Erwachsener hat. Damit Sie ein größeres Bewußtsein und Verständnis für Ihre Kindheitsentwicklung erhalten, stellen Sie sich zuerst Fragen wie diese: *Wie war ich wirklich als Kind? Wie waren die Reaktionen meiner Eltern mir gegenüber? Wie sah mein Verhalten aufgrund der Reaktionen meiner Eltern aus?*

Um sich einige dieser Erinnerungen zurückzurufen, nehmen Sie bitte Papier und Kugelschreiber zur Hand. Versuchen Sie, Ihre Kindheit vom frühesten Zeitpunkt an, der Ihnen bewußt ist, nachzubilden. Für manche war es eine Hilfe, Photoalben aus der Kindheit durchzublättern, um vergessene Erinnerungen zu beleben. Manche Erinnerungen werden aufkommen, wenn Sie am wenigsten damit rechnen. Je mehr Erinnerungen Ihnen bewußt werden, desto hilfreicher wird es sein. Wir alle können uns an bestimmte Zeiten erinnern, in denen wir einsam, ängstlich und ärgerlich waren und uns abgewiesen fühlten. Wonach Sie aber besonders Ausschau halten sollten, sind beständig vorherrschende Verhaltensmuster. Versuchen Sie, konstant wiederkehrende Verhaltensweisen, die andere Ihnen gegenüber gezeigt haben, aufzudecken.

Wenn Sie sich auf diese Reise begeben und versuchen, Ihre Erinnerungen aufzustöbern, achten Sie unbedingt auf die Gefühle, die jede Erinnerung in Ihnen weckt. Manche Erinnerungen sind vielleicht mit Barrieren und Blockaden umgeben, weil sie damals intensiven Schmerz ausgelöst haben. Wenn dieser Schmerz aber anhält, sind diese Erinnerungen noch lebendig und haben Auswirkungen auf Ihr Leben. Erlauben Sie es diesen Gefühlen an die Oberfläche zu kommen. Vermeiden Sie es jedoch, sich bei einer einzelnen Erinnerung aufzuhalten. Sie werden vielleicht feststellen, daß, wenn sie erst einmal an die Oberfläche gekommen ist, Sie immer und immer wieder zu dieser Erinnerung zurückkehren und dabei verharren möchten. Es besteht dann die Gefahr des „Überanalysierens", weil Sie versuchen wollen zu verstehen, was da passiert ist. Sie verbringen so vielleicht unangemessen viel Zeit mit dem Versuch, sich selbst zu beweisen, daß Sie nicht für das verantwortlich zu machen sind, was da geschehen ist.

Wenn der Schmerz aus einem oder einigen wenigen punktuellen Vorkommnissen resultiert, hält Sie das vielleicht davon ab, ein umfassendes Gesamtbild Ihrer Kindheit zu gewinnen. Sie müssen sich aber bemühen, Muster und Modelle zu entdecken, die in Ihrem Leben dominant waren, und versuchen zu erkennen, welche konstanten Reaktionen es in Ihrem Leben gegeben hat.

Ziel ist es zu entdecken, in welcher Beziehung Ihre Vergangenheit zu Ihrer Gegenwart steht. Ihre Reaktionen Ihren Kollegen, Ihrem Ehepartner oder Ihren Freunden gegenüber gründen vielleicht auf Verhaltensweisen und Reaktionsmustern, die Sie in der Kindheit erworben haben. Versuchen Sie entweder anhand gegenwärtiger Verhaltensmuster, die Einflüsse aus Ihrer Vergangenheit zu bestimmen, oder bemühen Sie sich, aus Ihrer Kindheit her ein größeres Verständnis für Ihre heutigen Gewohnheiten zu gewinnen.

Die folgenden Fragen und Anweisungen werden Ihnen bestimmt bei Ihrer Rekonstruktion helfen:

1. Welche Stimmungen hatten Sie als Kind?
2. Waren Sie als Kind glücklich und, wenn ja, wann?
3. Erinnern Sie sich an Zeiten, in denen Sie fordernd und anspruchsvoll waren? Wann haben Sie sich selbst leid getan und sich einsam gefühlt?
4. Rufen Sie sich Zeiten in Erinnerung, in denen Sie gezielt versucht haben, Ihren Eltern Anerkennung zu entlocken, und erinnern Sie sich, wie Sie das getan haben. Wann haben Ihnen Ihre Eltern Anerkennung geschenkt, und wie haben Sie sich dabei gefühlt?
5. Welche Ängste hatten Sie in Ihrer Kindheit, und wer wußte um diese Ängste?
6. Wie haben andere Menschen reagiert, als Sie ihnen sagten, daß Sie Angst haben?
7. Wie haben Ihre Geschwister auf Sie im großen und ganzen reagiert?
8. Wie war das ausgeprägte, konstante Verhalten Ihres Vaters Ihnen gegenüber?
9. Wie sah die überwiegende Reaktion Ihrer Mutter Ihnen gegenüber aus?
10. Waren Ihre Eltern streng, moralistisch, fordernd und unduldsam?
11. Forderten sie Perfektion von Ihnen?
12. Wurden Sie in jeder Hinsicht umsorgt?
13. Es ist auch wichtig, sich daran zu erinnern, wie Sie auf die Reaktionen anderer Menschen Ihnen gegenüber reagiert haben. Haben Sie den anderen alles geglaubt, was sie Ihnen gesagt haben?

14. Haben Sie versucht, jeder Anforderung gerecht zu werden?
15. Haben Sie sich den Erwartungen und Forderungen anderer unterworfen?
16. Wie war Ihre Einstellung anderen Menschen gegenüber?
17. Waren Sie rücksichtslos?
18. Wurden Sie schnell ärgerlich oder mürrisch?
19. Wie haben andere Menschen auf Ihren Ärger und Ihren Eigensinn reagiert?
20. Haben Sie es geschafft, Ihre Eltern dazu zu benutzen, Ihren Willen durchzusetzen?
21. Wie war die Atmosphäre in Ihrem Elternhaus? Glücklich, liebevoll, gespannt, voll Zank, gedrückt, Depressionen auslösend?
22. Beim Forschen nach Ihren Erinnerungen aus der Vergangenheit sollten Sie sich auch die nachfolgenden Fragen – bezogen auf beide Elternteile – stellen:
    Hatte er/sie Zeit für mich?
23. War er/sie die meiste Zeit zu Hause?
24. Konnte ich zu ihm/ihr mit Problemen oder Schwierigkeiten kommen?
25. Wie hat er/sie reagiert?
26. Und wie bin ich mit seinen/ihren Reaktionen umgegangen?
27. Was waren/sind die positiven Qualitäten jedes Elternteils?
28. Was waren/sind die negativen Eigenschaften jedes Elternteils?
29. Beschreiben Sie, was Sie jedem Elternteil gegenüber empfinden/empfunden haben?
30. Welche Emotionen bringt/brachte jeder Elternteil zum Ausdruck?
31. Beschreiben Sie, wie jeder Elternteil sich Ihnen mitteilt/mitteilte?
32. Beschreiben Sie Ihr schönstes und Ihr unangenehmstes Erlebnis mit jedem Elternteil.
33. Welche Botschaften hat jeder Elternteil Ihnen in Ihrer frühen Kindheit oder während Ihrer Reifezeit übermittelt?
34. Welche Botschaften sind es heute?
35. Wie haben Sie auf diese Botschaften reagiert?
36. Beschreiben Sie, wie jeder Elternteil Sie bestraft hat.

37. In welcher Weise hat jeder Elternteil Sie kritisiert?
38. Was haben Sie empfunden, wenn das geschehen ist?
39. In welcher Hinsicht ähneln Sie Ihrem Vater?
40. Inwiefern unterscheiden Sie sich von Ihrem Vater?
41. In welcher Hinsicht ähneln Sie Ihrer Mutter?
42. Inwiefern unterscheiden Sie sich von Ihrer Mutter?
43. War Ihr Verhältnis zu Ihrer Mutter während Ihrer Kindheit vertraut oder kühl?
44. Wie ist es während der letzten zehn Jahre gewesen?
45. War Ihr Verhältnis zu Ihrem Vater während Ihrer Kindheit vertraut oder kühl?
46. Wie ist es in den letzten zehn Jahren gewesen?
47. Hatten Sie Brüder oder Schwestern?
48. Wenn ja, wie war Ihr Verhältnis zu ihnen in der Kindheit? Und wie ist es heute? Diese Beziehungen sind zwar wichtig, aber nicht in dem Maße, wie es die zu Ihren Eltern sind. Wenn aber das Verhalten Ihrer Geschwister das Verhalten Ihrer Eltern Ihnen gegenüber bestimmt hat, können sie auch sehr wichtig sein. Wenn Sie z.B. der Sündenbock oder der Schuldige für jeden Zank waren, haben sich vielleicht aufgrund dieser Tatsache bestimmte Verhaltensmuster entwickelt.
49. Betrachen Sie Ihr heutiges Leben und setzen Sie es in Beziehung zu Ihrer Vergangenheit. In welchen Situationen fühlen Sie sich am unwohlsten?
50. Haben diese Situationen irgendwelche Ähnlichkeiten mit Erlebnissen aus der Vergangenheit?
51. In welchen Situationen ist Ihr Ärger unangemessen und übertrieben?
52. Erinnern Sie diese Situationen an Ihre Vergangenheit?
53. Haben Sie so auch als Kind reagiert?
54. Wann erleben Sie Furcht oder Angst?
55. Wer ist anwesend, wenn Furcht oder Angst bei Ihnen aufkommt?
56. Inwiefern werden Sie dann an Ihre Vergangenheit erinnert?
57. Geraten Sie manchmal aus der Fassung und, wenn ja, unter welchen Bedingungen?
58. Wann sind Sie als Kind in Verlegenheit geraten?
59. Wer hat Sie am meisten in Verlegenheit gebracht?

60. In welchen Situationen sind Sie am meisten befangen? Warum?
61. Wann ist dieselbe Situation in der Vergangenheit aufgetreten?
62. Wann fühlen Sie sich allein und einsam?
63. Ist dies für Sie ein neues Gefühl oder kennen Sie es aus der Vergangenheit?
64. Mit welchen Menschen haben Sie heute die meisten Beziehungsschwierigkeiten?
65. Ähneln diese Menschen einigen für Sie bedeutsamen Personen aus der Vergangenheit?
66. Handeln Sie in Ihrem Erwachsenenleben wie ein Erwachsener, oder bestimmt das Kind in Ihnen weiterhin Ihr Leben?
67. Leihen Sie bestimmte Reaktionen aus Ihrer Vergangenheit aus oder haben Sie nun eigene gesunde Reaktionen entwikkelt, so daß Sie als ein freier Mensch leben?

Zwei letzte Fragen: In welcher Weise durchtrennt die Gegenwart Jesu Christi in Ihrem Leben Ihre Bindungen an Ihre Vergangenheit? Sind Sie dabei, ein freier Mensch zu werden, und zwar einer, der sein gegenwärtiges Leben lebt, ohne daß Ketten aus der Vergangenheit sein Leben behindern?

Vielleicht haben Sie bis jetzt Jesus Christus in Ihrem Leben im Blick auf Ihre Vergangenheit noch nicht zum Zuge kommen lassen. Sie können ihn aber bitten, die Blockaden in Ihrem Innern zu lösen, damit Sie ein größeres Verständnis und ein größeres Bewußtsein für Ihre vergangenen Erlebnisse bekommen. Sie können ihn um klare Gedanken bitten, damit Sie diese Erinnerungen präzise zurückrufen können. Bitten Sie Jesus Christus, Ihnen zu helfen herauszufinden, inwiefern Sie sich selbst weiterhin so behandeln, wie andere Sie in Ihren frühen Lebensjahren behandelt haben.

Jesus Christus ist gekommen, uns zu befreien – von den Folgen der Sünde und des Todes, aber auch von den verkrüppelnden Mustern und Erlebnissen der Vergangenheit.

Nachdem Sie nun Ihre Vergangenheit rekonstruiert haben, können Sie im nächsten Kapitel lernen, wie Sie die Art und Weise zu reagieren ändern und sich danach ausstrecken können, ein „erwachsener Erwachsener“ zu werden.

3

„Ich mich ändern? Unmöglich!" – oder vielleicht doch nicht?

Wenn ich Menschen in der Therapie anleite, die Schichten der Vergangenheit freizulegen, erhebt sich fast immer die Frage: „Glauben Sie, daß ich mich wirklich ändern kann? Wozu soll das gut sein, wenn ich mich an meine Kindheit und an die Fehler meiner Eltern erinnere?"

Oft stehen hinter diesen Fragen Gedanken wie: „Ich weiß gar nicht, ob ich mich überhaupt ändern will. Ich habe zwar meine Probleme, aber ich werde damit fertig. Wenn ich nun in meinen Gefühlen und Erinnerungen herumgrabe, dann wird vielleicht alles nur noch schlimmer statt besser."

Ich stehe diesen Gedanken wohlwollend gegenüber. Sie offenbaren ein bestimmtes Unbehagen und sogar Angst. Aber ich weiß aufgrund meiner Erfahrung als Seelsorger, daß sich die Auseinandersetzung mit dem inneren Kind aus der Vergangenheit sehr wohl lohnt.

Paul, ein vierzigjähriger leitender Angestellter, sagte mir: „Jahrelang bin ich durch das Leben gehumpelt. Andere meinten, ich sei glücklich, erfolgreich und zufrieden. Was für eine Ironie! Mein Leben war Qual – aber eben innere Qual. Und ich war sehr gewieft darin, sie vor meinen Freunden zu verbergen. Nach außen hin habe ich gelächelt, aber innerlich litt ich Qualen. Ich hatte keine Hoffnung, daß sich mein inneres Leben je ändern würde. Jahrelang änderte sich auch nichts. Heute kann ich sagen, daß kein Mensch mit zerstörerischen Verletzungen und Erinnerungen aus der Vergangenheit, die sein Tun und Lassen bestimmen, durchs Leben zu gehen braucht. Mein Leben begann sich zu verändern, zunächst nur ganz langsam, aber jetzt bin ich frei, so zu leben, wie Gott es möchte."

Paul hat einen Weg gefunden, sich von den Verletzungen der Vergangenheit zu befreien. Sie haben vielleicht wie Paul zu Anfang das Gefühl, daß Sie festsitzen und daß Hoffnung nur ein sich verflüchtigender Nebel ist. Aber lesen Sie weiter. Es gibt wirklich Hoffnung.

Veränderung ist für jeden möglich, der an Christus glaubt, weil unser Glaube eine innere Wandlung ist, und nicht nur eine äußerliche Anpassung. Dennoch scheint solch eine Anpassung für viele Menschen alles zu sein, was sie erreichen können. Der Plan, den Gott für unser Leben hat, schafft eine innere Veränderung, die auch nach außen deutlich wird. Wenn Paulus in Galater 4,19 sagt: „Meine lieben Kinder, die ich abermals unter Wehen gebäre, *bis Christus in euch Gestalt gewinne*", dann sagt er uns damit, daß wir Jesus Christus *in* und *durch uns* leben lassen müssen.

In Epheser 4, 23 + 24 wird uns gesagt: „Erneuert euch aber in eurem Geist und Sinn und zieht den neuen Menschen an, der nach Gott geschaffen ist in wahrer Gerechtigkeit und Heiligkeit." Der neue Mensch muß von innen her „angezogen" werden. Wir können den neuen Menschen anziehen, weil Jesus Christus in uns ist. Wir sollen ihn in uns arbeiten lassen. Das heißt, daß wir ihm auch Zugang zu den Dämmen unserer Erinnerung geben müssen und zu den Erlebnissen der Vergangenheit, damit wir sie loslassen können.

Ich möchte mich ändern, aber...

„Ja", sagen Sie, „ich möchte in meinem Leben Veränderungen vornehmen. Aber ich habe Angst." Schauen wir uns einmal an, warum Menschen Angst vor Veränderungen haben.

Zunächst ist festzustellen, daß Sie mit dem Leben, das Sie führen, vertraut sind, und diese Beständigkeit – und Sicherheit – geben Sie auf, wenn Sie eine Veränderung vornehmen. Veränderung ist jedoch Teil des Lebens. Sie ist unvermeidlich. Ist es nicht besser, die Veränderung zu planen und somit auf sie einzuwirken? Warum so tun, als könne man sie verhindern? Sie sollten fähig werden, Veränderung nicht als einen

Feind, sondern als eine Gelegenheit zu Wachstum und Reife zu betrachten.

Manche Menschen haben Angst, sich zu ändern, weil sie nicht wankelmütig erscheinen wollen. Sie sind übermäßig auf das ausgerichtet, was andere über sie denken und sagen.

Wieder andere Menschen meinen, sich ändern bedeutet, daß man sein Versagen zugibt. Sie müssen sich selbst und vielleicht auch anderen gegenüber eingestehen, daß die Art, wie sie ihr Leben gelebt haben, falsch war, und sie scheuen sich zuzugeben, daß sie sich irren. Tatsächlich ist es aber ein Zeichen von Reife, wenn jemand seinen Wunsch, daß sein Leben künftig anders verläuft, zugibt. Sich ändern heißt, sich auf die Zukunft vorbereiten, sich neuen Situationen anpassen und Wachstum wollen. Ihre Welt ändert sich, und Sie sollen ein Mitspracherecht haben und sogar einiges an Veränderung selbst bestimmen.

Manche Menschen widersetzen sich der Veränderung, weil sie nicht bestimmt oder kontrolliert werden möchten. Veränderung sollte spontan eintreten, meinen sie. Es sollte etwas sein, was sich von selbst ergibt, und nicht etwas, was man planen muß. Aber ob wir uns dessen bewußt sind oder nicht, jeden Tag müssen wir große und kleine Entscheidungen treffen. Wir sind eben nicht so spontan und frei, wie wir es uns gern vormachen möchten.

Manche Menschen haben Angst vor Risiken. Veränderung ist riskant, und es gibt keine Garantie für den Ausgang. Manche Veränderungen können die Dinge tatsächlich verschlimmern, aber das ist eben Teil des Risikos. Allerdings ist die Wahrscheinlichkeit, daß die Veränderungen aufgrund der Vorschläge in diesem Buch *positiv* ausgehen, sehr groß. Wenn Veränderung stattfinden soll, müssen Sie flexibel und bereit sein, ein Risiko einzugehen. (Es ist eigentlich viel riskanter, in den gegebenen Verhaltensmustern ein Leben lang zu verharren!) Wenn Sie mit Ihrem jetzigen Leben absolut zufrieden sind, möchten Sie sich vielleicht nicht ändern. Aber sind Sie sicher, daß es nicht noch einen besseren Weg für Ihr Leben gibt? Warum nicht wenigstens etwas Neues versuchen? Und wenn Sie bereits an Jesus Christus glauben, haben sie schon den entscheidenden Start in Richtung Veränderung hinter sich.

Als Sie Jesus Christus angenommen haben, sind Sie eine neue Schöpfung geworden. Sie werden jetzt mit ihm identifiziert. Paulus sagt in 2. Korinther 5, 17: „Darum: Ist jemand in Christus, so ist er eine neue Kreatur (Neuschöpfung); das Alte ist vergangen, siehe, Neues ist geworden." Und in Römer 6, 6: „Wir wissen ja, daß unser alter Mensch mit ihm gekreuzigt ist, damit der Leib der Sünde vernichtet werde, so daß wir hinfort der Sünde nicht dienen" (andere Übersetzung: „nicht länger Sklaven zu sein brauchen").

Durch unseren Glauben an Jesus Christus, sind wir mit ihm gestorben und als Neuschöpfung mit ihm auferstanden. Alles ist neu. In welcher Hinsicht sind Sie heute neu? Wie kann Ihr Geist – Ihr Gedankenleben – und der Einfluß vergangener Erlebnisse in Ihrem Leben heute neu werden? In 1. Korinther 2, 16 steht: „... Wir aber haben Christi Sinn." In 1. Korinther 1, 30 lesen wir: „Durch ihn aber seid ihr in Christus Jesus, der uns von Gott gemacht ist zur Weisheit und zur Gerechtigkeit und zur Heiligung und zur Erlösung." Sie und ich haben die *Weisheit* Gottes. Wenn Sie diesen Gedanken mit der Tatsache in Einklang bringen, daß wir den Geist Christi haben, dann heißt das: *ich habe nicht nur den Geist Christi, sondern auch die Weisheit Gottes, damit der Geist Christi in meinem Leben zur Anwendung kommen kann.*

Das ist eine sehr wichtige Tatsache! Warum? Weil einer der Kämpfe, in den wir alle verwickelt sind, der Kampf mit den „Gespenstern" unserer Vergangenheit ist. Die Bibel spricht von „unserem alten Menschen" (Römer 6, 6). Der Geist unseres alten Menschen ist mit unseren frühen Erlebnissen programmiert. Aber schon ehe das geschah, kamen wir mit einem Geist auf die Welt, der von dem Sündenfall berührt war. Daher kommt es, daß wir unser Leben schon mit einem Geist beginnen, der eine Neigung zu negativem Denken hat, zu Sorge, zu Angst, zu Schuld und zum Speichern von Erlebnissen, die besser losgelassen werden sollten. Selbst wenn wir gläubig geworden sind, ist noch ein Überrest des alten Denkens in uns. Er hat das Bestreben, seinen Einfluß auf unseren Willen, unsere Emotionen, unsere Gedanken und unser Verhalten geltend zu machen.

Unsere Verletzungen aus der Vergangenheit sind wie tiefe Wunden, die mit einem Schorf überzogen sind. Aber von Zeit zu Zeit wird dieser Schorf aufgerissen. Was aufgedeckt wird, ist unglücklicherweise nicht das vollkommene Wachstum eines wiederhergestellten Lebens, sondern dieselbe erneut blutende Wunde.

Viele Menschen quälen sich mit derartigen nicht verheilten emotionalen Wunden durch das Leben. Sie tragen die Verwundungen in ihrem Gedächtnis mit sich herum. Der Grad des Berührtwerdens durch unsere Vergangenheit erhöht sich mit den Jahren: je älter wir werden, desto mehr Erinnerungen sammeln sich an. Unser Leben ist bis zu einem gewissen Grade ein Spiegelbild unserer Erinnerungen. Die augenblicklichen Gefühle – sei es Freude, Kummer, Sorge, Ärger oder Zufriedenheit – hängen mehr davon ab, wie wir uns an einen Vorfall erinnern als vom Vorfall selbst. Je größer die Zeitspanne zwischen dem Vorfall und der Gegenwart ist, desto größer ist das Potential der Verzerrung. Wer wir heute sind, ist ein Produkt dessen, wie wir uns an vergangene Vorkommnisse erinnern. Kürzlich hörte ich, wie Dr. Lloyd Ogilvie diesen Umstand so beschrieb: „Wir legen aufgrund dessen, was in der Vergangenheit geschehen ist, eine Hypothek auf unsere Zukunft an. Wir haben positive Erinnerungen an die Vergangenheit und können uns nicht vorstellen, daß sie sich wiederholen, und wir haben negative Erinnerungen und sind davon überzeugt, daß sie sich bestimmt wiederholen werden."

Oft lassen wir uns von dem bestimmen, an das wir uns erinnern, statt daß wir uns im Geist ein Bild von der Zukunft machen.

Heilung schmerzhafter Erinnerungen

Unsere Emotionen und ihre Intensität stehen in Beziehung zur Erinnerung. Henry Nouwen[1] hat gesagt: „Reue ist eine leidvolle Erinnerung, und alle unsere Emotionen werden zutiefst davon beeinflußt, wie wir vergangene Vorkommnisse in unsere Lebensweise integriert haben. Wir nehmen unsere Welt mit unseren Erinnerungen wahr."

Haben Sie je an die Möglichkeit gedacht, daß viel von dem Leiden im Leben eines Menschen aus seinen Erinnerungen kommt? Wie treten diese Erinnerungen zutage? Als Gefühle – Gefühle der Einsamkeit, der Unsicherheit, der Angst und Furcht und des Argwohns. Der Grund, weshalb sie so schmerzlich sind, ist der, daß sie in unserem Innern verborgen liegen und nur, wenn sie wollen, ans Tageslicht treten. Je schmerzlicher Erinnerungen sind, desto mehr werden sie verborgen und unterdrückt. Sie verstecken sich sozusagen im hintersten Winkel unseres Geistes. Und weil sie verborgen sind, entziehen sie sich der Heilung.

Wie gehen Sie mit einer schmerzlichen Erinnerung um? Vielleicht versuchen Sie, sie zu vergessen, oder Sie tun so, als sei nichts geschehen. Der Versuch, die Schmerzen der Vergangenheit zu vergessen, gibt den Erinnerungen Macht und Kontrolle über Ihr Leben, und Sie schleppen eine Last mit sich herum. Sie entwickeln sich zum wandelnden emotionalen Krüppel. Sie versuchen, sich in Ihrer persönlichen Biographie selektiv zu erinnern, das aber auf zweifache Kosten: Sie humpeln weiterhin durch das Leben, und Sie verpassen eine Gelegenheit zu Wachstum und Reife.

Das muß nicht sein. Eine schmerzliche Erinnerung muß nicht belastend bleiben, sie kann vielmehr zu einem Geschenk werden, weil Sie Heilung erfahren haben. Wie geschieht Heilung? Durch die Gegenüberstellung, durch das Bewußtmachen und durch das Herauslassen der Erinnerungen aus dem Geheimfach. Henri Nouwen hat gesagt: „Was vergessen ist, ist nicht mehr verfügbar und unerreichbar, und was unerreichbar ist, kann nicht geheilt werden.“[2]

Die Heilung einer äußerst schmerzlichen Erinnerung ist schwierig wegen der Verteidigungsmechanismen, die unser Inneres aufgebaut hat, um uns vor der direkten Konfrontation mit diesen Gespenstern aus der Vergangenheit zu schützen. Wir ziehen in unserem Geist eine Zugbrücke hoch, um den Feind nicht einzulassen; es endet aber damit, daß wir auch alles andere von uns fernhalten. Das hindert uns daran, uns an inniger Intimität, an Vertrauen und an Liebe zu erfreuen, und unsere Burg wird dadurch nicht sicherer, sondern zum Verlies. Um unsere

Verletzungen aus der Vergangenheit zu heilen, müssen wir die Zugbrücke herunterlassen, indem wir die Verteidigungsmechanismen aufgeben und uns den schmerzlichen Erinnerungen stellen.

Wir können die Zugbrücke herunterlassen durch die Gegenwart Christi in unserem Leben. Er schenkt uns zwei Möglichkeiten zu Wachstum und Glück: Erstens verändert er alte Verhaltensmuster durch die Tilgung der Auswirkungen schmerzlicher Erinnerungen. Zweitens hilft er uns, unseren Verstand, unsere Emotionen und unseren Willen zu gebrauchen, damit wir uns sowohl jetzt als auch in Zukunft in neue, positive Verhaltensweisen einüben können.

Dann ist es unsere Aufgabe, durch Christus die Ecken und Kanten entfernen zu lassen, die unsere Energie aufzehren und uns davon abhalten, uns vorwärtszubewegen. Christus ist der Meisterbildhauer, der uns erneuert nach seinem Bild (s. Kolosser 3, 10).

Als ein Fanatiker auf Michelangelos Pieta einen Anschlag verübt und sie durch brutale Einschläge beschädigt hatte, war die ganze Welt entsetzt. Es überraschte niemanden, daß die besten Bildhauer der Welt sich zusammentaten, um das entstellte Meisterwerk wiederherzustellen.

Als die Bildhauer in Italien ankamen, fingen sie nicht sofort mit der Restaurierung an. Sie verbrachten vielmehr Monate damit, die Pieta anzuschauen, die fließenden Linien zu berühren und sich zu vergegenwärtigen, wie jedes Teilstück Leiden, ja sogar Verzückung ausdrückte. Manche verbrachten Monate damit, ein einzelnes Teil, wie die Hand, zu studieren, ehe die Bildhauer schließlich in der Lage waren, mehr und mehr mit den Augen Michelangelos zu sehen und zu fühlen.

Nicht Michelangelos, sondern Gottes Meisterhand hat uns in ein Meisterwerk gestaltet, das sogar die Pieta übersteigt (1. Mose 2, 7). Es sollte uns deshalb nicht überraschen, daß Gott uns immer wieder umgestaltet – daß er, sobald wir uns mißgestalten, zu meißeln beginnt, um das Meisterwerk zu erhalten.

Wenn wir um Heilung bitten, sollten wir nicht sofort auf dieses Ziel lossteuern. Vielmehr sollten wir uns selbst erst kennenlernen, so wie uns unser Bildhauer kennt. Wir werden die Notwendigkeit unserer Heilung nicht sehen, solange wir nicht unseren eigentlichen Wert kennen. Der kleinste Anschlag auf unser Selbst zerstört mehr als irgendein Anschlag auf die Pieta. In Epheser 2, 10 heißt es nach einer modernen Übersetzung: „Wir sind Gottes Kunstwerk, geschaffen in Christus, um das gute Leben zu leben, das er von Anfang an uns zu leben bestimmt hat." Wenn wir Gott für die Gaben danken, die er uns gegeben hat, sehen wir uns nicht länger nur mit unseren eigenen Augen, sondern mit den seinen. Wenn wir um unser Potential wissen, dann wissen wir auch, wie nötig wir Heilung brauchen, und dann können wir alles das werden, was unser göttlicher Bildhauer sich für uns ausgedacht hat.

Damit der Meisterbildhauer an uns arbeiten kann, müssen wir sehen, was uns zu dem Menschen gemacht hat, der wir jetzt sind. Unsere Meinung über uns selbst beginnt in der Kindheit. Lächeln oder Stirnrunzeln, Schläge oder Liebkosungen; ermutigende oder sarkastische Bemerkungen unserer Eltern oder anderer Menschen wurden auf unseren emotionalen Erinnerungskonten festgehalten. Diese Erinnerungskonten sind unser Kapital an Gefühlen, Eindrücken und Überzeugungen, auf das wir lebenslang zurückgreifen. Manche Posten auf unseren Erinnerungskonten sind potentiell schädlich, und sie bleiben erhalten, wenn wir nichts unternehmen, um sie durch andere zu ersetzen. Die Erinnerungskonten mancher Menschen weisen ein enormes Guthaben auf, und das Leben ist gut zu ihnen. Die Erinnerungskonten anderer Menschen weisen enorme Defizite auf, und das Leben ist ein dauernder Kampf für sie.

Das Bild, das durch Worte und Handlungen anderer in unserer Kindheit geformt worden ist, zeigt an, wie wir uns sehen – als wertvoll oder für Respekt und Liebe unwürdig, als kompetent oder nutzlos, als liebenswert oder verabscheuungswürdig, als erfolgreich oder als Versager. Wir neigen dazu, dem gemäß zu leben, was auf unseren Erinnerungskonten vorhanden ist.

Einem Vater fiel auf, daß er immer mit seinen Kindern kurzangebunden und ungeduldig wurde, wenn Besuch kam. Als er mit mir darüber sprach, entdeckte er, daß sein Problem nicht so sehr die Ungeduld mit seinen Kindern war, als vielmehr die Angst vor der Ablehnung durch die Besucher, falls seine Kinder sich nicht gut benähmen und den Normen nicht gerecht würden, die er sich für sie gesteckt hatte. Woher kam diese Angst? Aus seinen eigenen Erlebnissen mit Ablehnung.

Judith vertraute mir an, daß sie gewöhnlich ihrem Ehemann Gert widersprach, wenn er ihr Komplimente machte. Sie schien seine positiven Aussagen nicht annehmen und glauben zu können. Das war für Gert sehr frustrierend. Als sie ihm eines Tages erneut widersprach, erinnerte sie sich plötzlich an Bemerkungen, die ihre Eltern ihr gegenüber gemacht hatten. Sie hatten ihr gesagt, daß sie positiven Aussagen anderer ihr gegenüber keinen Glauben schenken solle, weil solche Menschen sie nur auf die eine oder andere Weise ausnutzen wollten. Sie hatten ihr auch gesagt, positive Bemerkungen über sie seien sowieso nicht wahr, weil sie nichts anzubieten habe, was sich zu loben lohne. Diese schmerzlichen Erinnerungen blockierten ihre Fähigkeit, die Liebe und Fürsorge ihres Mannes anzunehmen.

Immer wenn John mit seiner Frau sprach, wurde er böse, wenn sie zufällig ihren Kopf drehte oder aus irgendeinem Grund wegsah. Er konnte nicht verstehen, warum er immer zornig wurde, wenn seine Frau unaufmerksam wirkte. Während einer Gebetszeit erinnerte er sich eines Tages, daß seine Mutter ihm kaum zuhörte und gewöhnlich das Zimmer verließ, wenn er ihr etwas erzählen wollte. Seine Angst, auch seine Frau könne ihm nicht zuhören, kam also aus der Erfahrung mit seiner Mutter. Durch Gebet und durch ein ausführliches Gespräch mit seiner Frau gelang es ihm, diese Erlebnisse und Erinnerungen nun richtig einzuordnen und davon Abstand zu gewinnen.

Wir sind uns vielleicht schon bestimmter Erinnerungen und ihrer Wirkungen auf uns bewußt. Aber manchmal muß beharrlich gegraben werden, um sie ausfindig zu machen. Psychologen und Therapeuten sind oft Instrumente, die dem Menschen helfen, schmerzliche Erinnerungen aufzudecken. Aber als Christ können Sie sich noch an einer anderen Quelle laben. Sie können den Heiligen Geist bitten, die beeinträchtigenden Erinnerungen, die geheilt werden müssen, ans Licht zu bringen. Das können Sie tun, indem Sie den Heiligen Geist im Gebet bitten, die Situation zu offenbaren, die die Erinnerung bewirkt hat. Er kann Ihnen den Vorfall zeigen, der damals stattgefunden hat, oder er zeigt Ihnen vielleicht, wie Sie damals auf den ursprünglichen Vorfall reagiert haben.

Wenn Sie Ihre Bitte im Gebet Gott vortragen, müssen Sie stillsitzen und aufkommenden Gedanken erlauben, in Ihr Bewußtsein zu dringen. Sie sollten nicht krampfhaft versuchen, Gedanken zu erzwingen, sondern sich entspannen und dem Heiligen Geist erlauben zu arbeiten. Bei Ihrem Versuch, Situationen aus der Vergangenheit zu entdecken, die die gegenwärtigen Reaktionen bewirkt haben, sollten Sie jeweils eine Person aus Ihrer Kindheit herausgreifen und sich fragen: „Geschah das in Gegenwart meiner Mutter, meines Vaters, meines Bruders, meiner Schwester oder anderer für mich damals wichtigen Personen?“

Der Heilige Geist kann ein Grundmuster Ihres Benehmens vielen Menschen gegenüber offenbaren. Wenn Sie dieses Muster zurückverfolgen, können Sie die Ursprünge entdecken. Und machen Sie sich klar: Sie suchen nicht nach den Ursachen, um sich selbst oder anderen die Schuld zuzuschieben. Erinnern Sie sich noch an die Geschichte von Michelangelos Pieta? Sie forschen in Ihren eigenen Erinnerungen, um dem Heiligen Geist zu erlauben, die aufgetretenen Makel zu korrigieren.

Wenn eine Erinnerung aufkommt, sollte Ihre erste Bitte an Gott sein, daß er Ihnen die Gnade schenkt, ihm für diese Erinnerung zu danken. So schmerzlich diese auch sein mag, Sie brauchen diese Enthüllung. Sie bewirkt Befreiung. Sie erleben so den ersten Schritt zur Freiheit. Sie haben jetzt die einzigartige Gelegenheit, vom Zwang der Vergangenheit frei zu werden.

Dieser Prozeß kann auch beängstigend sein. Glücklicherweise brauchen wir ihn nicht allein durchzustehen, weil Gott bei uns ist. Wir können allerdings bei der Verletzung aus der Vergangenheit stehenbleiben und sie als tragisch und emotional verkrüppelnd ansehen. Mit anderen Worten, wir können uns aussuchen, ob wir der Vergangenheit versklavt bleiben oder davon befreit werden wollen. Paulus schreibt in Römer 8,12: „So sind wir nun, liebe Brüder, nicht dem Fleisch schuldig, daß wir nach dem Fleisch leben“, und in Galater 5,1: „Zur Freiheit hat uns Christus befreit! So steht nun fest und laßt euch nicht wieder das Joch der Knechtschaft auflegen!“

Es gibt Freiheit im Geist, und sie kommt von Jesus Christus, der für unsere Sünden, unsere Emotionen und auch für unsere Erinnerungen ans Kreuz gegangen ist. In Römer 6,15 steht: „Wie nun? Sollen wir sündigen, weil wir nicht unter dem Gesetz, sondern unter der Gnade sind? Das sei ferne." Mit Christus leben, mit ihm völlig lebendig sein, heißt, auch für unsere Erinnerungen und schmerzlichen Erlebnisse tot sein.

Gehen Sie langsam voran

Heilung der Erinnerung kann sofort eintreten, aber oft geschieht sie progressiv. Innere Heilung kann Monate oder sogar Jahre dauern. Je mehr vergrabenes Material vorhanden ist, desto länger dauert der Heilungsprozeß. Das ist völlig normal. Wir können nicht auf einmal unbegrenzt mit Erinnerungen konfrontiert werden. Es könnte sein, daß das Erleben des ganzen Schmerzes auf einmal nicht zu verkraften wäre. Wir können nur immer eine Wunde nach der anderen behandeln. Wenn eine geheilt ist, können wir uns der nächsten zuwenden.

Ein anderer Grund, weshalb man immer nur eine negative Erinnerung nach der anderen behandeln kann, ist der, daß in jedem Fall neue Wege des Verhaltens und Benehmens entwikkelt werden müssen. John, der Mann, der böse wurde, wenn sich seine Frau von ihm abwandte, während er mit ihr sprach, mußte begreifen lernen, daß sie tatsächlich an dem, was er zu sagen hatte, interessiert war. Erst dann konnte er entsprechend anders reagieren. Judith, die den Komplimenten ihres Mannes nicht glauben konnte, mußte seine Bemerkung als echten Ausdruck seiner Liebe zu ihr annehmen lernen.

So wie bei einem kleinen Kind können Ihre ersten Schritte durchaus unsicher und zaghaft sein. Wenn Sie zuviel auf einmal versuchen, könnten Sie leicht entmutigt werden. Doch wenn Sie Schritt für Schritt neue Gedanken und Verhaltensweisen entwickeln, werden Sie ermutigt, weitere Gebiete anzugehen. Wenn Sie sich einer schmerzlichen Erinnerung voll bewußt werden, wird die Intensität der Verletzung von Tag zu Tag geringer. Bald ist sie dann nichts mehr als eine Erinnerung an die

Vergangenheit. Je größer Ihre Bereitschaft ist, Dankbarkeit und Vergebung zum Ausdruck zu bringen, desto schneller wird der Schmerz verschwinden.

Lobpreis ist ein Heilmittel

Ich möchte noch auf einen anderen Faktor, der maßgeblich zur Veränderung beitragen kann, aufmerksam machen. Möglicherweise werden Sie überrascht sein. Er heißt *Lobpreis,* also danken. Lobpreis dafür, was Gott getan hat, dafür, wer er ist, und dafür, was er tun wird, überträgt ihm die Herrschaft und Kontrolle über unser Leben, die wir bisher selbst ausgeübt haben.

Es ist leicht, Gott zu loben, für das, was er getan hat, weil wir Rückschau halten und die tatsächlichen Resultate messen können. Wir haben es mit etwas Handgreiflichem zu tun, und dabei steht nicht viel auf dem Spiel.

Wie aber ist es hinsichtlich der Zukunft? Wie schwierig ist es für Sie, Gott für das zu loben, was *er noch tun wird?* Ein derartiger Lobpreis eröffnet Perspektiven für Ihr Leben, die Sie vielleicht noch nie in Betracht gezogen haben. Indem Sie Gott loben, lassen Sie sich nicht nur auf Risiken ein, sondern Sie werden sich auch dessen mehr bewußt, was er für Sie möchte. Das mag eine unbequeme Vorstellung für Sie sein. Es kann bedeuten, daß Sie Gott in einer unangenehmen Arbeitssituation loben sollen oder in einer schwierigen finanziellen Lage. Es kann bedeuten, Gott zu loben trotz der belastenden persönlichen Beziehung, die Sie in Ihrer Ehe oder Ihrem Familienleben haben. Vielleicht sind Sie besorgt und verwirrt wegen mancher Situation. Genau dann möchte Gott, daß Sie ihn loben.

Wenn keine Antworten, keine Lösungen in Sicht sind, wenn Sie vor einem Berg stehen, warum Gott dann nicht preisen? Was haben Sie zu verlieren? Sie haben keinen Vorrat mehr an eigenen Antworten. Warum das nicht zugeben und dort nach Lösungen Ausschau halten, wo uns Hilfe versprochen ist? Beim Schreiben dieser Worte ist mir ein Gedanke gekommen: *warum praktizierst du das nicht selbst, jetzt in diesem Augenblick!* Ich stehe nämlich augenblicklich in einer Krise, habe ein paar schwierige Entscheidungen zu treffen. Und deshalb habe ich gerade eben das angewandt, was ich Ihnen vorgeschlagen habe. Ich habe Gott gelobt, weil er bei mir ist in dieser Situation und Schwierigkeit, bei den „Straßensperren“ und den „Wegkreuzungen“. Obwohl ich ein bißchen Angst davor habe, falsche Entscheidungen zu treffen, kann ich mich auf Gott verlassen, und ich verspüre Frieden.

Von Lloyd Ogilvie kenne ich einen interessanten Gedanken zum Lobpreis: „Fortwährender Lobpreis über einen bestimmten Zeitraum versetzt uns in die Lage, das zu empfangen, worauf der Herr geduldig gewartet hat, um es uns zu offenbaren oder uns damit zu beschenken.“[3]

Bereitwillig danken wir anderen Menschen für eine Hilfeleistung oder wenn wir die Garantie haben, daß sie uns nach unseren Vorstellungen aus unserer mißlichen Lage heraushelfen. Aber unsere Zukunft in die Hände dessen legen, den wir nicht sehen oder berühren können und sagen: „Herr, mein Gott, wie du es auch in dieser Angelegenheit hinausführst, ich preise dich!“ ist nicht typisch. Wir sind garantieorientierte Menschen und scheuen das Risiko. Wir widersetzen uns, wir rebellieren und reiben uns an dem Gedanken, Gott in jeder Situation zu preisen.

Aber denken Sie einen Augenblick darüber nach, ehe Sie den Rat verwerfen, Gott „in allen Dingen“ zu danken, wie es in 1. Thessalonicher 5,18 steht. Wir haben diesen Vers oft gelesen und gehört und ihn vielleicht ignoriert oder nicht beachtet; aber diese Stelle steht unverrückbar in der Bibel. Gelegentlich greifen wir vielleicht darauf zurück. Was könnte geschehen, wenn dieses Prinzip des Lobpreises zu einem Bestandteil unseres Alltags würde wie das Essen und Trinken? Es ist den Versuch wert.

Überlegen Sie, bevor Sie damit beginnen, wen Sie loben. Wer ist Gott für Sie? Für manche ist Gott ein Produkt menschlicher Einbildung, für andere eine steinerne Gottheit. Wer ist Ihr Gott? Was ist Ihr Konzept von Gott? Das richtige Konzept von Gott ist grundlegend für Ihre ganze Existenz und für Ihr praktisches tägliches geistliches Leben.

Die beste Definition, die ich kenne – und die ihre Gültigkeit über die Jahre behalten hat –, habe ich im „Kleinen Katechismus von Westminster" (Westminster Shorter Catechism) gefunden. Als Antwort auf die Frage: „Was ist Gott?" steht dort: „Gott ist ein Geist, unendlich, ewig und unwandelbar in seinem Sein, seiner Weisheit, Macht, Heiligkeit, Gerechtigkeit, Güte und Wahrheit." Warum wurden wir geschaffen? Um Gott zu kennen. Was kann Ihnen mehr als alles andere Zufriedenheit, Freude, Begeisterung und Frieden geben? Es ist die Erkenntnis Gottes.

In Jeremia 9, 22 + 23 steht: „So spricht der Herr: Ein Weiser rühme sich nicht seiner Weisheit, ein Starker rühme sich nicht seiner Stärke, ein Reicher rühme sich nicht seines Reichtums. Sondern wer sich rühmen will, der rühme sich dessen, daß er klug sei und mich kenne, daß ich der Herr bin, der Barmherzigkeit, Recht und Gerechtigkeit übt auf Erden; denn solches gefällt mir, spricht der Herr".

Begreifen Sie, was es bedeutet, Gott zu kennen? James Packer sagt, es bedeutet: „... auf Gottes Wort hören und es aufnehmen, wie der Heilige Geist es interpretiert, in der Anwendung auf die eigene Person; zweitens, Gottes Wesen und Charakter erfassen, wie es sein Wort und seine Werke offenbaren; drittens, seine Einladungen annehmen und tun, was er gebietet; viertens, die Liebe, die er uns erzeigt hat, als er sich uns zuwandte und uns in seine göttliche Gemeinschaft gezogen hat, erkennen und sich an ihr erfreuen".[4]

Wir sollen Gott erkennen und uns an ihm freuen. Wir sollen ihn zuallererst für das preisen, was er ist, als eine Antwort auf seine Liebe, seine Güte, seine Treue und seine unglaubliche Fürsorge für jeden einzelnen von uns. Wenn wir Gott loben und preisen, erkennen wir seine Souveränität und seine Kompetenz an. Im Lob Gottes nehmen wir einen Transfer vor – wir geben ihm unser Vertrauen und machen uns von ihm abhängig statt auf unsere eigenen Bemühungen und Fähigkeiten zu vertrauen.

Stellen Sie sich vor, Sie bekommen einen Brief, in dem Sie zwanzigmal aufgefordert werden, sich zu freuen – und viermal, sich immer zu freuen. Auf diese Weise hat Paulus an die Gemeinde in Thessalonich geschrieben. Wenn Sie und ich uns im Herrn freuen, tun wir das nicht, weil uns danach zumute ist. Es ist vielmehr ein Akt unseres Willens, eine Verpflichtung. Wenn wir uns im Herrn freuen, fangen wir an, das Leben aus einem anderen Blickwinkel zu sehen. Lobpreis ist die Möglichkeit, um eine neue Perspektive und eine neue Richtungweisung für unser festgefahrenes Leben zu gewinnen. Sie denken vielleicht, Sie sind im Tagesgeschehen zu beschäftigt, um innezuhalten und Gott zu preisen. Es ist aber genau der richtige Zeitpunkt, dies zu tun, wenn Sie zu beschäftigt, reizbar und erschöpft sind. Halten Sie inne und loben Sie Gott. Sie werden sich erfrischt fühlen.

Gott für etwas zu danken, bevor wir es erhalten haben, ist ein Akt des Glaubens; damit drücken wir aus: „Ich weiß den Ausgang nicht, aber ich bin bereit zu vertrauen."

„Gott loben macht uns willig und setzt unsere Vorstellungen frei, damit er ein Bild dessen vor unser geistiges Auge malen kann, was er erreichen möchte. Ein widerstrebender Wille macht uns sehr unkreativ, und dadurch mangelt es bei uns an abenteuerlicher Vision beim Einsatz unserer Vorstellungskraft. Gott möchte unsere Vorstellungen gebrauchen, um uns zeigen zu können, wohin er uns führen möchte und wofür wir Hoffnung wagen und uns einsetzen sollen. Wir werden zu dem, was wir uns *unter der Leitung des Heiligen Geistes* ausmalen. Deshalb braucht unser Bild von uns selbst, von anderen Menschen, von unseren Zielen und von unseren Projekten die Inspiration unserer Vorstellung. Allerdings hält unser Wille unsere Vorstellung solange klein und verkümmert, bis der Heilige Geist seine Arbeit der Freisetzung beginnt."[5]

Lobpreis macht den Unterschied, weil er ein Akt des Loslassens ist. Das erlaubt Gott, uns zu helfen, bereit zu werden für den nächsten Schritt. Ich spreche nicht von Stoßgebeten, sondern von der Entwicklung einer beständigen Dimension des Lobes. Lobpreis heißt, daß wir Gott für die kommende Antwort danken und daß wir darauf warten werden. Wir brauchen Gottes Perspektive für unser Leben und für die Lösungen, die wir suchen. Diese Perspektive kann durch Lobpreis entstehen.

Lobpreis ist ein Heilmittel für schmerzliche Erinnerungen. Veränderung ist möglich, besonders für diejenigen unter uns, die neue Geschöpfe in Christus sind.

Als nächstes wollen wir eine andere Hilfe ansprechen für das Bemühen, Frieden mit der Vergangenheit zu schließen. Es geht um die Vorstellungskraft.

4

Die Vorstellungskraft bei der Heilung der Vergangenheit

Phantasie kann uns aus dem alltäglichen Trott herausreißen, uns auch unter Umständen dazu anleiten, große Erfindungen zu machen; der eine möchte der Wirklichkeit entschwinden, der andere möchte sich durch seine Phantasie zu Taten anregen lassen. Debussy schuf einige seiner Musikstücke, indem er zuallererst die Sonnenwiderspiegelung auf einem Fluß betrachtete. Phantasie kann aber ebenfalls dabei helfen, daß Ihre schädlichen Erinnerungen heilen und Sie von Selbstbezichtigung und Selbstverdammung befreit werden.

Ich habe mit vielen Gläubigen gesprochen, die Gott ihre Sünden bekannt und ihn um Vergebung gebeten haben – und in manchen Fällen sogar das Verschuldete wiedergutgemacht haben. Vom Verstand her wußten diese Menschen, daß Gott ihnen vergeben hat, aber vom Gefühl her konnten sie die Vergebung nicht erfassen. Sie fühlten sich immer noch schuldig und unwert.

Im allgemeinen schlage ich solchen Menschen die folgende Übung vor, um ihnen dadurch zur Befreiung von der Schuld zu verhelfen, nach der sie so verlangen. „Setzen Sie sich bequem auf Ihren Stuhl und schließen Sie die Augen. Stellen Sie sich eine große Tafel vor, auf der eine Unmenge bedeutungsloser Wörter und Ausdrücke steht. Wenn Sie diese Wortfülle genauer betrachten, beginnen sich Taten oder Verhaltensweisen herauszukristallisieren, bei denen Sie nicht das Gefühl haben, daß sie Ihnen vergeben sind. Diese heben sich nun klar und deutlich von den anderen Wörtern und Ausdrücken ab.

Nun stellen Sie sich vor, Jesus Christus steht vor der Tafel. Er fährt mit einem feuchten Schwamm über die Tafel und wischt das Geschriebene aus. Das tut er so lange, bis sie sauber ist und etwas ganz Neues und Bedeutsames darauf geschrieben werden kann. Er beseitigt Ihre Sünde und Ihr Versagen, damit Sie neu beginnen können.

Jetzt stellen Sie sich vor, Jesus bittet Sie, an die Tafel zu kommen und Ihre Hand in die seine zu legen, und er sagt zu Ihnen: „Ich möchte, daß Du siehst, daß die Tafel wirklich saubergewischt ist. Ich möchte es mit Dir zusammen noch einmal tun. Fühle meine Hand, die die Tafel säubert, und glaube, daß sie sauber und wieder wie neu geworden ist." Sie fühlen seine Hand, die die Tafel abwischt, und jetzt fängt es bei Ihnen an zu dämmern: Jesus tut das tatsächlich für mich!

Nun stellen Sie sich Jesus vor, wie er sich Ihnen zuwendet und sagt: „Dir ist vergeben. Erlebe meine Vergebung als Teil Deines Lebens. Lebe Dein Leben als ein Mensch, dem vergeben worden ist." Durch diese Tat fordert er Sie auf, sich selbst zu vergeben, weil keine Notwendigkeit mehr besteht, die Irrtümer an der Tafel festzuhalten. Es gibt sie nicht mehr. Es ist so, als habe jemand die Löschtaste am Rechner betätigt.

Vielleicht müssen Sie sich dieses Bild und den Ablauf immer wieder durch den Sinn gehen lassen, bis Sie durch die Kraft der Vorstellung Annahme und Vergeben erfassen und erleben.

Kraft der Vorstellung

Vorstellungskraft ist ein Merkmal, das den Menschen auszeichnet. Sie ist eine Fähigkeit, die uns von Tieren unterscheidet. Katzen, Hunde und Vögel können sich eine Situation nicht anders vorstellen, als sie tatsächlich ist.

Unsere Phantasie kann eine Form der Flucht aus Verantwortlichkeiten, Verpflichtungen, aus Schmerz oder Enttäuschung sein. Sie kann aber auch ein kraftvoller Magnet sein, der bei uns Fähigkeiten freisetzt, um Probleme zu bewältigen und Barrieren niederzureißen, die unseren Fortschritt blockieren.

Vorstellungskraft ist eine kreative Funktion in uns, und sie ist ein notwendiger Teil des Lebens. Wir Menschen unterscheiden uns dadurch voneinander, wie wir unsere Vorstellungen gebrauchen und in welcher Art und Weise wir sie einsetzen; bis zu einem gewissen Grade benutzen wir sie aber alle.

Unser Verstand kann Bilder entwerfen, die so realistisch sind, daß sie die Richtung bestimmen, die wir einschlagen, weil unsere Gefühle und Handlungen dort entstehen. Durch bildhaftes Denken können wir positive Veränderungen für unser Leben herbeiführen. Die schönste Definition für den Begriff Vorstellung, die ich einmal gelesen habe, stammt von Norman Vincent Peale *(Positive Imaging):* „Unsere Vorstellung formt geistige Bilder und Ideen. Sie beruht auf dem Prinzip, daß es eine tiefverwurzelte Tendenz in der menschlichen Natur gibt, letztendlich so zu werden, wie wir uns selbst als menschliche Wesen sehen. Ein geformtes Bild, das im Bewußtsein festgehalten wird, gleitet schließlich durch einen Prozeß geistiger Osmose ins Unbewußte. Und wenn es fest im Unbewußten verankert ist, wird das Individuum dazu tendieren, sich von ihm leiten zu lassen, weil es von dem Menschen Besitz ergriffen hat. Der Vorstellungseffekt hat auf Gedanken und Verhalten eine so mächtige Wirkung, daß eine langanhaltende Vergegenwärtigung und Veranschaulichung mit dem Ziel oder Objekt bestimmend werden kann."[1]

Es gibt heute viele Menschen, deren spontane Reaktionen auf die Herausforderungen des Lebens sich etwa so anhören: „Das kann ich nicht", „Das übersteigt meine Vorstellungskraft", „Wenn ich mich darauf einlasse, werde ich scheitern." Die Gefühle der Minderwertigkeit blockieren alle Bemühungen und halten sie unter Verschluß oder an Ketten. Trotzdem ist Gott im Leben eines jeden Gläubigen gegenwärtig, der sich minderwertig fühlt, genauso, wie er bei denen ist, die keine negativen Empfindungen haben. Wie kann aber bei diesen Menschen die Kraft Gottes freigesetzt werden? Was kann ihnen helfen, sich auf Risiken einzulassen? Vorstellungskraft gekoppelt mit Gebet, gefolgt vom Handeln, sind die Schlüssel. Ihren Geist sättigen – sich die Gegenwart Gottes veranschaulichen –, kann Sie von der Angst vor dem Versagen befreien. Das braucht Zeit, Arbeit und Mühe, wie die Bibel uns auch sagt: „… umgürtet die Lenden eures Gemüts" (1. Petrus 1,13). *Gürten* heißt wörtlich, „sich geistig anstrengen".

Vorstellungskraft ist ein positives Denken, das weiterführt. Bei der Vorstellung denkt man nicht nur an ein erhofftes Ziel; man „sieht“ oder vergegenwärtigt es sich mit enormer Intensität, verstärkt durch Gebet. Die Vorstellungskraft ist eine Art von geistigem Energiepfeil der Einbildung, durch den das begehrte Ziel oder Ergebnis so lebhaft durch das Bewußtsein vor Augen gemalt wird, daß das Unbewußte es aufgreift, und es dadurch aktiviert wird. Das setzt mächtige innere Kräfte frei, die erstaunliche Veränderungen im Leben eines Menschen hervorrufen können.[1]

Heilung durch die Vorstellungskraft

Unsere Gedanken und Überzeugungen haben einen direkten Einfluß auf unseren Körper. Wenn es uns möglich ist, unsere Gedanken absichtlich und vorsätzlich zu ändern, so können wir auch körperliche Abläufe verändern. Man hat beispielsweise Zusammenhänge von unterdrücktem Ärger und Magen/Darmgeschwüren, von Leistungsdruck, Dauerstreß und Asthma festgestellt. Unsere Überzeugungen können einen direkten Einfluß auf unsere Gesundheit haben.

Die bildhafte Vorstellung kann tatsächlich auch zur Heilung von Krankheiten benutzt werden. Es gibt Onkologen, die die Vorstellungskraft bei ihren Krebspatienten als Therapie einsetzen. Sie ist ebenfalls bei anderen physischen Störungen als Werkzeug zur Genesung benutzt worden. Bei einer solchen Behandlung wird eine Reihe klarumrissener Schritte praktiziert. Dem Patienten werden die folgenden Instruktionen gegeben:

1. Suchen Sie sich einen ruhigen Ort, wo Sie sich bequem und ohne Angst vor Unterbrechung hinsetzen können.
2. Vergegenwärtigen Sie sich den Rhythmus Ihres Atems. Konzentrieren Sie sich darauf.
3. Entspannen Sie und vergegenwärtigen Sie sich Ihre Spannungen als Knoten oder Abschnürungen. Sehen Sie in Ihrer Vorstellung, wie sich diese auflösen.
4. Spannen Sie Ihre Muskeln systematisch einzeln nacheinander an und entspannen Sie sie wieder.

5. Malen Sie sich einen Ort aus, der ideal ist und sich zur Entspannung anbietet. Führen Sie sich die ganze Szenerie vor Augen, hören Sie die Geräusche, riechen Sie den Duft. (Dieser Prozeß dauert einige Minuten).
6. Verschaffen Sie sich ein geistiges Bild Ihres Leidens und Schmerzes, der Sie bekümmert.
7. Nehmen Sie die Therapie ins Visier, mit der Sie behandelt werden, und malen Sie sich aus, wie sie gegen Ihre Schmerzen kämpft.
8. Malen Sie sich nun die Widerstandskräfte des Körpers aus, wie sie am Werk sind und gegen die Krankheit kämpfen.
9. Betrachten Sie sich nun selbst als stark, gesund und ohne Schmerzen.
10. Malen Sie sich aus, wie Sie sich auf Ihre Lernziele zubewegen.
11. Stellen Sie sich vor, wie Sie dreimal täglich durch dieses Erleben gehen und wie Ihre Kraft zunimmt und wächst.
12. Öffnen Sie langsam die Augen und gehen Sie wieder Ihren normalen Aktivitäten nach.[2]

Vorstellungskraft im Sport

Die Vorstellungskraft wird auch im Sport benutzt. Man spricht dort von mentalem Training. Der australische Psychologe Alan Richardson berichtet über die Auswirkungen, die Basketballspieler durch mentales Training beim Freiwurf erzielten. Nach dem Zufallsprinzip wurden drei Studentengruppen ausgewählt, von denen niemand zuvor mentales Training praktiziert hatte. Die erste Gruppe trainierte täglich Freiwürfe über einen Zeitraum von zwanzig Tagen. Die zweite Gruppe trainierte nur am ersten und zwanzigsten Tag Freiwürfe, in der Zwischenzeit war sie trainingsfrei. Die letzte Gruppe trainierte ebenfalls nur am ersten und letzten Tag Freiwürfe; aber darüber hinaus verbrachte sie täglich zwanzig Minuten damit, sich vorzustellen, wie man den Korb trifft. Ging der Wurf daneben, versuchten sie in ihrer Vorstellung beim nächsten Wurf erfolgreich zu sein.

Die erste Gruppe, die jeden Tag trainiert hatte, verbesserte sich zwischen dem ersten und dem letzten Tag um 24 Prozent. Die zweite Gruppe, die nur am ersten und letzten Tag trainiert hatte, erzielte keine Verbesserung. Die dritte Gruppe, die mental trainiert hatte, verbesserte sich um 23 Prozent. Zahlreiche andere Studien, die in anderen sportlichen Disziplinen durchgeführt worden sind, zeigen ähnliche Erfolgsmuster.[3]

Die Forschung geht davon aus, daß das mentale Training noch effektiver ist, wenn der Betreffende die Aktivität, die er symbolisch durchführt, ebenso „fühlt" wie „sieht". Die Person, die im Geist Freiwürfe durchspielt, wird bessere Resultate erzielen, wenn sie dabei den Ball in ihrer Hand „fühlt", „sieht", wie er durch den Korb fällt, und „hört", wie er aufschlägt. Wenn alle Sinne miteinbezogen werden, vermittelt das ein größeres Gefühl der Realität und sorgt für effektivere Ergebnisse.

Tennisspieler verbringen vor wichtigen Spielen ausgiebig Zeit damit, mental zu trainieren, wie ihre Schläge an einer bestimmten Stelle auftreffen. Um erfolgreich zu sein, muß dieser Vorgang, den sie im Geist durchspielen, sehr detailliert sein. W. Timothy Gallwey rät in seinem Buch *The Inner Game of Tennis* (Das innere Spiel beim Tennis): „Stellen Sie sich in Gedanken an der Grundlinie auf, atmen Sie ein paarmal tief durch und entspannen Sie. Schauen Sie auf die Dose (ein Tennisballbehälter, der in der Rückhandecke in einem der Aufschlagfelder aufgestellt ist). Stellen Sie sich den Flug des Balls von Ihrem Schläger zu der besagten Dose vor. Sehen Sie, wie der Ball die Dose genau an ihrem Etikett trifft. Wenn Sie wollen, schließen Sie die Augen und stellen Sie sich im Geist vor, wie Sie aufschlagen und der Ball die Dose trifft. Tun Sie das einige Male. Wenn der Ball in Ihrer Vorstellung die Dose verfehlt, ist es nicht schlimm. Wiederholen Sie diese Vorstellung mehrmals, bis der Ball sein Ziel trifft. Verwenden Sie nun keinen Gedanken mehr darauf, wie Sie den Ball schlagen sollen. Versuchen Sie auch nicht mehr, das Ziel zu treffen. Wenn Sie den Ball hochwerfen, konzentrieren Sie Ihre Aufmerksamkeit nur noch auf die Wurfbahn des Balles und überlassen Sie die Angabe sich selbst und servieren Sie den Ball gemäß Ihrer Vorstellungskraft."

Angst lindern durch geistige Bilder und Vorstellung

Die Kraft der Vorstellung wird von den meisten Menschen täglich praktiziert, oft allerdings in negativer Weise. Haben Sie schon einmal erlebt, daß Sie in den Tag gegangen sind und irritiert waren über etwas, was Ihr Ehepartner am Morgen getan oder zu Ihnen gesagt hat? Tagsüber haben Sie dauernd darüber nachgedacht und sich ausgemalt, was Sie tun und sagen werden, wenn Sie ihn abends wiedersehen. Als Sie ihm dann begegnet sind, hatten Sie ein fertiges Konzept mit einer klarumrissenen, gutgeprobten Beschreibung Ihrer Kränkung und Ihres Mißfallens! Ihr Ehepartner ist wahrscheinlich erstaunt gewesen, wie detailliert und ausgeklügelt Sie ihm alles vorgetragen haben. Sie konnten das tun, weil Sie in Ihrer Vorstellung alles gut vorbereitet hatten. Was könnte geschehen, wenn Sie dieselbe Mühe und Energie aufwendeten und Ihre Vorstellungskräfte in konstruktiver positiver Weise zum Einsatz brächten?

Betrachten wir nun einige Situationen aus dem wirklichen Leben, bei denen Ihre Vorstellungskraft helfen kann. Nehmen wir an, Sie machen sich Sorgen wegen einer Rede, die Sie halten sollen. Die folgende Übung möchte ich Rolleneinstudierung nennen. Sie ist dazu bestimmt, die negativen Vorstellungen hinter den sorgenvollen Gefühlen zu verdrängen:

„Setzen Sie sich oder legen Sie sich hin. Machen Sie es sich auf jeden Fall bequem. Schließen Sie die Augen. Atmen Sie langsam und tief ein und aus. Erlauben Sie es sich zu entspannen. Stellen Sie sich nun den Versammlungsraum vor, in dem Sie Ihre Rede halten sollen. Stellen Sie sich vor, wie Sie vorn im Raum stehen. Lassen Sie Ihren Blick durch den Raum schweifen. Entdecken Sie Einzelheiten – die Farbe der Wände, der Tür etc. Betrachten Sie die Fenster und die Bilder an den Wänden. Schauen Sie sich jetzt die Stühle an; achten Sie darauf, wie sie angeordnet sind. Schauen Sie sich die Menschen an. Schauen Sie, ob Sie irgendwelche Freunde oder Kollegen unter den Versammelten erkennen. Stellen Sie sich jetzt vor, wie Sie zu dem Rednerpult hinübergehen, um mit Ihrer Rede zu beginnen. Atmen Sie tief durch, bis Sie sich ruhig und entspannt fühlen. Hören Sie, wie die

Zuhörer im Auditorium verstummen. Erlauben Sie, daß Ruhe Sie durchdringt und Sie gelassen macht. Sehen Sie, wie die Menschen Sie freundlich und interessiert anschauen. Hören Sie sich jetzt selbst mit dem Vortrag beginnen. Ihre Stimme ist klar und laut genug, damit Sie jeder hören kann. Ihre Rede ist durchdacht, interessant und enthält genau das, was Sie sagen möchten. Beim Sprechen fühlen Sie sich zunehmend sicherer und in Ihrem Element. Aufgrund des Ausdrucks auf den Gesichtern sehen Sie schließlich, daß die Anwesenden Ihre Ausführungen verstanden haben und dadurch angeregt wurden. Nachdem Sie den Vortrag beendet haben, hören Sie, wie eine angeregte Unterhaltung im Publikum beginnt. Eine Reihe von Personen tritt mit interessanten Fragen an Sie heran und Sie beantworten sie bereitwillig.[4]

Das Ziel der geschilderten Übung ist, sich vorzustellen, wie man sich sicher fühlt, wenn man eine Rede zu halten hat. Dieselbe Art der geistigen Vorstellung können Sie in anderen Situationen anwenden. Verändern Sie die Einzelheiten so, daß sie in Ihre eigene Situation passen. Es ist wichtig, daß Sie die Situation mehrmals „proben". Die Wiederholung erlaubt Ihnen, Änderungen in Ihren Worten oder Handlungen vorzunehmen und an ihnen zu feilen.

Eine zusätzliche Möglichkeit, Angst vor einer bevorstehenden Situation anzugehen, ist die, sich nicht nur vorzustellen, wie Sie die Aufgabe erfolgreich meistern, sondern sich auch Tage, Wochen, Monate danach vorzustellen. Das befähigt Sie, über die Momente der Angst und Sorge hinauszusehen.

Stellen Sie sich vor, wie Sie sich von Ihrer Vergangenheit befreien

Vorstellungskraft ist ein Geschenk Gottes. Der Gebrauch unserer Vorstellung ist also die Anwendung einer schöpferischen Kraft. Sie ist für unsere Emotionen das, was die Musik für eine vertonte Ballade ist. Unser inneres Auge schafft Bilder, die so real und lebendig sind, wie die, die uns umgeben. Wir gebrauchen unsere Vorstellungskraft, um uns an Vergangenes zu erinnern und uns Zukünftiges vorzustellen. Wir lassen in unserem Geist Filme ablaufen.

Wer ist für Sie der Regisseur und Produzent dieser Filme? Ist es jemand aus Ihrer Vergangenheit, der noch in Ihnen lebt? Oder ist es kooperativer Wagemut zwischen Ihnen und Ihrem Herrn. Sie brauchen Gott zur Unterstützung, weil Ihre Vorstellungskraft durch den Sündenfall beschädigt worden ist. Als das Wort Vorstellungskraft zum ersten Mal in der Bibel gebraucht wurde, sollte es etwas Böses beschreiben. In 1. Mose 6,5 steht: „Der Herr sah, daß der Menschen Bosheit groß war auf Erden und alles Dichten und Trachten ihres Herzens (Einbildungskraft) nur böse war immerdar“. Aufgrund des Sündenfalls können unsere Bilder verzerrt sein und mißbraucht werden.

Im allgemeinen können wir wählen, was wir uns vorstellen. Es gibt aber auch Bilder, die aus der Vergangenheit oder aus unserem Unbewußten unkontrolliert in unseren Sinn platzen. Diese Bilder, die wir als falsch, unmoralisch oder sündig bewerten, rufen in uns Gefühle der Schuld und des Unbehagens hervor. *So etwas sollte ich nicht denken,* sagen wir bei uns selbst. *Das ist schrecklich. Solche Gedanken darf ich als Christ nicht haben.* Oft unterdrücken wir solche Bilder, anstatt uns direkt mit ihnen auseinanderzusetzen. Und dann tauchen sie zu einem späteren Zeitpunkt wieder auf. Je nach der Intensität der Bilder können sie uns weiterhin beeinträchtigen.

Was sagt die Bibel? Sollen wir böse Gedanken in unser Unbewußtes schieben, oder können wir sie endgültig loswerden?

Wenn Sie ein unerfreuliches Bild von jemandem aus der Vergangenheit, vielleicht sogar aus Ihrer Kindheit haben, dann sagt Ihnen der Apostel Paulus: „Alle Bitterkeit und Grimm und Zorn und Geschrei und Lästerung seien fern von euch samt aller Bosheit. Seid aber untereinander freundlich und herzlich und vergebt einer dem andern, wie auch Gott euch vergeben hat in Christus“ (Epheser 4, 31 + 32). Wenn Sie von unreinen Gedanken gepeinigt werden, rät Paulus in Kolosser 3, 5 – 8: „So tötet nun die Glieder, die auf Erden sind, Unzucht, Unreinheit, schändliche Leidenschaft, böse Begierde und die Habsucht, die Götzendienst ist. Um solcher Dinge willen kommt der Zorn Gottes über die Kinder des Ungehorsams. In dem allen seid auch ihr einst gewandelt, als ihr noch darin lebtet. Nun aber legt alles ab von euch: Zorn, Grimm, Bosheit, Lästerung, schandbare Worte aus eurem Munde."

Manchmal versuchen wir, unsere Vorstellungen oder Gedanken vor Gott zu verbergen, aber das ist nutzlos. Statt unser vollständiges Selbst Gott auszuliefern, bieten wir ihm eine scheinheilige Maske an. Er möchte, daß wir ehrlich vor ihm sind und ihn an der Wahrheit über uns selbst teilhaben lassen. Er weiß sowieso, was wir denken, aber er erwartet, daß wir den Schritt in die Ehrlichkeit wagen, der sowohl ein Hinweis unseres Vertrauens zu ihm als auch unserer Abhängigkeit von ihm ist. Da es in seinem göttlichen Wesen liegt zu helfen, möchte er uns geben, was wir brauchen.

Wie können wir schlechte Gedanken oder Bilder loswerden? Aus eigener Kraft gelingt es nicht. Ohne Hilfe haben wir keine Möglichkeit, diese Bilder aus unserem Geist zu verbannen. Kolosser 3,15 fordert uns auf: „Und der Friede Christi ... regiere in euren Herzen." Die Person Jesu Christi ist die Antwort. Jesus möchte, daß wir offen und ehrlich sind, was unsere Gedanken und Vorstellungen betrifft. Statt unsere Gedanken zu unterbinden und uns ihretwegen zu verdammen, sollten wir sie Christus bringen. Indem wir sie ihm ehrlich mitteilen, geben wir ihm die Gelegenheit, unseren Sinn von den Bildern zu reinigen, die uns beherrschen wollen.

Aber wir müssen diese Bilder loslassen wollen. Die zentrale Frage bei Veränderung ist das Verlangen und die Motivation. Wir müssen dahin kommen, daß wir Gott sagen können: „Ich möchte diese Bilder und Gedanken nicht haben. Sie haben eine Barriere zwischen mir und anderen und zwischen dir und mir aufgerichtet. Ich möchte die Gedanken und Vorstellungen haben, die du für mich bereit hast. Hilf mir, daß ich meine Vorstellungskraft und mein Gedankenleben in einer solchen Weise einsetze, daß ich wachsen, reifen, andern mehr helfen und dir die Ehre geben kann!"

Beten Sie zunächst für das Verlangen, von diesen Gedanken frei zu werden. Laden Sie Jesus Christus in Ihr Gedankenleben ein. Bitten Sie ihn, daß er den Heiligen Geist in die Tiefen Ihrer Vorstellungskraft schickt, um die vergrabenen Gedanken, die

Ihnen immer noch etwas anhaben, aufzuwirbeln. Es ist wichtig, dies in der Gegenwart Jesu Christi zu tun und mit seiner Kraft und seinem Trost zu rechnen. Wenn ein Bild oder Gedanke auftaucht, den Sie Jesus ausliefern möchten, dann stellen Sie sich im Geist vor, wie Sie diesen tatsächlich nehmen und ihm übergeben.

Dieses Gebet braucht Zeit und muß oft für jedes Bild oder jeden aufkommenden Gedanken wiederholt werden. Das soll nicht heißen, daß diese Gedanken nun niemals wiederkehren, aber, voller Hoffnung, sind Sie jetzt bereit, sich ihnen zu stellen und mit ihnen in positiver Weise umzugehen. Kennen Sie das Sprichwort, das besagt, daß man Vögel zwar nicht daran hindern kann, einem über den Kopf zu fliegen, daß man sie jedoch daran hindern kann, darauf ein Nest zu bauen.

In unserem Zeitalter der Technik, in dem wir mehr und mehr mit Apparaten und Computern liebäugeln, haben wir etwas vom Gebrauch unserer Phantasie verloren. Erinnern Sie sich, wie Sie als Kind im Gras lagen, in den Himmel schauten und sich vorstellten, wie sich die Wolken zu Burgen formten? Erinnern Sie sich noch an Spiele, die Sie damals als Kind erfunden haben mit imaginären Menschen oder Tieren, die für Sie aber sehr real waren? Indem Sie geistige Bilder verwenden, machen Sie von Gottes Geschenk, zu träumen, sich etwas zu vergegenwärtigen und zu schaffen, Gebrauch. Wir müssen Gott um Klarheit der Gedanken und um Richtungweisung bitten, damit wir diese gottgegebene Kraft nicht vernachlässigen, die uns zur Verfügung steht, um Veränderung in unserem Leben herbeizuführen.

Die Vorstellungskraft, die Frieden schafft

Sie können durch Ihre Vorstellungskraft auch ein größeres Gefühl des Friedens und der Ruhe in Ihrem Leben herbeiführen. Fangen Sie mit Ihrem Körper an. Nehmen Sie den Telefonhörer von der Gabel, damit Sie ungestört sind. Suchen Sie sich einen bequemen Stuhl oder Sessel aus. Lehnen Sie sich zurück und schließen Sie die Augen. Sie dürfen sich jetzt fallenlassen.

Strecken Sie Ihre Beine aus. Ziehen Sie die Zehen an und strekken Sie sie anschließend so stark, als wollten Sie sie von Ihren Füßen abstreifen. Jetzt entspannen Sie wieder. Nun kommt Ihr Kopf an die Reihe. Rollen Sie ihn von vorn nach hinten, damit sich durch die kreisenden Bewegungen die Halsmuskeln lokkern. Dann lassen Sie jede Hand auf ein Knie sinken. Fühlen Sie, wie sie dort entspannt liegt wie eine leichte Feder. Stellen Sie sich vor, daß auf jedem Augenlid unsichtbare Gewichte liegen, die Ihnen das Öffnen der Augen erschweren. Stellen Sie sich jetzt die sanfte Hand Jesu vor, die Ihr Gesicht leicht berührt und die Gewichte beseitigt. Wenn noch eine Verspannung auf Ihrem Gesicht liegt, lassen Sie sie verschwinden. Malen Sie sich aus, wie die Spannung aus Ihrem Gesicht, Ihren Armen... Ihrem ganzen Körper weicht. Sie fühlen sich ruhig und voller Frieden und sind ganz entspannt.

Sie erleben eine der Lebensfreuden, die Gott Sie erfahren lassen möchte. Inmitten der Turbulenz des Lebens gibt es eine Ruhe und einen Frieden wie die Sturmstille im Zentrum eines Hurrikans. Dies ist Gottes Verheißung. Kosten Sie diesen Frieden aus, indem Sie über die folgenden Worte aus Psalm 23,4 meditieren: „Und ob ich schon wanderte im finstern Tal, fürchte ich kein Unglück; denn du bist bei mir, dein Stecken und Stab trösten mich."

Und Jesus sagt in Johannes 14, 1 + 2: „Euer Herz erschrecke nicht! Glaubt an Gott und glaubt an mich! In meines Vaters Hause sind viele Wohnungen..." Und in Jesaja 26,3 steht: „Wer festen Herzens ist, dem bewahrst du Frieden." Wenn Gott diese Worte direkt an Sie richten würde, welchen Ton würde er seiner Stimme geben? Welchen Ausdruck hätte sein Antlitz? Empfinden und fühlen Sie die Liebe und Fürsorge, die von dem kommt, der Ihnen diese Versprechen gibt.

Gott hat Meisterwerke geschaffen, als er uns Menschen schuf. Er schuf uns nach seinem Bilde, nur wenig niedriger als die Engel. Die Vollkommenheit der Schöpfung Gottes wurde im Sündenfall vereitelt, und seitdem ist die Sünde immer gegenwärtig. Aber Gott hat uns seinen Sohn geschenkt, um sich der Sündenproblematik anzunehmen und uns eine neue Beziehung zu ihm zu schenken. Seine Gegenwart reißt uns aus der Lähmung der Sünde und befreit uns dazu, unsere Vorstellungskraft zu seiner Ehre zu gebrauchen!

Wie könnten wir ihn mehr verherrlichen als dann, wenn wir unsere Vorstellungskraft zu einem guten Zweck einsetzen, indem wir sie als Werkzeug zur Umgestaltung unseres Lebens benutzen. Durch unsere Vorstellungskraft können wir entweder Groll anhäufen oder alle Verletzungen und allen Haß fallenlassen. Lassen Sie uns das zweite tun und nicht das erste.

5

Lassen Sie Ihren Groll los

Eines der größten Hindernisse zum Friedensschluß mit Ihrer Vergangenheit ist das Festhalten am Groll. Groll ist ein Gefühl des Verletztseins oder des Ärgers, das oft durch ein zurückliegendes Erlebnis oder die Folgen einer Erfahrung verursacht wird.

Sally, eine siebenundzwanzigjährige Hausfrau, zeigte ihren Groll, als sie sagte: „Noch nie bin ich so gedemütigt worden; ich bin am Boden zerstört! Ich habe heute meine Eltern angerufen und wieder gab es nur Kritik und Wutausbrüche. Nur einmal würde ich mir eine angenehme Unterhaltung wünschen. Ich bin es leid, mit ihnen zu sprechen, nur um innerlich verwundet zu werden. Ich wünschte, sie würden sich nur einmal so miserabel fühlen, wie ich mich danach immer fühle!"

Bill, Ingenieur einer Luftfahrt-Gesellschaft, ließ so Dampf ab: „Ich bin so sauer. Mein Chef weiß einfach nicht, was ein Kompliment ist! Er nimmt keinerlei Notiz davon, was ich mache, und letzte Woche hat er sogar einen meiner Vorschläge genommen und ihn als seinen eigenen verkauft. Schätzen Sie mal, wer alle Ehre eingeheimst hat!"

Und Kathy, die jetzt ein Jahr verheiratet ist, sagte unter Tränen: „Mein Mann ist so gefühllos. Ich weiß nicht, ob er überhaupt weiß, was Ehe ist. Forderungen und lieblose Bemerkungen sind seine Stärke. Ich werde es ihm aber zeigen, wenn er das nächste Mal Zärtlichkeiten will."

Jeder dieser geschilderten Menschen ist innerlich verletzt worden. Das ist in der Vergangenheit geschehen, und es wird wieder geschehen. Zank, Meinungsverschiedenheiten und Beleidigungen kommen immer wieder zwischen Einzelpersonen und in Familien, Gruppen und Nationen vor. Entschuldigungen,

Klarstellungen, ein vereinbarter Waffenstillstand und Friedensverhandlungen ermöglichen es Menschen und Nationen, unbehindert und unbeeinflußt durch andere schlecht und recht zu leben. Aber findet dadurch wirklich Frieden statt? Werden dadurch Meinungsverschiedenheiten wirklich gelöst? Sind Frieden und Harmonie die Folge oder bleibt nicht doch ständiger Groll zurück?

Völker vereinbaren oft nach kriegerischen Auseinandersetzungen, mit ihren Feinseligkeiten und mit dem Töten aufzuhören und einen Friedensvertrag zu unterzeichnen. Aber dadurch werden nicht notwendigerweise die kriegsähnlichen Verhaltensweisen beendet. Jahre nach dem Waffenstillstand im 1. Weltkrieg brodelte der Groll weiter und entfachte schließlich die Flammen des 2. Weltkriegs.

Selbst wenn ein Staatsoberhaupt einen Gefangenen begnadigt, wodurch doch zum Ausdruck kommt, daß seine Schuld der Gesellschaft gegenüber gesühnt ist und es keine weitere Strafe mehr gibt – das Strafregister also klar ist–, kann doch weiterhin Groll bestehen.

Ihr Ehepartner oder Ihre Eltern können sich bei Ihnen entschuldigen und Ihnen sogar ein Geschenk überreichen, um dadurch die guten Absichten zu unterstreichen. Und Sie sagen sogar: „Ach, es ist schon gut. Vergessen wir, was geschehen ist." Aber innerlich bleiben Sie kalt und fühlen keine wirkliche Bereitschaft zur Vergebung.

Das Festhalten an ungelösten Ressentiments ist ein weiteres Indiz für das Kind in uns. In Ihrer Vergangenheit gab es wichtige Personen oder Gruppen, bei denen Sie das Empfinden hatten, daß sie Sie ignorierten, herabsetzten, Sie im Stich ließen oder in irgendeiner Weise angriffen. Wenn Sie daran festhalten, brüten Sie Groll aus. Einige Ihrer Erinnerungen sind vielleicht tief in Ihrem Unbewußten vergraben. Doch eines Tages entdecken Sie, daß eine dieser Erinnerungen unerwartet zutage tritt, nämlich wenn Sie einer Person oder einer Situation gegenüberstehen, die der Erfahrung aus der Vergangenheit ähnelt.

Das Verdrängen verletzter Gefühle und ungelöster Konflikte ins Unbewußte ist zwar allgemein üblich, aber das hält sie am Leben. Wie können Sie aber feststellen, ob bei Ihnen Groll und

Ressentiments unter der Oberfläche Ihrer Erinnerung noch fortbestehen. Hier einige Merkmale:

1. Sie möchten gegen Autoritätspersonen aufbegehren oder sich ihnen gegenüber zur Wehr setzen.
2. Sie explodieren plötzlich ohne einen ersichtlichen oder einleuchtenden Grund.
3. Sie lassen sich schnell auf einen Machtkampf mit Ihrem Ehepartner ein oder betrachten ihn als Feind.
4. Sie meiden oder fürchten jede Art des Kontaktes mit Ihren Eltern.
5. Sie vergleichen sich mit anderen Familienmitgliedern. Sie fühlen sich ihnen entweder unterlegen oder gehen einen Wettstreit mit ihnen ein.
6. Sie machen sarkastische oder gehässige Bemerkungen denen gegenüber, die Sie lieben.
7. Sie fühlen sich am Arbeitsplatz oder zu Hause nicht gewürdigt oder ausgeschlossen.
8. Sie haben mit somatischen Beschwerden zu tun, wozu Bauchschmerzen, Kopfschmerzen, Rückenschmerzen und dergleichen gehören können.
9. Ihre Lebenseinstellung ist grundsätzlich pessimistisch und negativ.
10. Sie fühlen sich gehemmt, anderen gegenüber Emotionen auszudrücken, selbst solchen Menschen gegenüber, zu denen Sie ein „enges“ Verhältnis haben.
11. Sie haben das Gefühl, daß Ihre Familie sich niemals wirklich um Sie gekümmert hat oder daß Sie in gewisser Weise durch sie schlecht behandelt worden sind.

Allerdings bedeutet die Tatsache, daß Sie eines oder mehrere dieser Symptome bei sich festgestellt haben, nicht notwendigerweise, daß Sie noch Groll hegen. Sie haben vielleicht schon Ihre Gefühle aufgearbeitet und geklärt. Aber sehr viele Menschen haben das nicht!

Möchten Sie loslassen?

Der erste Schritt, um Groll und Ressentiments loszuwerden, ist der, sich ihrer bewußt zu werden und sie zu erkennen. Das ist nicht immer das leichteste. Der zweite Schritt besteht darin, daß Sie sich selbst vergeben, wer und was Sie heute sind, und daß Sie den Ihnen wichtigen Menschen aus Ihrer Vergangenheit das vergeben, was sie getan haben und wer sie gewesen sind.

„Ja, das weiß ich alles. Ich weiß, daß ich es tun sollte und daß es das Beste für mich wäre! Aber wie soll ich das machen? Und ehrlich gesagt, es gibt Zeiten, wo ich merke, daß ein Teil von mir sie nicht davonkommen lassen möchte, ohne daß sie dafür zahlen müssen. Ich schwanke hin und her. Was soll ich machen?" Das ist der Aufschrei einer Patientin, die sich über Jahre hinweg nicht frei gefühlt hat, ihr eigenes Leben zu leben. Ihr Kampf gleicht dem vieler anderer Menschen mit dem gleichen, inneren Dilemma.

Die Frage, die Sie sich selbst stellen müssen, ist die: *Möchte ich meinen Groll fallenlassen oder will ich Rache?* Was ist Ihre ehrliche Antwort auf diese Frage? Es ist nicht möglich, diese Gefühle loszuwerden, wenn Sie auch nur ein wenig Rache suchen.

Lewis Smedes beschrieb das sehr gut, als er sagte: „Niemand scheint mit viel Talent zum Vergeben geboren zu werden. Wir müssen es alle von der Pike auf lernen und fast immer geht uns das Lernen gegen den Strich."[1]

Viele stehen mit einem Fuß auf der Straße des Vergebenwollens und mit dem anderen auf der Straße des Sich-rächen-Wollens. Sie treten auf der Stelle. Warum sich nicht für den einen oder anderen Weg entscheiden? Warum Energie vergeuden? Warum halbherzig sein?

Wenn der Teil in Ihnen, der Rache möchte, stärker ist als der vergebungsbereite Teil, wie wollen Sie Rache nehmen? Weiß die andere Person, daß Sie ihr etwas übelnehmen? Ist sie sich Ihres Verlangens nach Rache bewußt? Haben Sie sich Ihren Racheplan ausgearbeitet mit spezifizierten Details darüber, was Sie tun wollen? Haben Sie der betreffenden Person schon ungeniert von Ihren Gefühlen und Ihrem besonderen Plan, es ihr heimzuzahlen, erzählt? Wenn nicht, warum nicht? Wenn Sie Rache nehmen wollen, warum machen Sie sich nicht daran und schreiten zur Tat, damit Sie danach frank und frei leben können?

Wahrscheinlich denken Sie jetzt: „Was für eine lächerliche Idee! Wie können Sie eine derart radikale und unbiblische Idee verfechten? Das möchte ich nie tun, und selbst wenn ich es wollte, könnte ich es nicht!“ Wirklich? Wenn das stimmt, warum geben Sie Ihren Groll nicht vollständig auf und lassen sich von Ihren nachtragenden Gefühlen reinwaschen?

Wenn Sie jener für Sie wichtigen Person aus der Vergangenheit vergeben, heißt das, daß Sie umschalten von Mißtrauen, Argwohn und Groll auf Liebe. Liebe befreit Sie dazu, nicht mit dem übereinzustimmen, was ein anderer Mensch sagt oder tut, ohne deshalb rachsüchtig zu werden. Sie schenkt Ihnen sogar die Freiheit, selbst zu bestimmen, inwieweit Sie sich auf das Leben jener Person einlassen. Sie können lernen, auf ehrliche Weise zu kommunizieren und sich nicht in alten Verhaltensmustern zu verfangen. Die Veränderung Ihrer Haltung kann der anderen Person helfen, sich zu ändern. Und wenn nicht, entschließt sich die betreffende Person vielleicht, sich aus Ihrem Verhältnis zurückzuziehen, wenn sie entdeckt, daß man Sie nicht länger manipulieren und herumstoßen kann.

Wenn Sie Ihren Groll aufgeben, gehört dazu vielleicht auch, daß Sie damit aufhören:

1. Einen anderen Menschen für die mißliche Lage oder Situation, in der Sie sich befinden, verantwortlich zu machen.
2. Sich selbst zu bemitleiden.
3. Viel über die andere Person oder Ihre Vergangenheit zu reden.

Groll heißt, daß Sie einer Person die Kontrolle über Ihren emotionalen Zustand übergeben haben. Sie haben Ihre Kraftquelle einem anderen Menschen überlassen. Warum? Geben Sie sie statt dessen Jesus Christus und erlauben Sie ihm, in Ihrem Leben zu arbeiten.

Wenn Sie nicht bereit sind, die Vergangenheit fallenzulassen, besonders den Groll, dann kann sich alles auf einem anderen Gebiet wiederholen. Ihre emotionale Verstimmung wird in anderer Form wieder zutage treten. Wenn beispielsweise die Person, der Sie etwas übelnehmen, ein Elternteil ist, müssen Sie damit rechnen, daß etwas aus dem Folgenden geschieht:

1. Dem Ehepartner finden Sie Ähnlichkeiten mit dem Elternteil, dem Sie etwas übelnehmen.
2. Sie handeln und benehmen sich mit der Zeit wie der Elternteil, dem Sie nie ähneln wollten, und fangen an, andere in ähn-

licher Weise zu behandeln, wie Ihr Elternteil Sie behandelt hat.

3. Vielleicht stellen Sie sogar fest, daß Sie dieselbe Krankheit oder dieselben emotionalen Turbulenzen wie Ihr Elternteil erleben.

Ich habe alle diese Merkmale bei den unterschiedlichsten Menschen beobachten können, mit denen ich in der Therapie zu tun hatte. Der Kampf gegen schmerzliche Erinnerungen und Bitterkeit erfordert viel Energie. Wegen dieses Energieaufwandes neigen viele Menschen dazu, auf zweierlei Weise zu reagieren: Aus Angst zögern sie zunehmend, anderen Menschen mit Offenheit und Vertrauen zu begegnen. Oder, weil sie so ausgehungert nach Liebe, Zuneigung und Annahme sind, ist ihre Reaktion anderen gegenüber zu offen, und sehr bald befinden sie sich in großen Schwierigkeiten, ausgelöst durch ihre Suche nach Annahme und Liebe.

Wie man Ressentiments und Groll auflösen kann

Es gibt zahlreiche Wege, um Groll zu überwinden und loszulassen. In meiner Seelsorgearbeit benutze ich eine Therapie[2], die sich als hilfreich und wirksam erweist, egal, ob die Person, gegen die man Groll hegt, noch lebt oder schon gestorben ist. Unternehmen auch Sie die folgenden Schritte, indem Sie alles zu Papier bringen.

1. Schreiben Sie zunächst allen Groll auf, den Sie gegen eine bestimmte Person haben, der Sie erlauben, Ihr Leben zu begrenzen. Schreiben Sie jede Verletzung und jeden Schmerz auf, an den Sie sich erinnern können, und zwar so detailliert wie möglich. Schreiben Sie genau auf, was geschehen ist und was Sie damals empfunden haben – und jetzt noch empfinden.

Patienten schrieben beispielsweise folgendes auf:

- Ich fühle mich verletzt, weil du vor anderen sarkastische Bemerkungen über mich gemacht hast.
- Ich fühle mich gekränkt, weil du dich so schwer damit getan hast, mich jemals anzuerkennen.

- Ich nehme es dir übel, daß du mir niemals zuhören wolltest.
- Ich hasse die Tatsache, daß du mich einen Taugenichts genannt und mich auch so behandelt hast.
- Ich nehme es dir übel, daß du Vati betrogen und mich gezwungen hast, dieses Geheimnis mit dir zu teilen.
- Ich fühle mich gekränkt durch die Art und Weise, wie du versuchst, mich zu deinem Vorteil auszunutzen.
- Ich kann es nicht leiden, wie du mich manipulierst.
- Ich nehme es dir übel, daß du mich nicht um meiner selbst willen liebst.
- Ich bin wütend, weil ich mir heute noch das Leben schwer mache, um dir zu beweisen, daß ich kein Nichts bin, wie du es immer behauptet hast.
- Ich ärgere mich über dich und alle Frauen.

Bitte seien Sie darauf gefaßt, daß Sie einen ziemlichen emotionalen Aufruhr durchleben, wenn Sie Ihre Liste zusammenstellen. Vielleicht kommen andere alte, vergrabene Gefühle dabei an die Oberfläche, und Sie werden eine Weile durcheinandergebracht sein. Bitten Sie Gott vor und während dieses Aufschreibens, daß er Ihnen die verborgenen und tiefen Abgründe der Erinnerung offenbart, damit Ihr innerer Container geleert werden kann. Danken Sie ihm, daß es rechtens ist, daß Sie sich durch den Wust hindurcharbeiten und jetzt diese Gefühle ausdrücken. Sehen Sie Jesus Christus, wie er Sie anlächelt und Ihnen seine Zustimmung zu dem schenkt, was Sie tun. Er sagt zu Ihnen: „Ich möchte, daß Du gereinigt und frei wirst. Du brauchst nicht länger lahm, blind oder taub zu bleiben wegen der Dinge, die Dir zugestoßen sind."

Zeigen Sie diese Liste niemandem.

2. Wenn Sie nun so viele Ressentiments wie möglich aufgeschrieben haben, halten Sie eine Weile inne. Vielleicht erinnern Sie sich in diesen Augenblicken der Stille an noch andere innere Verletzungen, die angegangen werden müssen. Sie werden sich wahrscheinlich nicht an alles erinnern, und das ist auch nicht nötig.

3. Wenn Sie mit dem Aufschreiben fertig sind, gehen Sie in einen Raum mit zwei Stühlen. Stellen Sie sich vor, die andere Person sitzt Ihnen gegenüber und nimmt entgegen, was Sie ihr

mitteilen. Nehmen Sie sich Zeit. Fangen Sie an, ihr Ihre Liste vorzulesen. Zuerst werden Sie sich unwohl und sogar peinlich berührt fühlen. Aber diese Gefühle gehen vorüber. Sie werden sich vielleicht sogar dabei ertappen, das Aufgeschriebene aufzubauschen.

Nachdem Sie Ihre „Beschwerdeliste" verlesen haben, entspannen Sie sich und stellen Sie sich vor, wie diese Person in positiver Weise mit Ihnen spricht. Hören Sie sie im Geist sagen: „Ich möchte wissen, was Du mir mitzuteilen hast, und ich werde es akzeptieren. Fahre bitte fort und sage mir alles. Ich muß hören, was Du mir zu sagen hast."

Stellen Sie sich vor, daß die Person, der Sie etwas verübeln, Ihnen tatsächlich zuhört, zustimmend nickt und Ihre Gefühle versteht. Vielleicht werden Sie sehr heftig, ärgerlich, deprimiert oder auch ängstlich. Teilen Sie dieser Person, die Sie im Geist vor sich sehen, mit, was Sie empfinden. Machen Sie sich bewußt, daß nicht nur jene andere Person Ihnen die Erlaubnis gibt, alle Ihre gegenwärtigen und zurückliegenden Gefühle auszubreiten, sondern daß Jesus da ist und auch er Ihnen dies gewährt. Vielleicht merken Sie, daß es für Sie genug ist, nur eine Verletzung auf einmal mitzuteilen und anzusprechen. Wenn Sie merken, daß Sie emotional ausgelaugt sind, ist es wichtig, aufzuhören, sich auszuruhen und zu entspannen – und Ihre normalen Aufgaben für den Tag wieder aufzunehmen. Zu einem anderen Zeitpunkt können Sie mit der Liste weitermachen.

Wenn Sie diese Zeit des Austauschs beenden, schließen Sie die Augen und stellen Sie sich vor, wie Sie, die andere Person und Jesus zusammenstehen und sich gegenseitig die Hand auf die Schulter legen. Verbringen Sie mehrere Minuten damit, sich diese Szene vor Augen zu malen. Vielleicht haben Sie den Wunsch, sich vorzustellen, wie die Person, der Sie etwas nachtragen, verbal akzeptiert, was Sie ihr mitgeteilt haben.

Wenn Sie erst einmal all diese Schritte getan haben, werden Sie vielleicht feststellen, daß Sie sie über eine Periode von Wochen verteilt einige Male wiederholen müssen, bis die Vergangenheit nur noch eine rein historische Erinnerung ist. Wenn das Ganze mehr als nur eine Person betrifft, müssen Sie diese Schritte mit jeder einzelnen Person durchführen.

Eine andere hilfreiche Vorgehensweise besteht darin, der Person, der Sie etwas verübeln, einen Brief zu schreiben. Stellen Sie sicher, daß Sie diesen Brief dem Betreffenden, den Sie im Sinn haben, nicht tatsächlich aushändigen. Für manche Menschen ist die schriftliche Mitteilung hilfreicher als die verbale.

Fangen Sie Ihren Brief an, wie Sie jeden Brief anfangen würden: Liebe(r)... Das soll keine Übung für Schreibstil oder geschliffene Worte oder richtige Zeichensetzung sein. Sie sollen einfach Ihre Gefühle offenlegen, sie ausdrücken und sich ihrer entledigen. Zuerst mag das schwierig sein, aber nach einer Weile werden Sie merken, wie die Worte und Gefühle fließen. Halten Sie nichts zurück! Lassen Sie alles heraus, was in Ihrem Innern brennt. Dies ist nicht der Zeitpunkt zu bewerten, ob die Gefühle gut oder schlecht, richtig oder falsch sind. Es gibt sie und sie müssen kanalisiert werden. Wenn der Brief fertig ist, müssen Sie sich vielleicht erst einmal ausruhen.

Wenn ich mit Patienten in der Therapie arbeite und sie einen solchen Brief schreiben lasse, bitte ich sie, ihn zum nächsten Termin mitzubringen.

Im passenden Augenblick fordere ich sie auf, den Brief laut vorzulesen. Es steht ein leerer Stuhl im Raum, und ich bitte den Betreffenden, sich vorzustellen, daß die Person, gegen die er etwas hat, auf dem leeren Stuhl sitzt und zuhört, wie dieser Brief vorgelesen wird.

Ich erinnere mich an eine Frau, die einen sehr ausführlichen Brief an ihre Mutter geschrieben hatte und erstaunt war, als ich sie bat, ihn in meiner Gegenwart vorzulesen. Zuerst weinte sie beim Vorlesen. Allmählich jedoch hörte das Weinen auf, und zum Schluß des Briefes bekam ihre Stimme einen positiven hellen Klang. Durch diese Erfahrung waren die Streitpunkte aus ihrer Vergangenheit endgültig verändert worden.

Ich habe herausgefunden, daß es wichtig ist, diesen Brief mit jemanden auszutauschen, zu dem man höchstes Vertrauen hat. Das kann ein Freund, der Ehepartner oder ein Verwandter sein. Die Person sollte zuhören können und Ihnen eine Stütze sein. Sie darf keine Werturteile abgeben und Ihr Vertrauen nicht mißbrauchen. Vielleicht möchten Sie auch diesen Weg mit der

Liste Ihrer Verletzungen gehen, tun Sie es aber erst, wenn Sie die zuvor beschriebenen Schritte getan haben.

Die Person, die zuhört, kann zwar Bemerkungen machen, aber nur solche, die Sie in dem, was Sie mitteilen, unterstützen und Sie ermutigen, noch mehr zur Sprache zu bringen. Die Person ist nicht da, um Sie zu trösten oder Sie zu bemitleiden, sondern sie soll Ihnen helfen, sich zu öffnen. Die Erfahrung, dies alles in der Gegenwart eines liebevollen Menschen auszusprechen, kann sehr heilend wirken. Vergessen Sie nicht, dem Betreffenden für das Zuhören zu danken.

Eine positive Reaktion entwickeln

Es gibt einen letzten Schritt, der ein sehr wichtiger Teil dieses Prozesses ist. Es ist nicht nur wichtig, Groll aufzugeben, sondern auch erforderlich, daß Sie eine positive Reaktion dem Menschen gegenüber planen, der Sie verletzt hat. Diese positive Reaktion kann Liebe, Annahme, Freundlichkeit usw. sein. Es ist unmöglich, in einem Zustand der Neutralität mit weder negativen noch positiven Gefühlen diesem Menschen gegenüber zu verharren. Ich habe mit vielen Menschen zu tun gehabt, die sagten, daß sie nichts fühlten. Ihre Gefühle waren weder positiv noch negativ. Sie fühlten sich gleichgültig. Was sie aber tatsächlich entwickelt hatten, war eine emotionale Isolation gegenüber der anderen Person. Und Isolation bedeutet im allgemeinen eine Blockierung.

Dieser letzte Schritt ist dazu gedacht, Widerstand gegen die Entwicklung einer positiven Reaktion aufzuspüren – und eventuell den letzten Funken Groll aus seinem Schlupfwinkel zu treiben.

Nehmen Sie ein Blatt Papier. Setzen Sie den Namen der Person, der Sie etwas nachgetragen haben, oben auf die Seite. Benutzen Sie dann den Eröffnungsgruß eines Briefes „Liebe(r)... und schreiben Sie noch einmal den Namen.

Schreiben Sie unter den Gruß: „Ich vergebe dir, daß du..." (vervollständigen Sie den Satz mit dem, was Sie all die Jahre belastet hat). Beispielsweise könnte jemand schreiben: „Liebe

Mutter, ich vergebe dir, daß du immer versucht hast, mein Leben zu beherrschen."

Halten Sie als nächstes inne und fangen Sie den unmittelbaren Gedanken auf, der Ihnen in den Sinn kommt, nachdem Sie Ihre „Ich vergebe dir"– Aussage gemacht haben. Widerspricht dieser Gedanke dem Konzept der Vergebung? Empfinden Sie Protest oder Widerstand? Ist da irgendwelcher Ärger, Zweifel, oder ein beißendes Gefühl, das sich Ihrem Verlangen zu vergeben entgegenstellt? Schreiben Sie diese widersprüchlichen Gedanken sofort unter Ihre „Ich vergebe dir, daß du..."– Aussage. Seien Sie nicht entmutigt, wenn Ihre Proteste oder Widerstände so hart oder so heftig sind, daß es den Anschein hat, sie hätten überhaupt noch nicht vergeben. *Fahren Sie mit der Übung fort* und schreiben Sie wieder dieselbe „Ich vergebe dir, daß..."– Erklärung, gefolgt von Ihren unmittelbaren Gedanken, die noch widerstreitend vorhanden sein können.

Wiederholen Sie diesen Prozeß, bis das Reservoir an Groll und Widerstand entleert ist. Sie werden merken, wann Sie diesen Punkt erreicht haben, nämlich wenn Sie Ihre „Ich vergebe dir, daß du..."– Erklärung schreiben können, ohne an Widerspruch oder Vergeltung zu denken.

Manche beenden diese Übung mit nur wenigen widersprüchlichen Reaktionen. Andere haben eine ganze Menge an Groll und müssen einige Blätter Papier beschreiben. Nachstehend ein typisches Beispiel dafür, wie sich ein junger Mann durch seinen Groll seinem Vater gegenüber hindurchgearbeitet hat. Für diesen war er ein Ärgernis, und er hatte ihn in seiner Kindheit und Jugend abgelehnt. Beachten Sie, wie seine Proteste und sein Widerstreben zunehmend an Intensität verlieren und wie sein Groll schwindet, bis zu dem Punkt, an dem er einfach sagen kann: „Ich vergebe dir deinen Ärger und deine Ablehnung mir gegenüber", und wie er dann nicht mehr das Bedürfnis empfindet, das zu widerlegen.

Lieber Vater,
ich vergebe dir deinen Ärger mir gegenüber und daß du mich abgelehnt hast.
(Ich glaube, das kann ich noch nicht wirklich tun.)

Ich vergebe dir deinen Ärger mir gegenüber und daß du mich abgelehnt hast.

(Ich wünsche mir so, daß du freundlich bist, wenn ich anrufe.)

Ich vergebe dir deinen Ärger mir gegenüber und daß du mich abgelehnt hast.

(Ich glaube, ich täte es gern.)

Ich vergebe dir deinen Ärger mir gegenüber und daß du mich abgelehnt hast.

(Ich wünsche mir, du könntest anders sein! Wie ist Mutter all die Jahre mit dir ausgekommen?)

Ich vergebe dir deinen Ärger mir gegenüber und daß du mich abgelehnt hast.

(Ich habe Angst zu versuchen, ein besseres Verhältnis zu dir aufzubauen.)

Ich vergebe dir deinen Ärger mir gegenüber und daß du mich abgelehnt hast.

(Ich empfinde Liebe für dich, aber ich möchte nicht abgewiesen werden, wenn ich dir das sage.)

Ich vergebe dir deinen Ärger mir gegenüber und daß du mich abgelehnt hast.

(Ich empfinde jetzt beim Schreiben weniger Groll.)

Ich vergebe dir deinen Ärger mir gegenüber und daß du mich abgelehnt hast.

(Ich bin es leid, mich vor dir und vor der Verletzung zu schützen, wenn ich versuche, auf dich zuzugehen.)

Ich vergebe dir deinen Ärger mir gegenüber und daß du mich abgelehnt hast.

(Ich frage mich, wie es dir in deiner Kindheit ergangen ist, daß du zu dem wurdest, der du heute bist. Ich glaube, ich habe dich noch nie danach gefragt. Würdest du es mir erzählen?)

Ich vergebe dir deinen Ärger mir gegenüber und daß du mich abgelehnt hast.

(Ich denke, ich bin dabei, es zu lernen.)

Ich vergebe dir deinen Ärger mir gegenüber und daß du mich abgelehnt hast.

Nachdem Sie Ihre eigene Version dieser Übung vervollständigt haben, setzen Sie sich auf einen Stuhl. Stellen Sie sich vor, die Person, der Sie etwas verübeln, sitzt auf dem anderen Stuhl, nimmt Ihre Vergebung an und sagt es Ihnen auch. Nehmen Sie sich soviel Zeit, wie Sie für diesen Schritt brauchen, weil er sehr wichtig ist. Vernichten Sie später diese Liste. Es ist wichtig, sie niemandem zu zeigen. Verbrennen Sie sie oder reißen Sie sie in Stückchen als Symbol dafür, daß „das Alte vergangen und Neues geworden ist“ (2. Korinther 5,17).

Sie und Ihre Eltern

Erschrecken Sie manchmal über Ihre eigenen Gefühle? Fühlen Sie, daß sie falsch sind, und sind Sie schockiert, wenn Sie mit ihnen konfrontiert werden? Und natürlich ist da jene alte Nemesis, Schuld genannt. Wenn Schmerz und Frustration zwischen Ihnen und Ihren Eltern besteht, brechen sich einige dieser „radikalen“ Gefühle Bahn. Sie können solche Traumata haben, daß Sie sich manchmal wünschen, Ihre Eltern hätten nie existiert.

Wem nützt dieser Schmerz? Sie haben vielleicht auch das Gefühl, daß Sie wahrscheinlich nie etwas mit Ihren Eltern zu tun haben würden, wenn sie nicht Ihre Eltern wären. Bestimmt hätten Sie sich diese niemals als Freunde ausgesucht. Sie hätten nicht einmal Kontakt mit ihnen gepflegt. Sie haben vielleicht sogar das Gefühl, daß Sie nie mehr etwas mit Ihnen zu tun haben möchten. Und manchmal treffen Sie sogar diesen Entschluß, verwerfen ihn jedoch wieder.

Doch es gibt einen besseren und positiveren Weg als diesen, um von der Vergangenheit abgenabelt zu werden.

Es bedeutet allerdings harte Arbeit, ein Modell, das Sie über Jahre aufgebaut haben, aufzugeben. Bevor dieses Modell nicht aufgehoben wird durch ein Modell des Erbarmens, hängen Sie noch fest.

Die größte Aufgabe besteht darin, auf Ihre Eltern nicht mehr so zu reagieren, wie Sie es als Kind getan haben. Es wäre schön, wenn Ihre Eltern lernen würden, mit Ihnen genauso zu verfahren. Aber so wie Sie für Ihre Reaktionen allein verantwortlich sind, sind es auch Ihre Eltern für ihre eigenen. Wie können Sie aufhören, kindlich zu reagieren? Beobachten Sie, wann Sie alte

Verhaltensweisen Ihren Eltern gegenüber durchspielen, und drücken Sie sofort die Ausschalttaste, wenn diese alte Platte abläuft. Betrachten Sie Ihre Eltern nicht als schlecht oder vorsätzlich böse. Schuldzuweisung ist nicht das, was Sie versuchen, jetzt aufzubauen.

Manchmal wundern sich Menschen, warum sie solche Schwierigkeiten haben, jemandem zu vergeben. Jeder ist das, was er heute ist, aufgrund seiner früheren Erfahrungen und Erlebnisse. Sie sind eine Kombination aus Ihren Erinnerungen und Ihren gegenwärtigen Lebensumständen. Neigungen zu Groll haben gewöhnlich ihre Wurzeln in Erlebnissen aus der Vergangenheit, wobei manche vergessen und andere bewußt sind. Viele Erfahrungen aus Ihrer Kindheit bestimmen, wie leicht oder wie schwer Ihnen das Vergeben wird.

Betrachten wir einen Augenblick die Geschichte unseres frühkindlichen Lebens.

Ein Kleinkind ist total von seiner Mutter abhängig, um physisch und emotional zu überleben. Gewöhnlich vermittelt sie dem Kind Liebe und Sicherheit durch Berührung, Wärme durch ihr Nähren usw. Dadurch lernt das kleine Kind, anderen zu vertrauen. Wenn das Kind frustriert, aus dem Gleichgewicht geraten und unglücklich ist und schreit, ist die Mutter liebevoll und treu zur Stelle. Dadurch entwickelt das Kind ein Gefühl des Vertrauens.

Wenn aber das Weinen des Kindes für gewöhnlich ignoriert wird oder die Reaktion gereizt ist, lernt das Kind, daß er der Mutter und anderen Menschen nicht vertrauen kann. Das Kind ist verwirrt, weil es erfährt, was es heißt, ungeliebt zu sein und vernachlässigt zu werden. Es versteht aber den Grund dafür nicht. Es lernt, daß die Welt lieblos und unfreundlich ist. Diese Art von Lebensstart lehrt ein Kind, anderen zu mißtrauen. Es lernt, daß man sich nicht auf sie verlassen kann.

Sich ungeliebt und vernachlässigt zu fühlen schafft eine niedrige Toleranzgrenze für Frustration in dem Kind. Wenn seinen Bedürfnissen nicht entsprochen wird, ist es leicht wütend. Es kann auch eine Anfälligkeit für Depressionen im Erwachsenenalter hervorgerufen werden. Dies ist der Nährboden für heftige Gefühle von Groll und Feindseligkeit, und darin liegt auch die Prämisse dafür, daß das Vergeben später so schwerfällt. Ein Kind kann noch nicht verstehen, warum seine Gefühle so negativ sind, aber es fängt an, zu fühlen: „Ich werde nicht geliebt.“ Aufgrund seiner Enttäuschung und seines Grolls ist es unfähig, anderen wegen seines Leides zu vergeben.

Haben Sie schon einmal über den Preis nachgedacht, den Sie zahlen, wenn Sie sich von Ihren Eltern entfremden? Eine gespannte und unzureichende Beziehung ist sehr kostspielig, aber wie selten machen wir einen Kassensturz, um über unseren Verlust Klarheit zu bekommen?

Statt dessen üben wir, einen Schutzpanzer zu tragen, so daß wiederkehrende Gefühle der Verletzung und Zurückweisung abgeprallt werden können. Unsere Verteidigungsmechanismen löschen diese Gefühle allerdings nicht aus. Sie sind immer noch lebendig und führen einen Kampf. So kommt es, daß wir unsere Eltern zwar lieben und trotzdem nicht imstande sind, sie zu ertragen.

Wie ist Ihr Verhältnis zu Ihren Eltern? Was fühlen Sie ihnen gegenüber? Was werden Ihre Antworten auf die folgenden Fragen offenbaren?

1. Haben Sie irgendwelchen Kummer oder Groll, der aus Ihrer Kindheit herrührt. Wenn ja, welchen?
2. Wenn Sie mit Ihren Eltern zusammen sind, fühlen Sie sich entspannt und haben sie Freude daran?
3. Wenn Sie ärgerlich werden, hat es mit Groll oder einer ungelösten Verletzung aus der Vergangenheit zu tun?
4. Können Sie sich auf Ihre Eltern verlassen und können Sie ihnen vertrauen?
5. Müssen Sie Ihren Eltern etwas vergeben, was diese Ihnen in der Vergangenheit zugefügt haben? Wenn ja, was ist es? Können Sie ihnen vergeben, ohne sie ändern zu wollen?
6. Was empfinden Sie bei dem Gedanken, für Ihre Eltern zu sorgen, wenn sie alt geworden sind?
7. Beschreiben Sie die Art der Liebe und Annahme, die Sie bei Ihren Eltern spüren. Wodurch zeigen Ihnen Ihre Eltern, daß sie Sie lieben und annehmen? Wenn Sie sich von Ihren Eltern ungeliebt und abgelehnt fühlen, womit begründen Sie das?

8. Falls Ihre Eltern schon gestorben sind, hegen Sie noch Groll gegen sie?

Wenn Sie auf die inneren Botschaften lauschen, die Sie aus Ihrer Kindheit übernommen haben, was würden Sie gern ändern? Schreiben Sie Ihre Antworten auf die folgenden Fragen auf ein Blatt Papier.

1. Warum folge ich dieser inneren Stimme oder diesem Zwang?
2. Ergibt es einen Sinn für mich, wenn ich mich so verhalte? Ist es wirklich logisch oder gesund? Ist es nicht nur eine automatische, von früher übernommene Reaktion?
3. Was sind die Konsequenzen, wenn ich so weitermache?
4. Was sind die Konsequenzen, wenn ich nicht so weitermache?
5. Wenn ich jetzt eine Veränderung vornehme, wird dann irgend jemand verletzt? Wenn ja, warum?
6. Wird eine Veränderung mein Leben verbessern oder verschlechtern?
7. Wie ist es um meine Motivation eine Änderung vorzunehmen bestellt? Geschieht es aus Rache, will ich rebellieren oder tue ich es, weil ich spüre, daß es das Beste ist?
8. Wird es von irgend jemand irgendeine Mißbilligung bei dieser Veränderung geben? Kann ich mit den Reaktionen fertig werden? Mache ich mir mehr Sorgen um meine eigene Mißbilligung oder um die einer anderen Person? Was kann ich tun, um diese Veränderung zu akzeptieren?
9. Habe ich Gott in diese Entscheidung zur Veränderung einbezogen? Wie sollte ich um seine Hilfe bitten, damit die Veränderung bei mir Realität wird?

Unsere emotionalen Bindungen an die Vergangenheit können sich auf eine Person oder auf eine tiefverwurzelte innere Botschaft beziehen. Es ist leichter, emotional frei zu werden, wenn die Eltern unsere Entwicklung zur Unabhängigkeit gefördert haben. Falls Ihre Eltern Sie schwach, abhängig und klein halten wollten, war das ein Verhalten, das wahrscheinlich aufgrund ihres eigenen inneren Kindes ausgelöst worden ist. Sie sind nun vielleicht gebundener, als Sie es glauben. Und es kann für Sie sogar eine gewisse Sicherheit darin liegen, emotional gebunden zu sein, weil das ein vertrauter Zustand ist, selbst wenn er sich nachteilig für Sie auswirkt, und es kann für Sie schreckenerregend sein, sich loszureißen. In der Tat, dieses Losreißen kann für Sie riskant sein, wenn Sie nicht schon eine neue Quelle der Sicherheit gefunden haben. Doch Sie müssen frei werden, und Abnabeln ist ein Teil des Erwachsenwerdens.

Sind Sie noch emotional abhängig? Um es herauszufinden, beantworten Sie folgende Fragen:

1. Leben Sie noch bei Ihren Eltern? Wenn ja, warum?
2. Leben Sie noch in der Nähe Ihrer Eltern? Wenn ja, warum?
3. Ist der Kontakt zu Ihren Eltern (sei er persönlich, brieflich oder telefonisch) angemessen?
4. Wie würden Sie sich fühlen, wenn Sie weniger Kontakt zu Ihren Eltern haben könnten?
5. Wie beziehen Sie Ihre Eltern in Ihr Leben ein? Zuviel, soviel Sie wollen oder nicht genug?
6. In welcher Hinsicht sind Sie selbst zu Eltern für Ihre Eltern geworden? Welche Aufgaben, die Ihre Eltern früher selbst getan haben, nehmen Sie Ihnen jetzt ab? Wie ist es dazu gekommen?
7. Haben Sie es vermieden, von Ihren Eltern unabhängig zu werden? Welches sind die Risiken der Unabhängigkeit?
8. Wenn Sie etwas tun, was den Wünschen Ihrer Eltern entgegensteht, was passiert dann?
9. Was erwarten Ihre Eltern von Ihnen im Augenblick? Wieso wissen Sie das?
10. Was würde geschehen, wenn Sie sich entschieden, Ostern oder Weihnachten nicht mit Ihren Eltern zu verbringen? Was würden sie empfinden und sagen? Was würden Sie selbst empfinden?
11. Was unternehmen Sie, um die Anerkennung Ihrer Eltern zu gewinnen? Was empfinden Sie, wenn Sie die Mißbilligung Ihrer Eltern auf sich gezogen haben?[3]

Es lohnt sich, Frieden zu schließen

Die gemischten Gefühle Ihren Eltern gegenüber können Ihre Gesundheit, Ihre Arbeit und besonders Ihre Ehe beeinflussen. Viele Ehen zerrütten und scheitern aufgrund ungeheilter Verletzungen durch die Eltern.

Aber es gibt auch Risiken, wenn Sie mit Ihrer Vergangenheit Frieden schließen. Was müßten Sie aufgeben, um Frieden zu erlangen? Haben Sie sich auf die Kosten oder auf die Vorteile konzentriert? Vielleicht müssen Sie Ihren Ärger, Ihren Groll, Ihre Schuldzuweisung und Ihre Rachegelüste aufgeben.

Vielleicht müssen Sie die Tatsache akzeptieren, daß bei Ihren Eltern Liebe, Anerkennung und Annahme vorhanden ist und schon immer war, oder im Gegenteil akzeptieren, daß es nie Liebe, Anerkennung und Annahme geben wird.

Viele Menschen gehen durch das Leben, ohne daß ihre Bedürfnisse nach Anerkennung, Annahme oder Zustimmung von ihren Eltern je befriedigt wurden. Und sie werden auch nie durch sie befriedigt werden. Niemand kann in ein paar Tagen oder Monaten das ersetzen, was wir über Jahre und Jahrzehnte bemangelt haben. Das ständige Bemühen, den elterlichen Erwartungen gerecht zu werden, oder das Schimpfen über den Mangel an elterlicher Liebe ist zwecklos. Es hilft uns mehr, uns zu sagen: „Es ist in Ordnung, daß es so gekommen ist. Es war schmerzlich, aber ich kann mein Leben nun ohne den Einfluß der Vergangenheit weiterführen. Es ist in Ordnung für die Eltern, so zu sein, wie sie sind, aber für mich gilt, daß ich noch all das werde, was ich werden kann."

Joyce Landorf hat das Buch *Irregular People* geschrieben, eines der aufschlußreichsten Bücher unserer Zeit zu diesem Thema. Sie bezeichnet dort die für uns bedeutsamen Personen, vielleicht ein Elternteil oder ein Verwandter, die in bezug auf unser Leben emotional blind sind und uns nicht das geben, was wir unserem Gefühl nach eigentlich brauchen, als regelwidrig. Die regelwidrige Person wird uns fortwährend verletzen und negative Botschaften, die wir bereits in unser Leben eingebaut haben, immer wieder bekräftigen.

Joyce Landorf schrieb einen Brief an James Dobson über ihre Nöte mit ihrer regelwidrigen Person. Er antwortete ihr: „Joyce, ich bin von Tag zu Tag mehr davon überzeugt, daß viele Anstrengungen in unserem Erwachsenenleben dem gelten, was in unserer Kindheit *unerreichbar* war.

Je schmerzlicher die frühen Mängel waren, desto mehr sind wir bestrebt, sie später im Leben zu füllen. Der „Regelwidrige" in Ihrem Fall hat nicht die Bedürfnisse in Ihrem Leben befriedigt, die er früher hätte befriedigen sollen, und ich glaube, Sie hoffen immer noch, daß er durch ein Wunder das wird, was er nie war. Darum werden Sie von ihm dauernd enttäuscht, verletzt und abgelehnt.

Ich glaube, daß es Sie weniger verletzen wird, wenn Sie die Tatsache akzeptieren, daß er die Liebe, die Empathie und das Interesse nicht aufbringen kann – und es auch nicht will –, die er hätte aufbringen sollen. Es ist nicht leicht, sich selbst auf diese Weise zu distanzieren ..., aber es ist weniger schmerzlich, nichts zu erwarten als vergeblich zu hoffen.

Ich würde sogar vermuten, daß die eigenen Kindheitserfahrungen Ihres „Regelwidrigen" für seine emotionale Eigenheiten verantwortlich zu machen und vielleicht als sein eigenes besonderes Handikap anzusehen sind. Wäre er blind gewesen, hätten Sie ihn trotz seiner mangelnden Sehkraft lieb. In gewisser Weise ist er auf der Ebene der Gefühle „blind": blind für Ihre Bedürfnisse. Er ist sich der Verletzungen im Zusammenhang mit bestimmten Vorfällen und wegen seines Desinteresses an Ihren Leistungen nicht bewußt. Sein eigenes Handikap hindert ihn daran, Ihre Gefühle und Erwartungen zu erkennen. Wenn Sie ihn als einen Mann mit einem „Dauerhandikap" akzeptieren – eines, das wahrscheinlich verursacht wurde, als er selbst verwundbar war –, dann werden Sie sich dadurch vor der Spitzhacke seiner Ablehnung schützen können".[4]

Dies ist eine Teilantwort, die uns davor bewahren kann, daß wir selbst zu einer regelwidrigen Person für andere werden. Wir müssen diese Person so annehmen, wie sie ist, und nicht erwarten, daß sie sich ändert.

Zum anderen bedenken Sie, daß diese Person wahrscheinlich dieselbe negative Behandlung zu irgendeinem Zeitpunkt in ihrem Leben erfahren hat. Jetzt haben Sie die Chance, diesen Teufelskreis zu durchbrechen. Die Bibel sagt in Jesaja 43, 18+19: „ Gedenkt nicht an das Frühere und achtet nicht auf das Vorige! Denn siehe, ich will ein Neues schaffen, jetzt wächst es auf, erkennt ihr's denn nicht? Ich mache einen Weg in der Wüste und Wasserströme in der Einöde."

In seinem Buch schreibt Lloyd Ogilvie: „Ein untrügliches Zeichen dafür, daß wir eine wahre Beziehung zu Gott haben, besteht darin, daß wir mehr an die Zukunft als an die Vergangenheit glauben. Die Vergangenheit kann weder eine Quelle der Zuversicht noch eine der Verdammung sein. Gott hat in seiner Güte unser Leben in Tage und Jahre eingeteilt, damit wir das Gestern fallenlassen und unser Morgen erwarten können. Für Fehler aus der Vergangenheit bietet Gott uns Vergebung und die Fähigkeit zu vergessen an. Für unser Morgen schenkt er uns die Gabe der Erwartungen, Anreiz und Ansporn.“[5]

Eines unserer Probleme ist, daß die meisten von uns ein besseres Gedächtnis haben als Gott. Wir halten unsere Wunden offen und bekommen dadurch Schwierigkeiten mit anderen. Eigentlich spielen wir Gott, wenn wir uns weigern, anderen oder uns selbst zu vergeben. Wenn wir aber nicht vergeben, wird das nicht nur unser Verhältnis zu anderen Menschen zerbrechen, sondern auch unser Verhältnis zu Gott.

Es heißt bei Lewis Smedes: „Ist es fair, an eine schmerzliche Vergangenheit gebunden zu sein? Ist es fair, immer wieder von derselben alten Verletzung in die Knie gezwungen zu werden? Rache ist wie ein Videoband in der Seele, das sich nicht abstellen läßt. Es spielt die qualvollen Szenen immer und immer wieder (im Geiste) ab. Es knebelt Sie mit seinem aufdringlichen Wiederholungsspiel. Und jedesmal, wenn das Band wieder abläuft, fühlen Sie erneut die Qual des Schmerzes. Ist das fair? Vergebung löscht das Videoband der quälenden Erinnerung, Vergebung setzt Ihr Leben frei. Vergebung ist der einzige Weg, um den Kreislauf des unfairen, in Ihrer Erinnerung immer wiederkehrenden Schmerzes zu stoppen.“[6]

Können Sie Ihre Eltern so akzeptieren, wie sie waren/sind, was sie auch getan haben mögen und welche Botschaften sie in Ihr Leben hineingetragen haben? Das bedeutet Vergeben bis zu dem Punkt, wo Sie es nicht länger zulassen, daß Sie noch irgendwie beeinflußt werden von dem, was in der Vergangenheit geschehen ist. Nur dadurch können Sie frei werden – frei, sich selbst zu entwickeln, Ihr Leben zu leben, auf neue Weise zu kommunizieren, frei, sich selbst und Ihren Ehepartner zu lieben.

Lloyd Ogilvie stellt die Frage: „Wer ist Ihre Last? Wen tragen Sie emotional im Gedächtnis oder im Gewissen? Wer verursacht in Ihnen Reaktionen der Schuld, der Angst, der Enttäuschung oder des Ärgers? Jene Person gehört Gott. Gott trägt auch diese Person! Ist es nicht an der Zeit, die Last abzuladen und der ungelösten Dynamik der Beziehung ins Auge zu schauen, zu vergeben und zu vergessen?“[7]

Vielleicht kann Ihnen die Definition von *vergessen* weiterhelfen. Vergessen bedeutet, „sich von der Erinnerung lösen, etwas mit Unaufmerksamkeit oder Gleichgültigkeit behandeln, etwas absichtlich nicht beachten, es übersehen und überhören; aufhören, sich zu erinnern oder Notiz zu nehmen; es aufgeben, zur richtigen Zeit, achtsam zu sein.“

Leiden Sie an emotionaler Unterernährung aufgrund von Groll und Unversöhnlichkeit? Nicht vergeben heißt, sich selbst innere Qual zufügen. Wenn wir falsche elterliche Botschaften untermauern, machen wir uns selbst unglücklich und uneffektiv. Vergebung signalisiert: „Es ist alles in Ordnung. Es ist vorbei. Ich nehme dir nichts mehr übel und sehe dich auch nicht mehr als Feind an. Ich liebe dich, sogar dann, wenn du meine Liebe nicht erwiedern kannst.“

Wenn Sie jemandem vergeben, weil er Sie verletzt hat, nehmen Sie eine geistliche Operation in Ihrer Seele vor, Sie schneiden das Schlimme, was Ihnen angetan worden ist, heraus, und Sie können Ihren „Feind“ mit den Augen sehen, die Ihre Seele heilen können. Trennen Sie Ihre Verletzung von der auslösenden Person und lassen Sie die Verletzung frei, wie Kinder ihre Hand öffnen und einen gefangenen Schmetterling frei lassen.

Dann laden Sie jene Person wieder in Ihr Inneres ein, als sei ein Stück Geschichte ausradiert worden und der Zugang zu Ihrer Erinnerung abgeblockt. Leiten Sie den scheinbar nichtumkehrbaren Fluß des Schmerzes in Ihrem Innern um.[8]

Wir sind imstande zu vergeben, weil Gott uns vergeben hat. Er hat uns ein wunderbares Vorbild für die Vergebung gegeben. Wenn wir es zulassen, daß Gottes Vergebung unser Leben durchdringt und uns erneuert, dann ist das der erste Schritt zum Ganz- und Heilsein.

6

Mit Ablehnung fertig werden

Ehe Sie Frieden mit Ihrer Vergangenheit schließen können, müssen Sie den Kampf mit der Ablehnung aufnehmen – dieses Gefühl von einem Dritten nicht erwünscht und geliebt zu werden. Sie fühlen sich abgeschnitten, isoliert und oft einsam. Sie fühlen sich getrennt und wie eine Insel ohne Verbindung zum Festland.

W. Hugh Missildine schreibt: „Es ist schwierig, sich in der Welt zu Hause zu fühlen, wenn man sich in seinem eigenen Heim nie zu Hause gefühlt hat. Wenn Sie als Kind abgelehnt wurden, haben Sie ein extremes emotionales Handikap. Sie sind in Wirklichkeit eigentlich eine Person „ohne Hinterland". Sie betrachten sich vielleicht als Geächteten, unannehmbar für sich selbst und andere. Ihre Selbsterniedrigung ist bitter, und Sie fühlen, beinahe automatisch, auch anderen gegenüber Bitterkeit, was Sie oft dazu verleitet, die Verhaltensweisen anderer mißzuverstehen.[1]

Fühlen Sie sich selbst manchmal wie ein Geächteter, der vor den Kopfgeldjägern flieht? Wer ist hinter Ihnen her? Sind es die anderen? Oder jagen Sie sich in Wirklichkeit selbst nach? Wenden Ihnen die anderen den Rücken zu? Oder schlagen Sie selbst ihnen die Tür vor der Nase zu?

Je wichtiger die Person ist, die Sie ablehnt, desto stärker wird in Ihnen das negative Gefühl sein. Ablehnung kann ein punktuelles Erlebnis oder auch ein konstantes sein. Viele Menschen wachsen von Kindheit an mit dem Glauben auf, daß Annahme und Liebe ihren Preis haben – für sie sind es keine selbstverständliche Geschenke, sondern etwas, was man sich verdienen muß, indem man einiges leistet oder ein Ziel erreicht oder es sich verkneift, bestimmte Dinge zu tun.

Ich denke an einen Mann, der in seiner Kindheit niemals gewagt hat, zu Hause irgendwelchen Lärm zu machen. Lärm war absolut verboten. Wenn ihn seine Freunde besuchten, geriet er jedesmal in Panik, wenn sie in Gegenwart seiner Eltern laut waren oder anfingen herumzutoben. Heute empfindet er als Erwachsener selten ein Gefühl des Friedens oder der Entspannung. Er ist immer gereizt. Weil seine Eltern gegen Lärm waren, hat er sich vorgestellt, daß sie ihn nicht schätzen. Er erinnert sich auch daran, daß er immer das Gefühl hatte, nie „gut" genug zu sein. Selbst wenn er in Wirklichkeit gar nicht von seinen Eltern abgelehnt worden ist, empfand er es so.

Ablehnung signalisiert einem Menschen, daß er es nicht wert ist, zu ihm eine Beziehung zu haben, ja noch nicht einmal ihn zu kennen. Wahre Ablehnung kommt allerdings selten vor. Was im allgemeinen schon als Ablehnung wahrgenommen wird, ist meistens nur Vernachlässigung oder negative Reaktionen wie Ärger oder Wutausbrüche. Echte Ablehnung liegt vor, wenn ein Mensch überhaupt nicht angenommen wird und man ihn behandelt, als sei er eine Last oder ein Mühlstein, den man eben dauernd mitschleppen muß. Ein Kind, das abgelehnt wird, kann körperlich verletzt oder einfach abgeschoben werden. Das passiert natürlich in Ausnahmefällen, aber gewöhnlich hat Ablehnung subtilere Ausdrucksformen.

Wenn Ablehnung einen bestimmten Grad erreicht hat, fühlen wir uns verletzt oder sogar verbittert. Die Verletzung ist ständig gegenwärtig, und man wird sensibel für tatsächliche oder scheinbare Abweisung. Ein solcher Mensch ist auf Ablehnung fixiert und legt sie in viele Reaktionen anderer Menschen hinein. Er nimmt das Schlimmste an und ist sehr mißtrauisch. Es ist in solchen Fällen schwierig, zu einem derartigen Menschen offen und ehrlich zu sein, denn man befürchtet stets, daß er erneut eine schmerzliche Ablehnung erlebt, wenn man ihm seine wahren Gefühle zeigt.

Wir neigen auch dazu, uns selbst abzulehnen, wenn wir das Gefühl haben, daß wir von irgend jemandem, an dem uns sehr lag, abgelehnt wurden. Wir behandeln uns selbst wie Kriminelle und häufen schließlich mehr Kritik und Mißfallen und Mißbilligung auf uns, als unsere Eltern oder andere Menschen es je getan haben. Sprechen Sie sich selbst Mut zu oder nähren Sie sich nur mit mißbilligenden und ablehnenden Kommentaren? Sind Sie sich selbst gegenüber ein strengerer Kritiker als andere? Sagen Sie sich dauernd: „Du bist es gar nicht wert, daß man dich liebt", „Das gelingt dir sowieso nicht", „Du bist viel zu ungeschickt"? Wenn Sie das tun, lehnen Sie sich selbst ab. Wie gehen Sie mit sich selbst um?

Ein Teil Ihres inneren Kampfes kann unter Umständen auf ein paar für Sie unbeantwortet gebliebenen Fragen basieren. Sie fühlen sich vielleicht schuldig oder irgendwie verantwortlich dafür, daß Sie von Ihren Eltern abgelehnt worden sind. Und wenn dies zutrifft, sind in Ihnen sicherlich Gefühle der Wertlosigkeit, die Ihren fortwährenden Argwohn und Ihr Mißtrauen noch verstärken. Was – so meinen Sie – sollen andere an Ihnen finden? Warum sollten diese den Wunsch haben, auf Sie einzugehen? Und wenn das so ist, haben Sie vielleicht einen Schutzpanzer entwickelt, wie ein Igel, um das Engagement anderer Ihnen gegenüber abzuwehren.

Wenn Ihnen als Kind Ablehnung statt Liebe zuteil geworden ist, hat Sie das verwirrt. Sie haben erlebt, wie andere Eltern ihren Kindern Liebe und Annahme schenkten, und Sie haben sich gefragt, warum Sie keine Liebe empfangen haben.

Warum werden Kinder abgelehnt?

Was sind die Gründe für elterliche Ablehnung? Lehnen Mütter und Väter ihre Kinder immer aus den gleichen Gründen ab? Es kann sein, daß wir von vorherrschenden Gesellschaftsströmungen beeinflußt werden. Wir sind Kinder unserer Zeit und unserer Kultur, wie Alvin Toffler in seinem Buch *„Der Zukunftsschock"* beobachtet hat. Wir leben in einer Wegwerfgesellschaft. Wir neigen dazu, unsere zwischenmenschlichen Beziehungen, die Dinge und Orte als vorübergehend und zerbrechlich zu betrachten. Wir sehen dies in der mangelnden Bereitschaft vieler Menschen – darunter auch Ehepaare –, sich fürs Leben zu binden.

Warum also lehnen Eltern ihre Kinder ab? Manche Eltern lieben ganz einfach ihre Kinder nicht – sei es aufgrund ihres Aussehens oder der Persönlichkeitsstruktur. Sie kümmern sich nicht um sie. Manche Kinder werden wegen einer offensichtlichen Behinderung, etwa eines sehr niedrigen Intelligenzquotienten, abgelehnt oder weil die Geschwister oder die Kinder von Freunden attraktiver und begabter sind. Es kann ebenfalls sein, daß ein Elternteil, der sich selbst nicht annimmt, diese Gefühle des Mißfallens auf das Kind projiziert, das ihm sehr ähnelt. Wenn sich andererseits dem Ehepartner gegenüber Feindseligkeit angestaut hat, kann das Kind, das dem Partner ähnelt, diese Feindseligkeit zu spüren bekommen. Dieser Ärger gilt eigentlich dem Ehegatten oder sogar seinen Eltern. Wenn die Schwangerschaft unerwünscht war, kann das Kind unter Umständen Ablehnung erleben. Es wird dann als lästig empfunden. Unglücklicherweise werden manche Kinder nur geboren, weil die Eltern nicht wissen, wie verantwortliche Familienplanung aussieht. Andere Eltern wünschen sich einen Jungen statt eines Mädchens und lehnen es ab, wenn es nicht ihrem Wunsch entspricht.

Manchmal erfährt ein Kind zunächst von einem Elternteil oder auch von beiden Eltern in hohem Maße Zuwendung, die aber nach einiger Zeit in Ablehnung umschlägt. Das Kind erkennt dann, daß die frühere Zuwendung nicht echt war. Ursache kann sein, daß das Kind anfangs ein Ersatz für den Partner oder die Partnerschaft war. So kann beispielsweise eine Mutter, deren Verhältnis zu ihrem Mann nicht gut ist, ihre Liebe auf ihr kleines Kind verlagern, weil dieses weder sie selbst noch ihre Zuwendung abweisen kann. Wenn das Kind älter wird, betrachtet die Mutter es nicht mehr als sicheren Empfänger ihrer Liebe. Es hört auf, ein sicherer Ersatz für den Ehepartner zu sein, und sie entzieht dem Kind ihre Annahme und Zuwendung. Diese Erfahrung vermittelt diesem dann die Botschaft, daß es niemals wirklich um seiner selbst willen geliebt worden ist.

Mütter lehnen ihre Kinder aus verschiedenen Gründen ab. Manche assoziieren es mit seinem Vater. In den Augen der Mutter ist das Kind dann wie der Vater und wird im gleichen Maße gehaßt, wie der Vater gehaßt wird. Die eigene Identität des Kindes wird verneint wegen der starken Abneigung, die die Mutter dem Vater gegenüber hegt.

Andere Mütter finden es leichter, das Kind von vornherein abzulehnen, als das emotionelle Risiko einzugehen, es später zu verlieren. Wieder andere meinen, daß ein Kind der Kitt ist, der eine schlechte Ehe zusammenhält. Der Grad der Probleme in der Ehe kann den Umfang der Ablehnung gegenüber dem Kind beeinflussen. Wenn der Ehemann nicht so attraktiv ist, wie es sich die Frau gewünscht hat oder sie von ihm mißhandelt worden ist, kann die Ablehnung des Kindes extrem sein, weil sie sich in der Ehe gefangen fühlt.

Wenn eine Ehe auf Messers Schneide steht und die Frau glaubt, ein Kind könne diese retten, wird dem Kind zunächst bedingt Annahme zuteil werden. Bessert sich jedoch die elterliche Beziehung mit der Anwesenheit des Kindes nicht, kann das Kind für den Mißerfolg verantwortlich gemacht werden. Die Mutter hat das Gefühl, daß sie nun nicht nur durch ihren Mann, sondern auch noch durch ein Kind gefesselt ist.

Andere Mütter stoßen sich an ihren Kindern, weil sie meinen, sie müßten ihren Mann mit ihnen teilen. Das Kind wird als Rivale für die Aufmerksamkeit und Liebe des Vaters angesehen. Ein Beispiel dafür ist die Ehefrau, die jeden Abend sehnsüchtig auf die Rückkehr ihres Mannes wartet. Aber ehe sie ihn begrüßen kann, läuft ihre vierjährige Tochter in ihres Vatis Arme. Dieser wendet sich zuerst minutenlang mit Wärme und Zuneigung seiner Tochter zu, um anschließend seine Frau flüchtig zu begrüßen. Der Groll der Frau dem Kind gegenüber wächst so von Tag zu Tag.

In den vergangenen Jahren berichten immer mehr Frauen von einem neuen Gefühl. Sie empfinden, ihr Kind habe sie entweder der Arbeitsstelle beraubt, die sie einmal innehatten, oder sie um die Karriere gebracht, die sie sich wünschen. Ihr Groll beruht darauf, daß sie gezwungen sind, zu Hause zu bleiben, um sich um das Kind zu kümmern. Das ist für sie einengend und unbefriedigend. Wenn sie mit Frauen sprechen, die sich in der gleichen Lage befinden, und mit anderen Frauen, die sich an ihrer Arbeit freuen, wächst ihr Groll. Sie haben das Gefühl, gefangengehalten zu werden!

Und Väter? Aus welchen Gründen lehnen sie ihre Kinder ab? Manche ihrer Motive sind die gleichen wie die der Mütter – eine unglückliche Ehe, ein unattraktives Kind, aus welchen Gründen auch immer, der falsche Zeitpunkt für die Schwangerschaft...

Es gibt allerdings einige zusätzliche Gründe, weshalb Väter ihre Kinder ablehnen. Manche Väter fühlen sich der Aufgabe nicht gewachsen, Ernährer, Ehemann und Vater zu sein. Das ist für sie bedrohlich. Das Kind wird aus diesem Grunde als Last angesehen und Liebe und Zuwendung wird ihm verweigert. Ein Kind kann auch für den Vater, der meint, die falsche Frau geheiratet zu haben, zur Kette werden.

Aber selbst wenn Sie als Kind abgelehnt worden sind, ist es möglich, die Auswirkungen dieser Ablehnung zu überwinden.

Wie gehen Sie mit Ablehnung um?

Sind Sie dazu verurteilt, mit emotionalen Wunden durchs Leben zu gehen, weil Sie als Kind abgelehnt wurden? Lassen Sie diese Worte der Hoffnung von H. Halpern für die Gegenwart und für die Zukunft auf sich wirken:

„Von einem Elternteil nicht geliebt zu werden hinterläßt fast immer Wunden, aber sie können geheilt werden, und gesundes Wachstum kann beginnen. Es lohnt sich, sogar die Mechanismen aufzugeben, die Ihnen geholfen haben, mit der elterlichen Lieblosigkeit fertig zu werden, weil es bessere Wege gibt, um diese Not zu bewältigen. Zunächst müssen Sie erkennen, daß wenn Ihre Eltern Sie nicht lieben, dies eine Aussage über Ihre Eltern ist und nicht über Sie. Mit anderen Worten, es kommt ein Mangel der Liebesfähigkeit ihrer Eltern zum Ausdruck, aber kein Mangel an Ihrer Liebenswürdigkeit und Liebenswertigkeit. Es ist besonders wichtig, das Kind in Ihren Eltern zu sehen, weil es das innere Kind in Ihren Eltern ist, das einen zu großen Raum in ihnen einnimmt, so daß sie Sie nicht lieben können. Wenn Ihre Eltern Sie sich nur gewünscht haben, um ihren eigenen Eltern, dem Ehepartner oder der Gesellschaft zu gefallen, dann war es das kleine Kind in ihnen, das versucht hat, gut zu sein, sich anzupassen, Beifall zu ernten oder Mißbilligung zu umgehen. Und letztendlich hat dieses kleine Kind die Entscheidung getroffen. Sie sind also eigentlich durch ein Kind auf die Welt gekommen, und Kinder können liebende Eltern nur spielen."[2]

Wie gehen wir mit Ablehnung um? Ein Mensch, der Ablehnung erfahren hat, lernt bald, Verteidigungsmechanismen einzusetzen, um sich zu schützen und die Tatsache zu verdecken, daß er abgelehnt wurde. Diese Mechanismen sind psychologische Tricks, die der Mensch anwendet, um den Schmerz zu lindern. Denn eine Ablehnung zuzugeben tut weh: Man hat das Gefühl, irgendwie minderwertig zu sein. Wie sehen diese Verteidigungsmechanismen aus? Schauen wir uns die weitverbreitetsten an.

Verdrängung. Sie zwingen die Tatsache der Ablehnung unter die Ebene ihres Bewußtseins und ketten sie dort an, trotzdem wird ihr Verhalten davon noch beeinflußt. Verdrängung ist eine subtile Form der Leugnung, um sich vor der Wahrheit zu schützen. Aber die Gefühle sind sozusagen lebendig begraben worden und werden eines Tages wieder zum Vorschein kommen.

Rationalisieren. Ein Mann drückt es so aus: „Meine Eltern haben mich eigentlich nicht abgelehnt, sie brauchten mich einfach nicht so sehr." Wir versuchen, die Ablehnung wegzuerklären. Vielleicht sagen wir: „Nun, mein Vater war so damit beschäftigt, für unseren Lebensunterhalt zu sorgen, daß es ihm unmöglich war, für mich oder meinen Bruder Zeit aufzubringen. Er hat seine Liebe dadurch zum Ausdruck gebracht, daß er für uns gesorgt hat. Wir hatten immer genug zu essen, und er hat uns regelmäßig ein Spielzeug geschenkt. Eltern haben viele Verpflichtungen, das weiß man doch selbst. Manche sagen, ihre Eltern seien zu krank oder zur Elternschaft in keinerlei Weise vorgebildet gewesen oder hätten ihre Liebe auf andere Weise gezeigt.

Regression. Sie kehren zu Lebensweisen und Verhaltensmustern, die tatsächlich in die Kindheit gehören, zurück, statt auf dem Erwachsenenniveau zu leben. Ein erwachsenes Kind, das abgelehnt wurde, zieht von zu Hause aus und gewinnt eine gewisse Unabhängigkeit. Zwingt aber irgendein Umstand diesen Menschen, nach Hause zurückzukehren, stellt er fest, daß die Eltern, die ihn früher ablehnten, jetzt liebevoll und entgegenkommend sind. Nun gerät das erwachsene Kind in die

Zwickmühle. Dieser Mensch schätzt einerseits die Freiheit und Unabhängigkeit, die er hat, wenn er von zu Hause fort ist. Er schätzt aber andererseits auch die Liebe und Annahme, die er findet, wenn er zurückkehrt. Deshalb entschließt er sich, wieder zu Hause einzuziehen. Er hat das Gefühl, daß der Tausch seiner Freiheit gegen die Liebe und Annahme seiner Eltern kein zu hoher Preis ist. Aber in Wahrheit wird er daran gehindert, die Erwachsenenrolle zu übernehmen.

Isolation. Sie bauen Mauern um sich herum auf, um das Trauma und die Verletzung zu vermeiden. Ein Mann hat mir erzählt, daß er sich im Alter von zwölf Jahren von seinen Eltern emotional getrennt hat. Er hat einfach alles ausgefiltert, was sie getan oder gesagt haben. Er war empfindungslos, wenn es zu Zuwendung oder einer anderen emotionalen Reaktion kam. Andere schotten sich gegen ihr vergangenes Leben ab, weigern sich aber auch, der Zukunft ins Auge zu schauen. Sie leben immer nur für einen Tag, nur in der Gegenwart. Das Heute ist alles, was zählt. So fühlen sie sich sicherer.

Gegenreaktion. Statt sich wegen des Schmerzes der Ablehnung zu isolieren, kommen sie ihren Eltern entgegen und überhäufen sie mit Liebe. Sie empfinden vielleicht das Bedürfnis, den Eltern alles zurückzuzahlen, was sie für sie getan haben. Oft möchten sie der Alleinversorger derselben Eltern sein, die sie abgelehnt haben – sehr zum Erstaunen anderer. Manche erwachsene Kinder setzen das Wohlergehen ihrer Eltern sogar vor das ihrer eigenen Familie. Wenn sie ihren Eltern weit über ihre Pflicht hinaus Zuwendung schenken, können sie dadurch ihre Gefühle der Ablehnung leugnen, und das hält sie davon ab, ihrem unbewußten Wunsch, sie wieder abzulehnen, nachzugeben.

Die üblichste Reaktion auf Ablehnung ist die Suche nach Anerkennung, koste es, was es wolle!

Wie wirkt sich Ablehnung auf eine Ehe aus?

Wenn Sie in Ihrer Vergangenheit abgelehnt worden sind, gingen Sie wahrscheinlich ausgehungert nach Liebe und Annahme in die Ehe. Und falls Sie eine abgelehnte Person geheiratet haben,

haben Sie eine hungerleidende Person geheiratet. Wurden Sie beide abgelehnt, dann ist besondere Vorsicht geboten! Ihre Erwartungen und Ansprüche aneinander können zu Frustration, Ärger und Enttäuschung führen.

Ist das Bedürfnis nach Aufmerksamkeit, Annahme und Zuwendung eines abgelehnten Ehegatten in einer ehelichen Beziehung konstant geworden, bürdet man damit dem Partner eine große Last auf. Wenn er manchmal nicht mit derselben Intensität an Zuwendung reagieren kann, die die abgelehnte Person erwartet, fühlt sich diese erneut abgewiesen. Sie kann daraufhin ärgerlich oder depressiv werden und noch größere Ansprüche bezüglich Liebe und Annahme an ihren Ehegefährten stellen.

Wenn eine abgelehnte Person fortwährend die Liebe des Partners in Frage stellt, ziehen Wolken am Ehehimmel auf. Nach einer Weile hat der Partner genug davon, dauernd angezweifelt und in Frage gestellt zu werden, und sagt: „Von mir aus kannst du glauben, was du willst. Entweder nimmst du das, was ich dir sage, für bare Münze, oder du läßt es. Mir bleibt kein anderer Weg, dich zu überzeugen, und ich bin es leid, es weiter zu versuchen. Ich gebe es auf!" Natürlich wird diese Reaktion noch mehr vermeintliche Ablehnung hervorrufen, sogar dann, wenn die Frustration des Partners einwandfrei gerechtfertigt ist. Wir Menschen mögen es nicht, wenn man unser Wort anzweifelt oder wenn wir unsere Liebe andauernd beweisen müssen. Der Partner wird verärgert, wenn eine solche Situation über einen längeren Zeitraum andauert, denn, egal was er tut, es ist nie genug.

Manche abgelehnten Menschen suchen sich tatsächlich einen Ehepartner aus, der das wiederholen wird, was sie als Kind erlebt haben. Sie sind ja vertraut mit Distanz und schlechter Behandlung, die sie über so viele Jahre erlebt haben. Da der Partner „Typ Ablehner" niemals Annahme oder Anerkennung zeigt, durchleben die Abgelehnten ihre alten bekannten Verhaltensmuster noch einmal. Sie verstehen nicht, daß sie niemals von einem Menschen Annahme erwarten können, der aufgrund seiner eigenen Unzulänglichkeiten und Schwächen nur wenig oder nichts zu geben hat. Es ist, als suche man an einer trockenen Stelle nach Wasser.

Ablehnung überwinden

Um die Auswirkungen der Ablehnung zu überwinden, müssen wir bei uns selbst und der Person Jesu Christi anfangen. Wir können für die Lösung dieses Problems keine äußere Hilfsquelle wie etwa einen Freund oder einen Ehegatten anzapfen. Es kann natürlich sein, daß uns vielleicht jemand Hilfestellung leistet, aber zuallererst müssen wir die Quelle der Annahme finden, die alle unsere Bedürfnisse stillt. Bei dieser Quelle – die Person Jesu Christi – hat man es nicht mit den Launen und Mängeln eines Menschen, der auch Probleme hat, zu tun.

Wenn Sie von Jesus Christus Führung und Kraft erhalten wollen, warum dann nicht damit beginnen, jene Erfahrungen der Annahme und Anerkennung abzurufen, die auch Sie als Kind gemacht haben, die Ihnen aber nicht bewußt sind. Es gab sie wirklich! Ihr selektives Gedächtnis muß auf einen neuen Kanal umgeschaltet werden.

Können Sie sich an besondere Zeiten erinnern, in denen Sie Vertrauen, Liebe, Annahme und Hoffnung erlebt haben? Vielleicht müssen Sie wie die Kinder Israels zu positiven Erfahrungen zurückgerufen werden. Mose erinnert in 5. Mose 8,2: „Und gedenke des ganzen Weges, den dich der Herr dein Gott geleitet hat..." Und in Vers 6: „So halte nun die Gebote des Herrn, deines Gottes, daß du in seinen Wegen wandelst und ihn fürchtest." Jesaja drängt das Volk in Jesaja 46,9: „Gedenket des Vorigen, wie es von alters her war: Ich bin Gott, und sonst keiner mehr, ein Gott, dem nichts gleicht."

Das Sich-daran-Erinnern, wer wir in Gottes Augen sind, kann nach und nach zu einer stärkeren Macht werden, die die negativen Erinnerungen aus der Vergangenheit überlagert. Gott bittet uns, daß wir unsere Aufmerksamkeit auf einen neuen Brennpunkt richten, damit die negative Denk- und Reaktionsweise abgebaut und korrigiert wird. Wie geschieht das?

Erstens, *ändern Sie die Richtung Ihres Gedankenlebens und Ihrer Erinnerung.* In Philipper 4, 6–8 steht: „Sorgt euch um nichts, sondern in allen Dingen laßt eure Bitten in Gebet und Flehen mit Danksagung vor Gott kundwerden? Und der Friede Gottes, der höher ist als alle Vernunft, bewahre eure Herzen und

Sinne in Christus Jesus. Weiter, liebe Brüder: Was wahrhaftig ist, was ehrbar, was gerecht, was rein, was liebenswert, was einen guten Ruf hat, sei es eine Tugend, sei es ein Lob, darauf seid bedacht!“

Zweitens, *analysieren Sie die Verhaltensweisen Ihrer Eltern und Ihre augenblickliche Reaktion darauf.*

Drittens, *identifizieren Sie die ablehnenden Kommentare, die Sie über sich selbst machen und betrachten Sie sie kritisch.* Ihre Selbstkritik und Selbstherabsetzung hält die Vergangenheit lebendig und aktiv.

Viertens, wenn Sie Anerkennung suchen und Sie erkennen, daß Sie zu weit gehen, *zwingen Sie sich, früher damit aufzuhören.* Schrauben Sie Ihre Erwartungen zurück und mindern Sie Ihre Bemühungen, anderen zu gefallen. Machen Sie sich klar, daß Sie bereits von Gott anerkannt wurden, und versuchen Sie, dieser Erkenntnis gemäß zu reagieren. Machen Sie sich den Wert und den Preis bewußt, den Sie in Gottes Augen haben.

Fünftens, verpflichten Sie sich selbst, *sich in neuer positiver Weise zu behandeln,* und nicht mehr so, wie Sie sich selbst in der Vergangenheit behandelt haben.

Je mehr wir die biblische Perspektive über uns in unser Bewußtsein verwurzeln, desto leichter werden die schädigenden Erinnerungen und verkrüppelnden Botschaften überwunden. Denn es ist Gott, der dies in uns wirkt.

Wer sind wir? Wie sieht uns Gott? Er betrachtet uns als Wesen, die das kostbare Blut Jesu wert sind.

Zur Untermauerung einige Bibelstellen:

1. Korinther 6, 19 + 20: „Oder wißt ihr nicht, daß euer Leib ein Tempel des heiligen Geistes ist, der in euch ist und den ihr von Gott habt, und daß ihr nicht euch selbst gehört? Denn ihr seid teuer erkauft; darum preist Gott mit eurem Leibe.“

1. Petrus 1, 18 + 19: „Denn ihr wißt, daß ihr nicht mit vergänglichem Silber oder Gold erlöst seid von eurem nichtigen Wandel nach der Väter Weise, sondern mit dem teuren Blut Christi als eines unschuldigen und unbefleckten Lammes.“

Offenbarung 5,9: „Und sie sangen ein neues Lied: Du bist würdig, zu nehmen das Buch und aufzutun seine Siegel; denn du bist geschlachtet und hast mit deinem Blut Menschen für Gott erkauft aus allen Stämmen und Sprachen und Völkern und Nationen."

2. Mose 33,17: „Und der Herr sprach zu Mose: Auch das, was du jetzt gesagt hast, will ich tun, denn du hast Gnade vor meinen Augen gefunden, und ich kenne dich mit Namen."

Jeremia 1,5: „Ich kannte dich, ehe ich dich im Mutterleibe bereitete..."

Johannes 10, 14 + 15: „Ich bin der gute Hirte und kenne die Meinen, und die Meinen kennen mich, wie mich mein Vater kennt und ich kenne den Vater..." Johannes 10, 27 + 28: „Meine Schafe hören meine Stimme, und ich kenne sie, und sie folgen mir; und ich gebe ihnen das ewige Leben, und sie werden nimmermehr umkommen, und niemand wird sie aus meiner Hand reißen."

„Es ist eine ungeheure Erleichterung zu wissen, daß Gottes Liebe zu mir äußerst realistisch ist und daß er das Schlimmste über mich weiß, so daß keine neue Entdeckung an mir ihm die Illusionen über mich nehmen kann – etwa so wie ich oft über mich selbst desillusioniert werde – und dadurch seine Absicht, mich zu segnen, behindere. Gott möchte mir Freund sein, und es verlangt ihn danach, daß ich sein Freund werde. Darum hat er seinen Sohn für mich in den Tod gegeben, um dies zu verwirklichen."[3]

Die Zeiten in unserem Leben, in denen wir im Frieden mit uns selbst leben und nicht mehr an die Vergangenheit gebunden sind, sind Zeiten, in denen wir Zugehörigkeit empfinden und erfahren. Wir fühlen uns gewollt, erwünscht, angenommen und sympathisch. Wir fühlen, daß wir mit Recht sagen können: „Ich bin gut", „Ich gelte etwas." Wir fühlen uns auch kompetent: „Das kann ich."

Diese Gefühle sind wesentlich, weil sie mit dazu beitragen, uns ein Gefühl der Identität zu geben. Aber die Zeiten, in denen wir uns ganz und heil fühlen, sind wahrscheinlich recht selten.

Es ist nun Zeit, daß wir uns an unsere Wurzeln erinnern, an unser Erbe. Wir sind nach dem Bilde Gottes geschaffen. Er möchte, daß sein Werk in uns vollkommen wird. Wenn wir uns durch den Glauben auf seinen Sohn Jesus Christus beziehen, steht uns ein großes Potential für das Gefühl der Integrität und der inneren Ganzheit zur Verfügung (s. Kolosser 2,10).

„Das ist das Wunder der christlichen Botschaft: Gott ist ein Gott, der mich mit einer Liebe liebt, die nicht durch meine Sünden, meine Unzulänglichkeiten, mein Versagen und meine Bedeutungslosigkeit gemindert werden kann. Ich bin kein Fremder in einem furchterregenden Universum. Ich bin keine anomale Krankheit, kein Stäubchen in der unermeßlichen Leere des Weltalls. Ich bin kein namenloses Insekt, das nur darauf wartet, von einem unpersönlichen Stiefel zertreten zu werden. Ich bin kein miserabler Missetäter, der unter dem blendenden Licht einer erzürnten Gottheit vergehen muß. Ich bin ein Mensch, der von Gott geliebt wird. Ich bin mit seiner Liebe in Berührung gekommen. Und diese Liebe hat mich erreicht, nicht weil ich Gottes Wohlwollen verdient hätte, nicht weil es etwas gibt, dessen ich mich rühmen könnte, sondern einzig und allein aufgrund dessen, was er ist und was Christus in des Vaters Namen für mich getan hat. Und ich kann dieser Botschaft von Gott und damit auch über mich selbst glauben, weil Christus vom Vater gekommen ist und durch sein Leben und durch seinen Tod geoffenbart hat, daß er in seiner Person auch das ist, was Gott ist: Er ist „voller Gnade“.[4]

Elterliche Anerkennung finden

Für manche von uns ist es ganz unmöglich, elterliche Anerkennung zu erhalten, weil die Eltern bereits verstorben oder unfähig sind, uns diese zu schenken. Aber die Tatsache bleibt, daß wir niemals aus unserem Bedürfnis nach der Anerkennung der Eltern herauswachsen. Manchmal werden wir uns sogar selbst zu Eltern, um dieses Bedürfnis zu befriedigen. Genügt es? Nein. Wenn wir es jedoch erfassen, daß Gott unserer himmlischer *Vater* ist – die Art Vater, wie ein Vater sein sollte –, kann uns das eine tiefe emotionale Befriedigung schenken.

Wir lesen in Epheser 1,4: „Denn in ihm (Christus) hat er (Gott) uns erwählt, ehe der Welt Grund gelegt war…“ Wir haben absolut nichts getan, um diese Annahme zu verdienen. Wir können nur glauben, daß Gott uns sich selbst annehmbar gemacht hat! „Denn also hat Gott die Welt geliebt, daß er seinen eingeborenen Sohn gab, damit alle, die an ihn glauben, nicht verloren werden, sondern das ewige Leben haben" (Johannes 3,16). Er hat uns annehmbar gemacht, weil er uns geliebt hat!

Es gefällt ihm, uns seine Kinder zu nennen. Dadurch haben wir bei ihm in seiner Familie eine feste Stellung bekommen. Wir dürfen wissen, daß wir für Gott jemand sind; wir sind davon losgekauft, ein Niemand zu sein! In unserer Beziehung zu Gottes Sohn werden wir uns unseres Wertes bewußt. Indem uns alle Sünden vergeben wurden, verlieren wir das Empfinden von Schuld und die damit verwandten Gefühle, ein Nichts und eine unerwünschte Person zu sein.

Wir bekommen auch ein sicheres Empfinden für Kompetenz, wenn wir den Heiligen Geist als unseren Tröster, unseren Leiter und die Quelle unserer Kraft mit einbeziehen. Er ist täglich bei uns, um zusammen mit uns unser Leben zu meistern; denn er hat die souveräne Kontrolle über das, was er uns zumutet.

Er gewährt die Fähigkeit, ein göttliches Leben zu leben und ein inniges Verhältnis zu Gott aufrechtzuerhalten trotz des Sogs der Gewohnheiten und der emotionalen Unsicherheiten, die wir aus unserer Kindheit herleiten. Er ist unsere Kompetenz und Zuständigkeit, die es ermöglicht, als Christ zu leben und an dem Bewußtsein festzuhalten, ein in Gott gegründeter Mensch zu sein.[5]

Dies ist der Anfang für neues Wachstum: neue Erinnerungen, neue Botschaften an uns selbst, eine neue Zwiesprache mit uns selbst, neue Äußerungen über uns selbst und neue Beziehungen. Das ist möglich!

Warum nicht den biblischen Wahrheiten gemäß handeln und unser verletztes Kind aus der Vergangenheit befreien? Können Sie sich selbst so behandeln, wie Gott Sie sieht und annimmt? Wenn Sie dem abgelehnten Kind in Ihnen erlauben, Ihr Leben für Sie zu leben, dann hilft Ihnen das nicht, herauszufinden, was Sie wirklich wollen. Indem Sie sich selbst als wertvoll und liebenswert annehmen, können Sie Ihren Drang, zu verletzen und es anderen heimzuzahlen, aufgeben.

Wenn Sie von Ihren Eltern abgelehnt wurden, lag das Problem nicht an Ihnen, sondern in Ihren Eltern. So wurden viele dieser Eltern selbst auf irgendeine Art und Weise abgelehnt, aber sie fanden weder einen Weg, noch nahmen sie sich die Zeit, ihre eigenen Schwierigkeiten aufzuarbeiten. Sie haben sie einfach auf Sie übertragen. Übertragen auch Sie Ihre Ablehnung auf andere Menschen, zusätzlich zu dem, was Sie sich selbst antun? Vielleicht ist es zur Ablehnung gekommen, weil Ihre Eltern noch nicht zur Elternschaft bereit waren – sie waren unreif. Die meisten Menschen können ein Kind zeugen, bzw. empfangen und gebären, das ist der leichteste Teil. Mit diesem Kind leben, es lieben und seinen Bedürfnissen gerecht werden, kommt nicht von allein. Ihre Eltern haben vielleicht in ihrer Fähigkeit oder ihrem Wunsch, Sie zu lieben und zu umsorgen, ein Defizit gehabt. Elternsein erfordert Charaktertiefe, Reife, Weisheit und Geduld. Vielleicht mangelte es daran bei Ihren Eltern.

Lassen Sie es zu, daß Ihre Eltern ihre eigene Erwartungen an Sie haben. Sagen Sie sich: „Es wäre schön von meinen Eltern anerkannt und angenommen zu werden, aber es ist nicht welterschütternd, wenn sie es nicht tun. Ich habe die Anerkennung Gottes, die anderer Menschen und meine eigene. Ich werde nicht perfekt werden, und ich brauche auch nicht perfekt zu sein. Gott hat für mich dieses Problem mit der Gabe seines Sohnes gelöst."

Stellen Sie ein Liste der Erwartungen auf, die Sie und Ihre Eltern aneinander haben.

1. Listen Sie die Erwartungen Ihrer Eltern an Sie auf, damit Sie sie akzeptieren lernen.
2. Listen Sie Ihre Erwartungen an sich selbst auf. Welches sind Ihre eigenen und welche kommen von anderen?
3. Listen Sie Ihre Erwartungen auf, die Sie an Ihre Eltern stellen.
4. Welche der Erwartungen unter Nr. 1 haben Sie mit Ihren Eltern durchgesprochen? Sind Sie jemals an sie herangetreten und haben ihnen von Ihren Gefühlen, nicht akzeptiert zu sein, erzählt? Bei manchen Eltern ist das möglich, bei anderen nicht. Das müssen Sie entscheiden.

Weiterhin die Rolle eines abgelehnten Kindes zu spielen hat einen hohen Preis. Stellen Sie sicher, daß Sie Ihren Ärger und Groll zum Ausdruck gebracht haben, wie ich es zuvor vorgeschlagen habe. Geben Sie Ihre Erwartung auf, daß Sie Ihre Eltern ändern können. Denken Sie daran: Wenn Ihre Eltern unglücklich sind, dann liegen die Wurzeln ihres Unglücklichseins nicht in Ihnen, sondern in der eigenen Vergangenheit. Niemals können Sie wettmachen, was Ihre Eltern in ihrer Kindheit bemängelt haben. Sie können nicht ungeschehen machen, was ihnen oder Ihnen selbst durch sie angetan worden ist. Sie *können* aber Ihr eigenes Leben leben und der Gegenwart Jesu Christi erlauben, zur erfüllenden Quelle in Ihrem Leben zu werden.

Öffnen Sie keine Wunden aus Ihrer Vergangenheit und halten Sie sie nicht durch den gewohnten Umgang mit Ihren Eltern offen. Suchen Sie Annahme, Anerkennung und Liebe bei denen, die die Fähigkeit haben, Ihnen Liebe zu geben. Das würde einschließen, daß Sie sich selbst lieben.

Umarmen Sie sich selbst

Sie mögen sich fragen, wie Sie das Gefühl bekommen können, sich selbst zu lieben und anzunehmen, wenn Sie keine Erinnerungen an elterliche Annahme und Liebe haben. Haben Sie überhaupt keine Erinnerung an frühere liebevolle Zuwendung von seiten Ihrer Eltern? Wahrscheinlich nicht. Unser Gedächtnis wird selektiv, und die schmerzlichen Erfahrungen, die vielleicht häufig aufgetreten sind, haben es an sich, die positiven Erinnerungen auszuradieren. Aber Sie können sich selbst in Liebe umarmen. Nachstehend ein Vorschlag, der vielen geholfen hat.

Nehmen Sie Ihr Fotoalbum zur Hand und suchen Sie nach Bildern von sich als kleines Kind. Wenn Sie diese Bilder anschauen, konzentrieren Sie sich nicht auf Ablehnung oder auf irgendwelche Verletzungen, die sich aus dem Sammelbecken der Erinnerungen erheben wollen. Konzentrieren Sie sich vielmehr auf angenehme Erlebnisse und verweilen Sie dabei. Denken Sie an die Vorkommnisse und Begebenheiten, wo andere Ihnen Liebe und Annahme geschenkt und Sie gelobt haben. Denken Sie an Situationen, in denen Sie geliebt wurden.

Schließen Sie nun das Album und stellen Sie sich im Geiste ein Bild von sich selbst als Kind vor. Sehen Sie sich selbst als Kind in einer Ecke des Zimmers sitzend. Werden Sie dieses Kind, fühlen Sie, was das Kind fühlt, und erfahren Sie, was es braucht. Gehen Sie im Geist zu diesem Kind hin, heben Sie es hoch und setzen Sie es auf Ihren Schoß. Sagen Sie diesem Kind alles, was es sich zu hören wünscht und hören muß.

Dr. Howard Halpern gibt zwei Erfahrungen weiter, die veranschaulichen, wie Sie sich selbst in Liebe umarmen können: „Ein Mann in den Vierzigern, der fühlte, daß sein Vater ihn nie geliebt hat, sagte dem kleinen Jungen seines Selbst: 'Du bist ein nettes Kind. Du bist lustig, warmherzig und sensibel. Und ich werde dir beibringen, wie du stark werden kannst und wie du kämpfen mußt, weil du viel Kraft und Selbstvertrauen brauchst. Ich werde dich lehren, keine Angst mehr zu haben und dich nach dem auszustrecken, was du dir wünschst. Ich kann das für dich tun, weil ich dich liebe und möchte, daß du stark und tüchtig und glücklich bist. Laß mich dir meine Liebe schenken.' Als er das zu sich selbst als dem Kind auf seinem Schoß sagte, fand er heraus, daß es das war, was er sich als Kind von seinem Vater gewünscht und nicht bekommen hatte, und er erlebte, wie er sich jetzt selbst das Fehlende geben konnte.

Und eine depressive, selbstmordgefährdete und sich ständig herabwürdigende, etwa dreißigjährige Frau, die fühlte, daß beide Eltern ihr gegenüber kalt und lieblos gewesen sind, hielt das kleine Mädchen ihres Selbst im Arm und sagte unter Tränen: 'O mein geliebtes, kleines Mädchen, du bist wirklich so lieb, daß ich dich sogar mag, wenn du ungezogen bist. Hab keine Angst und sei nicht schüchtern. Sei stark und mutig. Denn ich werde dir ein Geheimnis verraten: Du bist genau das kleine Mädchen, das ich mir immer gewünscht und von dem ich immer geträumt habe. Ich bin so froh, daß es dich gibt und du lebst.' Sie ließ sich selbst fühlen, was das Kind in ihr sich so verzweifelt gewünscht und nie bekommen hat, und sie lernte, wie sie mit diesem Kind umgehen mußte, oder noch einfacher gesagt, sie lernte, gut zu sich selbst zu sein.“[6]

Wenn Sie sich Ihren Umgang mit dem kleinen Kind Ihres Selbst ausmalen, vergegenwärtigen Sie sich die Person Jesu

Christi, wie er dort steht mit einer Hand auf Ihrer Schulter und der anderen auf der Schulter des Kindes. Indem Sie mit dem Kind reden, hören Sie ihn sagen: „Ich möchte, daß ihr beide wißt, daß ich euch beide bedingungslos liebe. Deshalb hast Du auch die Fähigkeit, Dich selbst und sogar auch die zu lieben, die lieblos zu Dir gewesen sind."

Was sich hier in Wirklichkeit vollzieht, ist die Übernahme neuer Elternschaft. Und das Aufregende daran ist, daß Sie sich selbst zu liebevolleren Eltern werden können, als es je Menschen gewesen sind. Lassen Sie es zu, daß Sie sich selbst lieben.

Ihre Eltern konnten Ihnen nur Liebe gemäß ihrer Fähigkeit, die sie damals hatten, geben. Bitte halten Sie das im Gedächtnis fest. Ihre Eltern hatten nicht die Gelegenheit, sich selbst zu Eltern zu werden. Es wäre auch für Sie hilfreich, das innere Kind Ihrer Eltern zu verstehen. Wieviel wissen Sie aus der Kindheit Ihrer Eltern? Was waren die Traumata, die Traditionen, die Konflikte und die Familienbande, die sie zu dem gemacht haben, was sie waren und sind? Wo lag ihre Mühsal im sozialen und wirtschaftlichen Bereich? Welche Meinung hatten sie über den Glauben und wie streng oder nachsichtig waren die Eltern Ihrer Eltern und ihre Kirche? Wissen Sie es? Wenn nicht, könnten Sie mit Ihren Eltern über diese Fragen sprechen, sofern sie noch leben?

Wenn Sie die Antworten nicht direkt von Ihren Eltern bekommen können, dann ist es vielleicht möglich über Verwandte diese Lücken zu füllen. Kürzlich erhielt ich ein Buch von meinem Onkel. Er hatte in den Siebzigern beschlossen, ein Buch über seine Erlebnisse als Junge auf der elterlichen Farm in Iowa zu schreiben. Weil meine Mutter ihm altersmäßig sehr nahe stand, traf vieles, was er geschrieben hat, auch auf sie zu. Seine Beschreibung vom Leben auf der Farm, von den wirtschaftlichen Kämpfen, der harten Arbeit und der Familientraditionen war höchst interessant. Wissenslücken und verlorengegangene Informationen kamen jetzt ans Licht, und das half mir, meine Mutter besser zu verstehen.

Schauen Sie sich Bilder an, auf denen Ihre Eltern selbst noch Kinder waren. Versuchen Sie, ihre Gefühle als Kinder zu entdecken. Wie wurden sie kontrolliert? Wo standen sie unter

Druck. Wo waren sie unsicher? Was hat man sie über das Rollenverhältnis von Mann und Frau gelehrt? Was waren ihre ungelösten Konflikte? Welche Empfindungen mögen sie ihren eigenen Eltern gegenüber gehabt haben?

Schauen Sie sich ein Foto an, auf dem Ihre Eltern Kinder in ihren Familien sind. Können Sie irgend etwas von den Familienfotos herleiten? Was sagt der Gesichtsausdruck und die Körperhaltung der Eltern als Kinder aus? Saßen oder standen sie? In welchem Verhältnis standen Ihre Eltern zu ihren Geschwistern? Waren sie liebevoll, warmherzig, kalt, distanziert, konkurrierend oder wohlwollend und stützend? Wie haben eventuelle Verlusterlebnisse Ihre Eltern berührt. Zu diesen Verlusten gehören Tod, Scheidung, Verlassen des Hauses, Auszug… Wie erscheinen Ihre Eltern auf dem Foto im Vergleich zu anderen im Bild. Sind sie entspannt, steif, zwanglos, lächeln sie und berühren sie andere? Schauen Sie sich auch Bilder von der Hochzeit und den frühen Ehejahren Ihrer Eltern an. Welche Hoffnungen und Träume hatten Ihre Eltern, als sie heirateten? Was waren und was sind heute noch deren Bedürfnisse?

Die Probleme Ihrer Eltern besser zu verstehen kann dazu beitragen, daß Sie von den Belastungen Ihrer Vergangenheit befreit werden und Ihr eigenes Leben leben können. Es ist schlimm, daß Ihre Eltern sie so behandelt haben, wie sie es taten, aber wollen Sie zulassen, daß Sie weiterhin mit dem Bild leben, das Ihre Eltern Ihnen vermittelt haben? Lernen Sie in Freiheit leben, gemäß dem Bild, das Gott von Ihnen hat. Sie sind wertvoll und sind von ihm als wertvoll erklärt worden.

Sich selbst zu Eltern werden

Jetzt kann der Prozeß beginnen, in dem Sie selbst die Elternschaft für Ihre Überzeugung und Meinung bezüglich Ihrer eigenen Person übernehmen. Sie sind wertvoll, aber wahrscheinlich geben Sie sich selbst keine Anerkennung für Ihre wertvollen Handlungsweisen.

Legen Sie eine Liste Ihrer positiven Taten an. Erkennen Sie es an, wenn Sie in gesunder und positiver Weise handeln. Richten

Sie Ihre Aufmerksamkeit nicht auf Ihre Mängel und Fehler. Die haben wir alle, und manche können mit der Zeit korrigiert werden, andere nicht. Beglückwünschen und danken Sie sich selbst dafür, wer Sie zu diesem Zeitpunkt in Ihrem Leben sind. Haben Sie schon jemals zu sich selbst gesagt: *Gut, ich will mir selbst für das danken, was ich heute getan habe. Ich darf es tun, weil diese Verhaltensweisen positiv und wertvoll sind. Ich weiß, daß Gott mit mir war und mir geholfen hat, meinen Wert und meine Würde für mich selbst und andere sichtbar werden zu lassen.*

Das mag seltsam für Sie klingen. Aber ich möchte wissen, wie Sie sich fühlen würden, wenn Sie sich selbst verpflichteten, diese Übung genau einen Monat lang täglich durchzuführen.

Es wird auch nötig werden, daß Sie auf andere zugehen, um enge Beziehungen zu entwickeln. Wenn Sie Ihren Stachelschweinmantel ausziehen und risikofreudig in der Beziehung zum Nächsten leben, werden Sie feststellen, daß andere Menschen wahrscheinlich auf positivere Weise Ihnen gegenüber reagieren. (Viele haben schon vorher positiv auf Sie reagiert, Sie konnten es nur nicht erkennen wegen des mißtrauischen Filters in Ihrem Geist.)

Es wird nötig sein, daß Sie sich anderen Menschen gegenüber langsam und zuversichtlich öffnen. Tun Sie es, wenn Sie dabei auch gemischte Gefühle haben oder wenn Ihnen vielleicht überhaupt nicht danach ist. Schrauben Sie Ihre Erwartungen, die Sie an andere stellen, herunter, weil auch sie nur Menschen sind. Wenn Sie 100-prozentige Leistungen und totale Annahme erwarten, werden Sie enttäuscht. Andere Menschen haben das Recht, nicht mit Ihnen übereinzustimmen und sich sogar über Sie aufzuregen. Das heißt aber nicht, daß die anderen Sie deshalb ablehnen oder nicht mögen. Auch Sie haben das Recht, sich über sich selbst aufzuregen und sich trotzdem nicht abzulehnen. Das ist möglich. Wir sind keine abgelehnten Menschen. Wir sind angenommen. Leben Sie Ihr Leben als eine angenommene und nicht mehr als abgelehnte Person. Es ist die Mühe wert.

7

Perfektionismus durchbrechen

Die meisten Menschen möchten erfolgreich sein. Für manche verkehrt sich das Streben nach Erfolg jedoch in einen Zwang. Wenn das geschieht, wird der Mensch nicht mehr vom Streben nach vorzüglicher Leistung, sondern vom Streben nach Perfektion bestimmt. Je stärker das Streben nach Perfektion ausgeprägt ist, desto mehr verringert sich die Freude des Menschen. Der Perfektionismus entwickelt sich zu einem geistigen Monster.

Um zu beweisen, daß sie gut genug sind, strengen sich Perfektionisten an und wollen das Unmögliche bewerkstelligen. Sie setzen sich sehr hohe Ziele und sehen keinen Grund dafür, weshalb sie diese Ziele nicht auch erreichen sollten. Aber bald werden sie überwältigt von der mühsamen Aufgabe, die sie sich gestellt haben. Die Normen eines Perfektionisten sind dermaßen hoch, daß sie von niemand auf Dauer erreicht werden können. Sie liegen jenseits des Erreichbaren und jenseits der Vernunft. Die Anstrengung ist konstant, aber das Erreichen der Ziele unmöglich. Und doch sehen es Perfektionisten als alleinige Bestätigung ihres Wertes an, diese Ziele zu erreichen.

Wie schon in Kapitel 2 angesprochen, kommen Perfektionisten gewöhnlich aus einem Elternhaus, in dem die Kinder erst ihren Wert beweisen mußten, bevor sie von ihren Eltern das Gefühl des Angenommenseins vermittelt bekamen. Dieser Charakterzug muß in den Brennpunkt gerückt werden, wenn Sie mit Ihrer Vergangenheit Frieden schließen wollen.

Die Tretmühle des Perfektionismus

Marias Heim glich einer Möbelausstellung. Das Mobiliar, die Tapeten und Teppiche – alles war perfekt aufeinander abgestimmt. Die Vorhänge und Gardinen hingen ganz akkurat. Jedes Bild war auf den Millimeter genau in derselben Höhe aufgehängt. Nichts war in diesem Haus ungeordnet – außer vielleicht die Frau des Hauses, deren Perfektionismus offensichtlich war. Fortwährend trieb sie sich selbst und die Familienmitglieder an, um die Ordnung aufrechtzuerhalten. Maria widmete allen Details peinliche Aufmerksamkeit und war in allem, was sie tat, sehr genau, aber sie war nie zufrieden.

Immer hatte sie das Gefühl, ihr Heim könnte noch besser sein, und alles wurde von ihr unterbewertet. Immer wenn Gäste sie mit Komplimenten überschütteten, strahlte sie zunächst, doch die Befriedigung hielt nicht lange an. *Es könnte noch besser sein!* hämmerte es dauernd in ihr. Sie war erfolgreich darin, ein attraktives Heim zu schaffen, tatsächlich fühlte sie sich aber eher wie „ein erfolgreicher Versager".

Unglücklicherweise stand der Aufwand an Zeit, um diese Möbelausstellung präsentieren zu können, in keinem Verhältnis zum Ergebnis. Sie war eben eine Perfektionistin. Ihre Maßstäbe waren zu hoch angesetzt. Sehr wahrscheinlich waren auch die Maßstäbe ihrer Eltern viel zu hoch, und Maria ist durch sie zur Perfektionistin programmiert worden.

Perfektionismus ist ein Dieb. Er bietet Belohnungen an, entwendet aber tatsächlich Freude und Zufriedenheit. In Marias Geist spielte ein altes und verschlissenes Band immer und immer wieder dieselbe Melodie ab: *Das ist nicht genug. Mach es besser. Gib dir mehr Mühe, aber mach keinen Fehler.* Sie stand auf einer Tretmühle, die nie anhielt. Wenn sie sich mit anderen verglich, wer meinen Sie, stand an zweiter Stelle?

Wenn wir von uns selbst Perfektion fordern, setzen wir unser Leben durch eine Reihe von Regeln unter Druck, und zwar in der Form von „Ich muß", „Ich sollte" und „Ich müßte eigentlich." Von klein auf werden wir von Ratschlägen, Warnungen, Vorsichtsmaßregeln und Verhaltensanweisungen umgeben. Manche dieser „Du sollst", die in unserer Kindheit geboren werden, entwickeln sich später im Leben zu einem ängstlichen Streben nach Perfektion. Dieses Streben nach Perfektion hat einen seltsamen Genossen – nämlich eine hohe Empfindlichkeit für Versagen. Die Qual des Versagens oder des Weniger-alsmöglich-Tuns ist für den Perfektionisten wegen seiner hohen Maßstäbe größer als für andere Menschen – und je größer die Distanz zwischen Leistung und Maßstäben, desto schlimmer die Qual.

Wie denkt ein Perfektionist?

Perfektionismus ist nicht so sehr eine Verhaltensweise, sondern mehr eine Einstellung und Überzeugung. Schauen wir einmal, was im Kopf eines Perfektionisten vorgeht und entdecken wir einige seiner Überzeugungen.

Eine dieser Überzeugungen ist die Annahme, daß *Mittelmäßigkeit Geringschätzung hervorruft.* Der Gedanke, Durchschnitt zu sein, ist für einen Perfektionisten unerträglich. Die Anlage des Gartens, ja selbst das servierte Mittagessen muß bestmöglich sein. Perfektionisten müssen die beste Grammatik und Aussprache, den besten Sex und die beste Kommunikation in der Ehe, Kinder, die sich am untadeligsten verhalten, und das schönste Geschirr haben. Die Maßstäbe, die sie für ihren Familien- und Freundeskreis anlegen, sind unerträglich und erzeugen oft Entmutigung. In Wirklichkeit konkurriert ein Perfektionist gar nicht mit anderen Menschen, sondern reagiert auf die innere Botschaft: *„Du könntest es besser machen".*

Der Perfektionist neigt dazu, entweder *alles oder nichts* zu tun. „Entweder ziehe ich eine Diät mit Bombenerfolg durch, oder ich fange erst gar nicht damit an." „Entweder spiele ich Tennis und werde ein As, oder ich lerne es erst gar nicht." Wenn ein Perfektionist ein Projekt oder eine Aktivität beginnt, bricht für ihn beim ersten Hindernis das perfekte Muster zusammen, und er gibt völlig auf. Bei dieser Alles-oder-nichts-Überzeugung ist Fortschritt schwer zu messen.

Eine andere Überzeugung ist die, daß *sich vorzügliche Leistung mühelos einstellt.* Der Perfektionist meint, wenn ein Mensch wirklich eine herausragende Persönlichkeit ist, sollten ihm selbst schwierige Aufgaben leichtfallen. Ein solcher Mensch sollte imstande sein, alles augenblicklich zu verstehen und die richtigen Entscheidungen auf der Stelle zu treffen. Achten Sie auf das Wörtchen *„sollte"*, weil es ein ständiger Gefährte des Perfektionisten ist. Und wenn sich der Plan nicht nach der Überzeugung des Perfektionisten durchsetzen läßt, stellt sich auf der Stelle Zögern und Zaudern ein.

Eine andere Überzeugung ist das Bestreben, *alles allein zu tun.* Es wird von dem Perfektionisten als Schwäche angesehen, Aufgaben zu delegieren oder andere um Hilfe zu bitten. Der Perfektionist muß alles allein machen und braucht weder Rat noch die Meinung anderer. Der Perfektionist neigt dazu, allein zu arbeiten und zu leiden, und wenn er die Aufgabe nicht schaffen kann, verschiebt er sie. Ein Perfektionist lebt mit der Angst, töricht und unzulänglich zu sein oder nicht zu wissen, was er tun soll. Deshalb verbirgt er seine inneren Gedanken und Gefühle, besonders die der Furcht und Angst. Er hat das Empfinden, daß andere seine Menschlichkeit nicht akzeptieren werden, und diese Barriere beraubt ihn der Wärme des menschlichen Kontakts.

Ein Mann hat einmal zu mir gesagt: „Was wäre ich ohne meinen Perfektionismus? Ich wäre nur Durchschnitt und nicht vollwertig. Wer möchte das schon? Ich nicht. Ich werde mich weiter anstrengen, weil ich eines Tages das erreichen werde, was ich mir vorgenommen habe. Und das geht besser, wenn ich mich dazu zwinge."

Eine andere Überzeugung, die ein Perfektionist haben kann, ist die, daß *es immer nur einen korrekten Weg gibt, die Aufgabe zu lösen.* Die Hauptaufgabe des Perfektionisten besteht darin, diesen einen einzig richtigen Weg zu entdecken. Und hat er diese Entdeckung gemacht, zögert er vielleicht, überhaupt anzufangen. Warum die falsche Wahl riskieren? Das hält manche sogar davon ab, eine Ehe einzugehen, weil sie Angst davor haben, sich falsch zu entscheiden.

Ein Perfektionist *erträgt es gewöhnlich auch nicht, an zweiter Stelle zu stehen.* Sein Verhalten hat immer den Anschein des Wetteiferns, aber wenn man ihn darauf anspräche, würde er es nicht zugeben. Er verabscheut es so sehr zu verlieren, daß er Aktivitäten unterläßt, die auf einen direkten Wettkampf mit anderen hinauslaufen würden. Statt dessen wetteifert er mit sich selbst. Er will nicht in den Wettbewerb treten, wenn er dabei nicht an der Spitze steht. Manche Perfektionisten variieren hier leicht. Sie können eine Sache solange hinauszögern, daß sie garantiert versagen. Auch dann hält er weiter an der Überzeugung fest, daß er an erster Stelle gestanden hätte, wenn er es nur versucht hätte. Dies ist ein üblicher Schutzmechanismus. Alles Unvollkommene gehört in den Versagensbereich. Nichts wird vollständig zu Ende geführt, weil der Perfektionist nicht an Kurzzeit-Ziele glaubt. Das beschreibt ein Autor so: „Perfektionisten neigen dazu, bei allem Tun in absoluten Begriffen zu denken. Darüber hinaus denken sie oft 'in Katastrophen', d.h. sie nehmen einen kleinen Vorfall – vielleicht einen Fehler – zum Anlaß und übertreiben die Konsequenzen, bis die Auswirkungen niederschmetternd sind. Sie scheinen auf jeden Vorfall so zu reagieren, als sei er der Anfang vom Ende, und sie sind sicher, daß das Desaster um die Ecke lauert.

Diese katastrophalen Erwartungen schüchtern sogar noch mehr ein, wenn sie nicht zu fassen und nur vage sind, so wie sie im Kopf des Perfektionisten geistern. 'Ich würde mich miserabel fühlen, wenn ich nicht perfekt wäre', klagen sie. Aber in welcher Hinsicht wäre ihr Leben miserabel? Es ist oft interessant und hilfreich für Zögerer und Zauderer, die namenlosen Phantasien oder Befürchtungen, die sie heimsuchen, zu artikulieren. Stellen Sie sich die Frage: 'Was würde geschehen, wenn ich nicht perfekt wäre?' Was befürchten Sie – außer dem Ausgeliefertsein an ein Schicksal – bei dem Gedanken, weniger als hervorragend zu sein? Wie schlimm würden sich die Dinge gestalten? Welche Kette von Vorfällen und Ereignissen würde zur schließlichen Katastrophe führen?“[1]

Der Perfektionist lebt nach vielen unausgesprochenen Regeln. Sie haben einen mächtigen Einfluß auf sein Leben. Sie verursachen auch einen enormen Streß. Hier einige der am häufigsten vorkommenden Regeln:

- Ich darf nie einen Fehler machen.
- Ich darf niemals versagen.
- Ich muß immer auf Nummer Sicher gehen, damit mir auch alles gelingt.

Eine unausgesprochene Gedankenfolge könnte sich für einen Perfektionisten etwa wie folgt gestalten: *Ich habe einen Fehler gemacht. Das ist schrecklich. Ich darf nie wieder einen Fehler machen. Das nächste Mal muß ich anders planen. Wenn mir ein Fehler unterläuft, bin ich nicht vollkommen. Was werden die anderen von mir denken? Sie werden denken, ich sei schwach oder beschränkt. Die anderen müssen große Stücke auf mich halten. Sie dürfen von meinen Schwächen nichts wissen. Es wäre schrecklich, wenn sie es erfahren würden.* Ein derartiges Denken ruft Streß, Spannung, Verlangsamung und sogar Unentschlossenheit hervor.

Diese Gedankenabläufe werden von tiefempfundenen Überzeugungen ausgelöst. Wenn Veränderungen stattfinden sollen, müssen sie neu herausgefordert werden.

Wenn Sie nach der Regel leben: „Ich muß immer mein Bestes geben", steht eine andere dahinter, die lautet: „Es wäre schrecklich, wenn ich nicht mein Bestes gäbe." Eine Korrektur sähe so aus: „Am liebsten würde ich mein Bestes geben, aber es ist auch in Ordnung, wenn ich nicht vollkommen bin. Ich habe zwar ein besseres Gefühl, wenn ich mein Bestes leiste, aber ich kann lernen, auch zufrieden zu sein, wenn mir etwas nicht gelingt. Ich kann mir selbst die Erlaubnis erteilen, nicht mein Bestes zu geben."

Eine andere Regel ist diese: „Ich darf nie einen Fehler machen, den andere sehen können. Ich könnte es nicht ertragen." Die Neubesinnung könnte sein: „Natürlich möchte ich vor anderen keine Fehler machen, aber die Welt geht nicht unter, wenn es passiert. Ich kann es ertragen. Andere verurteilen mich nicht so leicht, wie ich es gefürchtet habe."

Wie wäre Ihre Reaktion, wenn jemand zu folgendem Urteil über Sie käme: „Du lebst in einer Durchschnittsnachbarschaft, dein Haus ist von durchschnittlicher Qualität und dein Auto Mittelklasse. Du selbst bist mittelmäßig, und die Art, wie du dich kleidest, auch. Du bist ein richtiger Otto-Normalverbraucher. Ich kann auf keinem Gebiet deines Lebens eine Besonderheit feststellen." Wie würden Sie sich fühlen? Verärgert, beleidigt, aufgebracht, in die Defensive gedrängt, zustimmend, zufrieden, traurig, abgelehnt oder gut? Ein Perfektionist wäre irritiert und würde möglicherweise explodieren. Ein anderer könnte vielleicht sagen: „Ja, ich stimme dir zu, aber ich bin zufrieden mit meinen Fähigkeiten und meinen Leistungen – und dem Erreichten. Ich habe ein gutes Gefühl in bezug auf mich selbst und bin dankbar für alles, was ich erreicht habe. Ich genieße das Leben." Ein Perfektionist könnte das nicht.

Ein Perfektionist ist oft ein Verzögerer

Der Perfektionist hat ein starkes Bedürfnis nach Sicherheit. Er scheut das Risiko. Er fühlt sich nur bei solchen Aktivitäten wohl, bei denen er sich des Ausgangs sicher ist. Ist die Sicherheit nicht gewährt, kann ihn tatsächlich das Zersorgen um die richtige Entscheidung krank machen. Er hat Angst vor dem Versagen und wird nur etwas in Angriff nehmen, wenn er sich des Erfolgs sicher ist. Deshalb kann er auf dreierlei mögliche Weisen reagieren:

1. Er wird es vermeiden, solche Aufgaben zu übernehmen, bei denen er das Gefühl hat, in der Ausführung nicht erfolgreich zu sein. Oder er geht mit Eifer und fieberhafter Intensität zu Werke, und alle in seinem Umfeld sind negativ davon berührt.
2. Er wird auf Fragen oder Unterbrechungen verärgert reagieren. Seine Unerbittlichkeit wird zementiert. Seine Persönlichkeit und seine Reaktion werden brüchig.
3. Er wird bis auf die letzte Minute warten, um mit einer Aufgabe zu beginnen, die viel Zeit erfordert. Das ist in Wirklichkeit ein Schlupfloch, das ihm einen Rückzug erlaubt: „Klar, daß ich es nicht richtig machen konnte. Ich habe zu wenig Zeit gehabt. Ich habe zu spät angefangen, deshalb konnte ich es nicht schaffen." Dahinter steckt aber Verzögerungstaktik!

Sind Sie ein Verzögerer? Schieben Sie die Dinge dauernd vor sich her? Ist Ihr Motto: „Warum heute erledigen, was sich auf morgen verschieben läßt?" Nun, nicht jede Verzögerung ist schlecht. Wir alle stehen manchmal vor Entscheidungen und Aufgaben, die wir bewußt verzögern. Aber ein Lebensstil des Verzögerns ist etwas anderes.

Warum schieben wir Dinge vor uns her? Einige Gründe habe ich angesprochen. Es gibt noch fünf weitere, die wir berücksichtigen sollten.

1. Physisch bedingte Begrenzungen. Physische Probleme machen es schwer, Entscheidungen zu treffen und voranzuschreiten.
2. Die Unwissenheit über das, was getan werden muß. Der Betreffende weiß nicht, was er tun soll oder daß überhaupt etwas getan werden muß.
3. Strategie. Der Geschäftsmann wartet, bis der Markt „reif" ist, bevor er verkauft. Er entschließt sich, den Versand des neuen Werbematerials zu verschieben, weil die Forschung ergeben hat, daß der Januar ein besserer Monat für positive Kundenresonanz ist. Eine Frau verschiebt einen Einkauf, weil sie noch Besorgungen in drei anderen Läden erledigen kann, wenn sie erst morgen geht.

   Das sind Verzögerungen, die wir alle verstehen und akzeptieren. Für alle drei gibt es gute Gründe. Es gibt aber noch zwei andere Verzögerungen, die mehr auf psychologischen Schwierigkeiten als auf soliden Grundlagen gründen.
4. Den vierten Typus des Verzögerers möchte ich einmal drastisch einen Drückeberger nennen. Er schiebt eine Aufgabe beiseite, weil bestimmte Aspekte ein unbehagliches Gefühl erzeugen. Das ist interessanterweise nicht nur auf unangenehme Aktivitäten beschränkt, sondern kann auch solche einschließen, an denen der Betreffende eigentlich Freude hat. Wenn damit allerdings irgendwelche Unannehmlichkeiten assoziiert werden, hat er das Gefühl, „daß es sich gar nicht lohnt!" Er hat in Wirklichkeit vielleicht den Vorfall oder die Aufgabe noch gar nicht erlebt, aber die vermeintlichen Unannehmlichkeiten genügen schon. Er neigt sogar dazu, das Unbehagen in seinem Geist noch auszudehnen. Wenn er eine Aufgabe tatsächlich in dreißig Minuten erledigen könnte, sind es in seiner Vorstellung schon anderthalb Stunden. Wenn es draußen schneit und er sich warm anziehen muß, um Ski zu laufen, beschließt er, daß es zu kalt ist, um Spaß daran zu haben. Wenn es draußen zwanzig Grad warm ist, sind es für ihn nur zehn Grad.

   Je länger ein Mensch dieses Sich-vor-etwas-Drücken praktiziert, desto überzeugter wird er, daß seine Wahrnehmungen korrekt sind. Er umgeht Aufgaben, die eine Lawine ins Rollen bringen können. Manchmal verzögert er das Erforderliche nicht nur, sondern vergißt es völlig – was eine ganze Menge Konsequenzen nach sich zieht.

5. Ein fünfter Grund für Verzögerung sind Selbstzweifel. Dies ist ein auswechselbares Verhalten, das auch Herabsetzen der eigenen Person und Minderwertigkeitsgefühle mit sich bringt. Ein solcher Mensch sieht sich als jemand, dem es in mancher Hinsicht mangelt. Seine Mängel türmen sich aber aus seiner Sicht über die Maßen auf. Er schaut auf sein Leben, schätzt es ab und kommt zu einem Minusergebnis. Er tut beides, er gibt sich der Betrachtung seiner Schwächen hin und er nährt sie: *Wenn ich ungenügend und unzulänglich bin, warum soll ich es dann erst versuchen?* Dies kann ein bewußter Gedanke oder ein unterschwelliges Denkmuster sein. *Warum etwas versuchen? Es endet doch alles damit, daß der Beweis erbracht wird, daß ich nichts kann.* Diese Haltung ist schlimmer, als tatsächliches Versagen zu erleben.

Der Zustand des Selbstzweifels ist bei manchen Menschen konstant, bei anderen selektiv und bei einer dritten Gruppe schwankt er. Das kann von Gefühlen, von der Stimmung, der Situation, der Umgebung oder vom sozialen Umfeld abhängen.

Und dann gibt es noch diejenigen, die mit Vorliebe ihre Motive zwecks Aufschub und Verzögerung vermischen. Sie geben Selbstzweifel und Unbehagen vor und haben dadurch eine äußerst solide Basis für Verzögerung.

Falls Sie ein Perfektionist sind und sich von Verzögerungstaktiken gefangennehmen lassen, was wollen Sie eigentlich vermeiden? Welche Gebiete oder Situationen des Lebens sind es, vor denen Sie sich drücken? Möchten Sie Ihren Hang zur Verzögerung überwinden, dann stellen Sie doch eine Liste der Lebensbereiche und Situationen auf, denen Sie ausweichen oder wo Sie zögern, etwas zu tun. Nehmen Sie sich Zeit, um die Liste möglichst vollständig zu erstellen. Nehmen Sie ein Blatt Papier und teilen Sie es in vier Felder auf. Überschreiben Sie das Blatt mit „Inventur meiner angestrebten Ziele" (s. Seite 115). In dem oberen linken Feld listen Sie die Aufgaben auf, die Sie bis jetzt immer wieder verschoben haben, und oben rechts die Punkte, die Sie im Bereich Ihrer Selbstentwicklung vor sich herschieben, in der Reihenfolge ihrer Wichtigkeit.

Jetzt füllen Sie das untere linke Feld aus, verfahren sie dabei folgendermaßen: Wählen Sie eine Aufgabe aus dem oberen linken Feld und setzen Sie ein Datum fest, bis wann diese Angelegenheit zu erledigen ist. Dann schreiben Sie auf, was Sie bisher davon abgehalten hat, sie zu erledigen. Ist es Selbstzweifel oder das Verlangen, sich vor unliebsamen Dingen zu drücken? Schreiben Sie konkrete Schritte auf, nach denen Sie vorgehen wollen, um Ihre jeweilige Aufgabe zu lösen. Machen Sie das mit jeder einzelnen Aufgabe, die Sie oben links notiert haben. Gehen Sie danach mit Ihren „Selbstentwicklungszielen", die Sie sich gesteckt und in dem oberen rechten Feld aufgelistet haben, genauso vor.

Wenn Sie sich übermäßige Maßstäbe (als Perfektionist) setzen, sind Sie auf dem besten Weg, Depression in Ihr Leben einzulassen. Warum? Wegen der Unmöglichkeit, in unserem irdischen Leben perfekt zu sein. Es ist, als ob Sie zwischen zwei Türen wählen können. Die eine heißt *Perfektionismus* und die andere *Normalität.* Wenn Sie die Perfektionstür öffnen, rennen Sie gegen eine Wand. Jeder einzelne Stein ist ein Hindernis, das Sie davon abhält, Perfektion zu erreichen. Hinter der Tür der Normalität ist keine Wand. Diese Tür führt Sie ins Weite – zu Wachstum und zu einem ausgeglichenen Leben.

Ein Perfektionist kann nicht perfekt sein

Perfektionisten sind verwundbar und anfällig für emotionale Nöte und Schwierigkeiten. Tragischerweise entwickeln sie selbstzerstörerische Verhaltensmuster und ein unlogisches und verzerrtes Denken. Darin sind sie allerdings Meister. Sie sind erfolgreiche Versager.

Der perfektionistisch veranlagte Mensch versucht, Vollkommenheit, Zulänglichkeit und Genüge zu erlangen. Und darin liegt die Ironie. Je mehr wir nämlich nach diesen Eigenschaften streben, desto mehr entziehen sie sich uns. Je mehr wir versuchen, vollkommen und zulänglich zu werden, desto unzulänglicher werden wir. Zulänglichkeit und Genüge sind ein freies Geschenk Gottes an uns Menschen, so ist es schon immer gewe-

Inventur meiner angestrebten Ziele

<table>
<tr>
<td>

Aufgaben, die ich vor mir herschiebe.

1. Die Garage aufräumen.
2. Wieder einmal Freunde zu einem evangelistischen Abend einladen.
3. Post erledigen
4. Auspufftopf am Auto ersetzen

</td>
<td>

„Selbstentwicklungsaufgaben", die ich vor mir herschiebe.

1. 15 Pfund abnehmen.
2. Einen Abend in der Woche mit den Kindern verbringen, um mehr von ihnen zu erfahren und Anteil an ihrem Leben zu haben.
3. Mit meinem Chef über eine Gehaltserhöhung sprechen.

</td>
</tr>
<tr>
<td>

1. *Was ich pünktlich erledigen will bis zum nächsten Wochenende.*
   Ich will die zwölf Kartons hinten in der Garage aufräumen.
2. *Was hat mich bisher davon abgehalten?*
   Ich mag diese Arbeit nicht. Ich finde, sie nimmt zuviel Zeit in Anspruch. Ich weiß nicht, was ich aufheben und was ich zur Müllkippe fahren soll.
3. *Drei Schritte, die ich unternehmen will, um mein Ziel zu erreichen.*
   1. Ich will mir drei Stunden Zeit nehmen und mich an die Arbeit machen.
   2. Ich will jeweils einen Karton nach dem anderen aussortieren
   3. Ich will alles, was seit 1 Jahr nicht mehr gebraucht wurde, zur Müllkippe bringen.

</td>
<td>

1. *Was ich termingerecht erreichen will.*
   Ich will in den nächsten drei Monaten 15 Pfund abnehmen.
2. *Was hat mich bisher davon abgehalten?*
   Ich esse gern. Außerdem weiß ich nicht, nach welcher Diät ich vorgehen soll. Ich glaube nicht einmal, daß ich überhaupt Gewicht verlieren kann. Was ist, wenn ich die verlorenen Pfunde schnell wieder zurück habe?
3. *Drei Schritte, die ich unternehmen will, um mein Ziel zu erreichen.*
   1. Ich erkundige mich bei meinem Arzt oder der Krankenkasse nach Informationen über Diät und Gymnastik.
   2. Ich bitte meinen Partner, mir bei meiner Diät zu helfen und mich zu unterstützen.
   3. Ich will mich täglich wiegen und Buch führen über das jeweilige Gewicht, die Nahrungsaufnahme und die gymnastischen Übungen.

</td>
</tr>
</table>

Schaubild 1

sen. Doch Gott hat durch Jesus Christus einen vollkommenen, wunderbaren Weg für uns geschaffen. Bei jedem Zukurzkommen in unserem Leben hat Gott durch seinen Sohn bereits die Schuld getilgt. Jetzt sind wir frei und können uns gemäß den uns von Gott verliehenen Eigenschaften entfalten, statt uns nach unseren eigenen erbarmungslosen Maßstäben der Perfektion abzumühen. Wir können das Kriterium menschlicher Leistung fallenlassen, weil Gott uns dazu berufen hat, mit dem uns Anvertrauten treu zu sein. Das ist der Maßstab Gottes: Treue.

Gottes Sicht von uns ist so viel höher als alles, was wir verdienen oder durch unsere eigenen Bemühungen erreichen könnten. Schauen Sie sich diese Verse an, die die vorstehenden Aussagen unterstreichen:

„... So hat er uns dazu erwählt, sein Volk zu sein und heilig und fehlerlos vor ihm zu stehen. Aus freiem Willen entschloß er sich, uns als seine Kinder anzunehmen – ...damit wir seine große Güte preisen, seine Gnade, die er uns erwiesen durch Christus, seinen geliebten Sohn“ (Epheser 1, 4 – 6).

„Und Gott schuf den Menschen zu seinem Bilde, zum Bilde Gottes schuf er ihn; und er schuf sie als Mann und Weib“ (1. Mose 1, 27).

„Du hast ihn (den Menschen) wenig niedriger gemacht als Gott, mit Ehre und Herrlichkeit hast du ihn gekrönt“ (Psalm 8,6).

„Seht, welch eine Liebe hat uns der Vater erwiesen, daß wir Gottes Kinder heißen sollen und wir sind es auch!“ (1. Johannes 3,1).

„Dem aber, der euch vor dem Straucheln behüten kann und euch untadelig stellen kann vor das Angesicht seiner Herrlichkeit mit Freuden...“ (Judas 24).

Wir sind als Gläubige dazu berufen, vollkommen zu sein. Das ist als eine Aufforderung zu verstehen, weiter zu wachsen und zu reifen. Das heißt nicht, daß wir niemals mehr einen Fehler begehen, sondern daß wir uns selbst objektiv und wohlwollend betrachten, unsere Stärken und Talente erkennen, uns aber auch der Lebensbereiche bewußt sind, in denen es mangelt. Wenn wir versuchen, nach unrealistischen Maßstäben zu leben, schaffen wir uns Ärger oder Depression oder auch beides. Wenn wir deprimiert sind, läuft in uns das leidige Band ab: „Ich kann nichts richtig machen. Bei mir läuft nichts. Ich bin noch nicht einmal Durchschnitt.“ Die günstigste Zeit, an perfektionistischen Tendenzen in unserem Leben zu arbeiten, ist aber nicht während einer Depressionsphase, sondern zu einer Zeit, in der wir im Blick auf uns selbst objektiv sein können.

Wie können Sie sich aus der Zwangsjacke des Perfektionismus befreien? Lesen Sie in Kapitel 6, wer Sie aus Gottes Perspektive sind. Lesen Sie diesen Abschnitt täglich und lassen Sie ihn tief in Sie eindringen, damit alle negativen Botschaften zunichte gemacht werden, auf die Sie über so viele Jahre gehört haben.

Nachfolgend ein paar Übungen, die Sie anwenden sollten, wenn Sie sich eine Veränderung wünschen. Wahrscheinlich brauchen Sie nicht alle diese durchzuführen, bevor Sie Veränderung erleben. Und *beachten Sie bitte, daß Sie diese Übungen nicht perfekt durchzuführen brauchen!*

1. Erstellen Sie eine Liste von 5 bis 10 konkreten Situationen, in denen Fehler gemacht wurden. Was kann man daraus lernen und wie kann man daran wachsen und reifen?
2. Stellen Sie sich vor, Sie müßten darüber nachdenken, warum es für einen Menschen unmöglich ist, vollkommen zu sein. Schreiben Sie eine Zusammenfassung dessen auf, was Ihnen dazu einfällt.
3. Schreiben Sie drei Ihrer Erfolge und drei Ihrer Niederlagen auf. Was hat jeder einzelne Erfolg, jede einzelne Niederlage – von Ihren Gefühlen einmal abgesehen – bewirkt?
4. Schreiben Sie die Techniken auf, derer Sie sich bedienen, um sich vor Versagen zu schützen.
5. Schreiben Sie zehn Ihrer Stärken auf. Welche Menschen wissen um diese Stärken?
6. Beschreiben Sie, wie Gott Sie sähe, wenn diese zehn Stärken nicht Teil Ihres Lebens wären.
7. Stellen Sie sich vor, Sie haben sich selbst Aufgaben gestellt, die Ihnen mißlungen sind. Legen Sie sich eine Liste objektiver tröstender Worte an, derer Sie sich dann bedienen könnten.
8. Geben Sie jede Woche einige Ihrer Irrtümer einem guten Freund gegenüber zu.

9. Wie reagieren Sie im allgemeinen auf einen Menschen, der gerade eine schwierige Zeit durchzustehen hat oder dem etwas mißlungen ist? Schreiben Sie auf, was Sie ihm oder ihr sagen könnten, um zu helfen.
10. Welche Aufgabe oder Aktivität schieben Sie dauernd aus Angst vor Versagen vor sich her? Verpflichten Sie sich, diese bald zu erledigen. Stellen Sie fest, welches der schwierigste Teil der Aufgabe ist und wen Sie um Mithilfe bitten müssen. Welche Schritte können Sie unternehmen, um es sich leichter zu machen? Teilen Sie die Aufgabe in kleine Schritte ein und setzen Sie sich realistische Ziele.
11. Aus welcher Motivation heraus sind Sie ein Perfektionist? Es kann hilfreich sein, eine Liste der Vor- und Nachteile des Perfektionismus anzulegen. Sie werden entdecken (wenn Sie ehrlich sind), daß die Nachteile tatsächlich die Vorteile überwiegen. Sie werden feststellen, daß Sie sehr wohl in der Lage sind, Aufgaben zu lösen, daß Sie aber verkrampft, irritiert und ängstlich werden, wenn Sie etwas Neues in Angriff nehmen, und daß Sie deprimiert werden, wenn Ihnen etwas mißlingt.

    Ein Mann, den ich seelsorgerlich betreute, hat mir seine Liste gezeigt. Der Vorteil seines Strebens, im Beruf perfekt zu sein, war, daß er sehr viel geleistet hat und ihm die Bewunderung seines Chefs zuteil wurde. Als er aber anfing, über die Nachteile nachzudenken, schrieb er das Folgende auf: „Ich habe Angst, einen Fehler zu machen, deshalb bin ich kribbelig und reizbar. Ich bin sehr kritisch und unsicher bei allen Unternehmungen und verschwende Zeit damit, es noch besser ausführen zu wollen. Ich habe das quälende Gefühl, jede Aufgabe müsse noch besser erledigt werden als die vorige. Ich habe festgestellt, daß ich den Fehlern anderer gegenüber sehr kritisch bin. Ich glaube, sie erinnern mich an meine eigene Fehlbarkeit. Ich habe seit langer Zeit nicht viel Neues gemacht. Ich zögere, mich auf ein neues Gebiet zu begeben. Es ist die alte Angst: ‚Was ist, wenn ich einen Fehler begehe?'"
12. Vielleicht gehört es zu Ihrer Überzeugung, daß Sie niemals glücklich sein können, wenn Sie nicht auf Perfektion ausgerichtet sind, und daß Sie sich nicht am Leben erfreuen kön-

nen oder irgendwelche Befriedigung haben werden, wenn Sie dieses Ziel nicht erreichen. Warum nicht einmal testen? Dr. David Burns schlägt vor, den tatsächlichen Grad der Befriedigung, den Sie aus Ihren Aktivitäten empfangen, einmal aufzuschreiben. Solche Aktivitäten könnten sein: den Rasen mähen, ein defektes Gerät reparieren, eine Rede vorbereiten, den Wagen waschen etc. Schätzen Sie ab, wie gut Sie jede Aufgabe erledigt haben, benutzen Sie dabei eine Skala von 0 bis 100 und notieren Sie mit einer Punktzahl auf dieser Skala, wie befriedigend jede einzelne Aktivität für Sie gewesen ist. Der Zweck dieser Übung ist, aufzuzeigen, daß Ihre Befriedigung *nicht* davon abhängt, wie vollkommen und perfekt Sie sind. Auf der folgenden Abbildung (Seite 120) sehen wir, was ein Arzt notiert hat, der meinte, perfekt sein zu müssen.

Ich erinnere mich an einen Klassenkameraden, der ein zwanghafter Perfektionist war. Er war in einem Elternhaus aufgewachsen, in dem er sich Liebe nur durch Leistung verdienen konnte. Wenn er etwas wagte und es mißlang, wurde ihm die Liebe entzogen. Aufgrund dessen hat er eine panische Angst vor dem Versagen entwickelt. In seine Konzentrationsfähigkeit mischten sich Zwangsgedanken. Schulversagen war für ihn das Schlimmste. Er verließ das Gymnasium kurz vor dem Abitur, weil er befürchtete, bei den Prüfungen zu versagen. Versagen war in seinen Augen alles, was weniger als die Note 1 gewesen wäre.

Jahrelang verkrüppelte sich dieser junge Mann selbst mit seinem Perfektionismus. Glücklicherweise bekam er die Hilfe, die er brauchte, durch Beratung und Therapie. Nachdem er geheiratet und einen Beruf erlernt hatte, besuchte er die Abendschule. Er ging also zurück auf die Schulbank und war nun bereit, zwar sein Bestes zu geben, aber mit dem Geleisteten auch zufrieden zu sein. Er blieb beharrlich und holte das Abitur nach.

Angst vor dem Versagen belastet unseren Geist oft automatisch. Es ist ein Teil unseres tiefverborgenen Selbstgesprächs, das von Zeit zu Zeit als Lebensbehinderung an die Oberfläche dringt.

Dr. Burns schildert das am Beispiel eines Studenten, der Angst hatte, sich einer schriftlichen Prüfung zu unterziehen, weil

Aktivität	Wie wirksam war das Geleistete 0% – 100%	Wie befriedigend war es für mich 0% – 100%
Reparatur eines defekten Schlauchs in der Küche	20% (Ich habe lange gebraucht und viele Fehler begangen)	99% (Ich habe es tatsächlich geschafft!)
Habe eine medizinische Vorlesung gehalten	98% (Ich bekam eine stehende Ovation)	50% (Ich bekomme im allgemeinen stehende Ovationen. Ich war nicht sonderlich beeindruckt von meiner Leistung)
Habe nach der Arbeit Tennis gespielt	60% (Ich habe zwar verloren, habe aber gut gespielt)	95% (Ich hatte ein tolles Gefühl. Mir hat das Spiel und die Bewegung Spaß bereitet)
Eine Stunde lang meine neusten Texte redigiert	75% (Ich bin dran geblieben und habe viele Fehler korrigiert und an den Sätzen gefeilt)	15% (Dauernd habe ich mir gesagt, daß die definitive Fassung besser sein müßte. Ich war ziemlich frustriert)
Habe mit einem Studenten über Wahlmöglichkeiten für seinen Beruf gesprochen	50% (Ich habe nichts Besonderes gesagt. Ich habe ihm nur zugehört und ihm ein paar auf der Hand liegende Vorschläge gemacht)	90% (Er schien unser Gespräch zu schätzen, so daß ich mir belohnt vorkam und ein gutes Gefühl hatte)

Abbildung 2[2]

sie „einfach perfekt“ sein mußte. Der Student wurde gebeten seine spontanen Gedanken niederzuschreiben und die Angst zu identifizieren, indem er sich der „Vertikal-Bogen-Methode“ bediente.[2]

Die Art von Problembewältigung vollzieht sich wie das Schälen von Zwiebelschichten, bis die Ursprünge des Perfektionismus bloßgelegt werden können. Dieser Prozeß kann sehr befreiend wirken, wenn die tiefliegenden und völlig zugedeckten Ängste freigelegt werden. Die Abbildung unten zeigt, wie es dem Studenten Fred erging.

John Clarke hat einmal geschrieben: „Wir müssen aufhören, Retuscheure an den Wänden unseres Lebens zu sein, bevor wir Freude in das Leben bringen und darin finden können.“[3]

Es ist nicht schrecklich, einfach nur Durchschnitt zu sein. In der Welt gibt es überwiegend durchschnittliche Menschen. *Durchschnitt* heißt, daß wir unsere Stärken und Schwächen akzeptieren und tun, was in unserer Macht steht, um die Schwachpunkte zu ändern. Als Gläubige können wir uns glücklich schätzen, daß wir in unseren Anstrengungen zu wachsen nicht auf unsere eigene Kraft angewiesen sind. Uns steht Gottes Hilfe zur Verfügung. Er fordert uns nicht auf, perfekt zu sein, sondern treu.

Automatische Gedanken	Rationale Reaktionen
1. Ich habe keine hervorragende Arbeit bei dieser schriftlichen Prüfung geleistet. ➧ *Wenn es tatsächlich so wäre, wo läge das Problem für mich?*	1. Alles-oder Nichts-Denken. Die Arbeit ist recht gut, wenn sie auch nicht perfekt sein mag.
2. Der Lehrer wird alle meine Schwachstellen bemerken. ➧ *Und warum wäre das ein Problem?*	2. Mentaler Filter. Er wird wahrscheinlich Schwachpunkte bemerken, aber er liest ja die ganze Arbeit. Dann wird er bestimmt auch einige gute Passagen entdecken.
3. Der Lehrer wird meinen, ich hätte die Sache nicht ernst genommen. ➧ *Angenommen, er dächte dies wirklich. Was wäre dann?*	3. Das ist Gedankenlesen-Wollen. Ich habe keinerlei Anhaltspunkte dafür, daß er so denkt. Täte er es wirklich, wäre das nicht das Ende

Automatische Gedanken	Rationale Reaktionen
	der Welt. Viele Studenten machen sich wirklich nichts aus ihren Examensarbeiten. Ich habe mir jedenfalls Mühe gegeben, und wenn der Lehrer anderer Meinung ist, irrt er sich.
4. Ich werde ihn enttäuscht haben. ➡ *Wenn das so wäre, warum rege ich mich darüber auf?*	4. Alles-oder-Nichts-Denken. Ich kann nicht jedem zu jeder Zeit gefallen. Wenn er sich durch diese Arbeit enttäuscht fühlt, wird er es verschmerzen.
5. Ich werde eine 4 oder eine 5 bekommen. ➡ *Angenommen, es wäre so, geht davon die Welt unter?*	5. Unkerei. Ich *empfinde* es jetzt so, weil ich durcheinander bin. Ich kann nichts vorhersagen. Ich könnte ja auch eine 2 oder eine 3 bekommen, wenn eine 5 auch sehr unwahrscheinlich ist.
6. Das würde mein akademisches Zeugnis ruinieren ➡ *Und was würde dadurch passieren?*	6. Auch reine Unkerei. Andere geben auch manchmal eine komische Figur ab. Allem Anschein nach ruiniert das aber nicht ihr Leben. Warum darf ich mich nicht auch einmal lächerlich machen?
7. Das würde bedeuten, daß ich nicht ein solcher Student bin, wie man es erwartet hat. ➡ *Warum sollte mich das aus der Bahn werfen?*	7. Wäre und hätte… Wer bestimmt eigentlich, wie ich zu sein habe? Wer sagt, daß ich moralisch verpflichtet bin, einem bestimmten Standard gemäß zu leben?
8. Andere werden sich über mich ärgern, besonders meine Eltern, und ich werde ein Versager sein. ➡ *Angenommen, sie wären über mich verärgert, und ich wäre tatsächlich ein Versager, warum wäre das so schrecklich?*	8. Wenn sich jemand über mich ärgert, ist das sein Problem. Ich kann es nicht allen recht machen – das wäre viel zu anstrengend. Das macht mein Leben zu einem einengenden, verkrampften, starren Dasein. Es ist besser, daß ich mir selbst eigene Maßstäbe setze und den Ärger anderer Leute riskiere. Wenn ich bei dieser Arbeit tatsächlich versagt habe, macht mich das noch lange nicht zum Versager.

Automatische Gedanken	Rationale Reaktionen
9. Dann wäre ich geächtet und alleingelassen. *Was würde dann passieren?*	9. Unsinn. Nicht jeder würde mich ächten.
10. Wenn ich alleingelassen bin, ist es mein Los unglücklich zu sein.	10. Stimmt überhaupt nicht. Einige meiner glücklichsten Zeiten waren, als ich allein war. Mein „Elend“ hat nichts mit Alleinsein zu tun, sondern entspringt meiner Angst vor Mißfallen und meiner Selbstzerfleischung, weil ich nicht meinen perfektionistischen Maßstäben gemäß gelebt habe.

Abbildung 3[4]

8

Auferlegtes Eingeschränktsein abschütteln

Sie überfliegen die Zeitung und Ihnen springt eine Anzeige ins Auge: „Fällt es Ihnen schwer, morgens in Gang zu kommen? Kommen Sie mit Ihrem Leben nicht zurecht, weil Sie dauernd tagträumen? Bekommen Sie gerade so eben Ihren inneren Motor in Gang, um ihn gleich wieder abzuwürgen? Sind Sie meistens Ihrer selbst überdrüssig? Haben Sie das Gefühl, daß andere für Ihre Probleme verantwortlich sind? Haben Sie unzählige Listen von Dingen, die morgen zu tun sind, einschließlich derer, die auf der Liste für gestern standen? Wenn ja, *dann gratulieren wir Ihnen!* Sie haben sich für unsere Organisation qualifiziert! Füllen Sie lediglich den Coupon aus, Name, Adresse und Telefonnummer, und wir senden Ihnen Ihre Antragsunterlagen umgehend zu. Sie können Mitglied unserer Gesellschaft werden. Schreiben Sie uns aber unbedingt noch heute!"

Was für eine seltsame Anzeige! Sie sagt nicht einmal, wem Sie sich anschließen sollen. Vielleicht legen Sie die Anzeige beiseite und sagen: „Gut, klingt eigentlich sympathisch, aber ich werde den Coupon erst morgen ausfüllen und einschicken." Dann wird Ihnen aber schlagartig bewußt, daß Sie damit genau eins der Dinge tun, die in der Anzeige angesprochen wurden. Deshalb sagen Sie: „Vielleicht sollte ich es lieber gleich tun. Ich bin neugierig, wofür ich mich bewerbe!" Deshalb füllen Sie also den Coupon aus, schicken ihn ab und warten.

Tage vergehen, ehe Sie eine Antwort erhalten. Wenn schließlich ein Brief kommt, reißen Sie den Umschlag auf und stellen fest, daß er das Angebot enthält, sich der „Gesellschaft der Streiter gegen übertriebenen Zwang" anzuschließen.

„Wovon reden die eigentlich?“ kocht es in Ihnen. „Zwanghaft eingeschränkte Widersteher, du liebe Zeit! Ich bin kein Widersteher. Ich habe die Kontrolle über mein Leben. Ich weiß, was ich tue, auch wenn mir nicht alles gelingt, wie ich es gern hätte!“ Sie grollen und knurren, fühlen sich empört, verärgert und beleidigt. Und warum sollten Sie auch nicht?

Aber schauen Sie sich die Bewerbung noch einmal an und lesen Sie diese Feststellung: „Sie sind wahrscheinlich durch diese Bewerbung aus der Fassung geraten. Sie meinen wahrscheinlich, daß Sie nicht in diese Organisation gehören. Mag sein. Aber, wenn Sie auf verschiedene Fragen in der Anzeige mit „Ja“ antworten mußten, dann, mein lieber Freund, gehören Sie zu uns! Und wenn Sie gern mehr wissen möchten, dann kommen Sie zu uns. Verschieben Sie es nicht auf morgen. Sie gehören in unseren Club. Wenn es allerdings nach Ihrer Neigung geht, möchten Sie bestimmt alles hinauszögern, stimmt's?“

Urplötzlich erkennen Sie: „Sie haben recht. Was habe ich schon zu verlieren? Ich glaube, ich gehöre da hin!“

In Kapitel 2 haben wir über elterliche Verhaltensweisen gesprochen, die wir in unserer Kindheit erlebt haben und die uns noch immer daran hindern, unseren Weg selbständig zu gehen. Eine dieser Verhaltensweisen ist das Eingeschränktsein durch übertriebenen Zwang. Ein Kind, das übermäßig eingeschränkt wurde, verläßt sich zu sehr auf von außen kommende Hilfe. Wenn es heranwächst, hat es immer noch das Gefühl, daß es nichts ohne Richtungweisung durch andere tun kann.

Zu irgendeinem Zeitpunkt in Ihrer Vergangenheit hat eine andere Person versucht, zu dirigieren und Ihr Leben zu kontrollieren. Das kann zahlreiche Formen angenommen haben, aber oft hat die Person, die Zwang auf Sie ausgeübt hat, dauernd an Ihnen herumgenörgelt und Sie gegängelt. Die Kontrolle über Ihr Leben war allesbestimmend und ließ Ihnen nur wenig, wenn gar keine Gelegenheit, Ihre eigene Persönlichkeit zu entfalten. Es war Ihnen nicht möglich, Ihre eigenen Interessen und Neigungen zu verfolgen. Sie hatten wenig Gelegenheit, irgend etwas zu unternehmen. Sie haben heute das Gefühl, als hinge Ihr Leben an einer langen Leine von *Du-sollst-Geboten:* Sie waren eine Marionette, die nach den jeweiligen Zugbewegungen Ihres Regisseurs getanzt und gebaumelt hat.

Wir leben in einer Gesellschaft, die uns Zwänge auferlegt. Man fordert uns auf, „dies“ und „das“ zu tun und „dies“ und „jenes“ zu lassen. Die Medien schreiben uns vor, wie wir am besten unsere Kinder erziehen, unsere Zähne putzen und wie wir unser Geld anlegen sollen. Im Geschäftsleben gilt die übliche Maxime: Die Arbeit wird nur dann richtig getan, wenn der Belegschaft genau gesagt wird, was sie zu tun und zu lassen hat. Vergessen wir doch alles Demokratiegetue! Zeigen wir den Leuten, wo es „langgeht“ und vergessen wir alle Diskussionen zwecks Meinungsbildung. Allein Resultate zählen. Verschwenden wir also keine Zeit!

Die meisten Eltern wünschen für ihr Kind wirklich das Beste. Sie möchten, daß es ein Gefühl für richtig und falsch bekommt und daß es eine angemessene Selbstdisziplin entwickelt. Deshalb meinen sie, es sei wichtig, ihrem Kind jeweils zu zeigen, was es zu tun und zu lassen hat. Sie erinnern und ermahnen und korrigieren es so lange, bis das Kind sich wie eine Null empfindet.

Warum verhalten sich Eltern so – und zwar bis zum Exzeß? Woher kommen alle ihre Gebote? Wahrscheinlich aus ihrer eigenen Vergangenheit. Oft versuchen Eltern, zurückliegende Mängel in ihrem eigenen Leben nachzuholen. Die Maßregeln *„Du sollst“* und *„Du sollst nicht“* werden zum besten Mittel, um das Leben des Kindes zu kontrollieren.

Woran erinnern Sie sich aus Ihrer Vergangenheit am meisten? Wurden Sie dauernd durch Gebote und Verhaltensregeln eingeschränkt oder ermutigt, eine eigenständige Persönlichkeit zu werden und Ihre eigenen Entscheidungen zu treffen? Hat man Ihnen die Gelegenheit gegeben, eigene Initiativen zu entwickeln?

Hat sich diese Methode, das Leben des Kindes bestimmen zu wollen, bewährt? Funktioniert sie wirklich? Wie sehen die Nebenwirkungen aus? Wie wir schon in Kapitel 2 gesagt haben, kann ein übermäßig eingeschränktes Kind auf dreierlei Weise reagieren:

1. Es unterwirft und fügt sich ergeben in jede Forderung.
2. Es kann sich eine Weile heftig widersetzen, wird aber im allgemeinen seinen Trotz unterdrücken, ehe es erwachsen geworden ist.
3. Es widersetzt sich passiv durch Verzögerungstaktiken oder

zeigt auf andere Weise stummer Widerstand seiner Situation gegenüber.

Der Widerstand dieser Kinder kann allerdings verschiedene Formen annehmen, wenn sie heranwachsen. Sie können sich den Anweisungen anderer aktiv widersetzen. Sie können sich sogar ihren eigenen Versuchen widersetzen, ihr eigenes Leben zu steuern, weil sie sich die Direktiven ihrer Eltern so einverleibt haben, daß sie sich nun selbst zu Eltern werden. Sie können auch die Lehre der Heiligen Schrift als eine weitere Liste von „Du sollst" ansehen und somit sogar gegen das Wort Gottes rebellieren. Und natürlich können sie sich anderen Menschen gegenüber aktiv widersetzen.

Der duldsame „Widersetzer"

Wenn im Leben eines Kindes schon sehr früh mit einer zwanghaft einschränkenden Kontrolle begonnen und sie beibehalten wird, kann sich das Kind ergeben und willig fügen. Und diese Unterwürfigkeit dauert oft von der Kindheit über die Adoleszenz bis ins Erwachsenenalter an. Ein solcher Mensch sucht fortwährend nach Richtungweisung für sein Leben. Er hat Schwierigkeiten damit, eigenverantwortlich zu werden und Entscheidungen zu treffen. Am besten spricht er auf „Dies und das mußt du tun oder lassen" an. Er braucht andere Menschen, die ihn anspornen, ihn motivieren, ihn kontrollieren und in Gang bringen.

Und trotzdem kann das Kind, das sich so entwickelt hat und ergeben auf übermäßige Einschränkung anspricht, ein „Widersetzer" sein. Wie ist das möglich? Wie kann man kooperativ sein und sich gleichzeitig widersetzen? Beleuchten wir zunächst die Kooperation. Ein Mensch kann lernen, widerspruchslos einer Führung zu folgen, ohne irgendwelchen Widerstand zu entwickeln. Wenn man dieser Person befiehlt: „Komm her", „Bring den Mülleimer heraus" oder „Geh einkaufen", reagiert sie wie ein gehorsamer und gut trainierter Hund. Dieser stellt die Befehle nicht in Frage, aus Angst die Liebe des Befehlenden zu verlieren.

Dieses Verhaltensmuster wird leicht auf andere Autoritätspersonen übertragen: einen Sonntagschullehrer, einen Vorgesetzten usw. Oft bekräftigen diese Menschen das Muster der Ergebenheit durch Aussagen wie etwa: „Es ist so wohltuend, Ihren Sohn in meiner Klasse zu haben. Er hat nie Widerworte. Ich kann mich immer auf ihn verlassen. Man gibt ihm etwas zu tun und sagt ihm, wie er es machen soll, und es wird erledigt. Ich wünschte mir, daß die anderen Schüler auch so wären. Natürlich, wenn er mit seiner Aufgabe fertig ist, sitzt er da und wartet darauf, daß man ihm den nächsten Schritt sagt. Manchmal wünschte ich mir, er würde selbständig denken, aber ich glaube, es können nicht alle Vorzüge in einer Person vereinigt sein."

Das Leben dieses ergebenen Menschen kann in Wirklichkeit ein Leben im Terror sein. Er ist verloren, wenn niemand ihm sagt, was zu tun ist und wie er es tun soll. Er kann nichts aus freien Stücken anfangen, deshalb verschwendet er seine Zeit damit, eine Art Struktur mit genau definierten Aufgaben und Grenzen zu entwickeln.

Aber wie widersetzt sich ein solcher Mensch dem ihn einschränkenden Zwang? Seine Art des Widerstands ist sehr subtil, aber auf den Punkt gebracht, ist sein Widerstand eine Absage an seine Selbstverantwortung. Die unterwürfige Person widersteht in Wirklichkeit sich selbst. Sie widersetzt sich dem Risiko zu lernen, wie man sein eigenes Leben in die Hand nimmt und selbständig arbeitet. In ihrer Unterwürfigkeit liegt für sie eine gewisse Sicherheit. Natürlich muß man Verpflichtungen nachkommen, aber solange man einen „großen Bruder" hat, der für einen sorgt, scheint es den Preis wert zu sein.

Sind Sie eine unterwürfige Person? Ist das die Art, in der auch Sie leben? Haben Sie einmal bedacht, wie sich diese Lebenshaltung in geistlicher Hinsicht auswirkt? Vielleicht fühlen Sie sich zu einer Kirche und Konfession hingezogen, die dogmatisch und diktatorisch ist. Unbesehen nehmen sie für bare Münze, was dort gelehrt und gepredigt wird, ohne selbst die Bibel daraufhin zu überprüfen. Wie können Sie wissen, daß das, was dort gelehrt wird, wirklich schriftgemäß ist? Betrachten Sie Gott als eine weitere Autoritätsfigur, die nur darauf bedacht ist, daß Sie willfährig sind? Haben Sie schon einmal die Tatsache bedacht, daß Gott möchte, daß Sie weniger abhängig von anderen Menschen werden und Sie imstande sind, Ihre eigenen Fähigkeiten einzusetzen?

Gott möchte nicht, daß Sie seine Marionette sind. Er möchte, daß Sie eine starke, unabhängige Persönlichkeit sind, die fähig ist, ihr Leben selbst auszuwählen und eigene Entscheidungen zu treffen. Natürlich haben Sie im frühen Kindesalter andere gebraucht, die Ihr Leben in die richtige Bahn gelenkt haben, doch jetzt brauchen Sie sie nicht mehr. Sie halten einfach an einem bequemen Lebensstil fest.

Sie brauchen nicht für den Rest Ihres Lebens daran gekettet zu sein. Es gibt einen besseren Weg zu leben!

Der aktive „Widersetzer"

Statt ergeben zu reagieren, haben Sie sich vielleicht schon im frühen Kindesalter widersetzt. Zweifellos haben Sie bald erkannt, daß Ihr Widerstand Ihrem Umfeld nicht gefallen hat. Man hat vielleicht mit Liebesentzug darauf reagiert. Wenn sich ein Kind verzweifelt Liebe und Zuneigung wünscht, kann es, selbst wenn es trotzig ist, willfährig reagieren – aber mit Groll.

Wenn eine solche Person älter wird, möchte sie sich mehr und mehr den Versuchen anderer ihr Leben zu bestimmen widersetzen. Das kann zu Schwierigkeiten führen. Die automatische gefühlsmäßige Reaktion auf Verhaltensregeln ist Trotz und Widerstand. Gleichzeitig erkennt der Betreffende, daß es unangenehme Konsequenzen haben kann, sich zu widersetzen, und entschließt sich deshalb zähneknirschend, den Anweisungen zu folgen. Tief innen brennt aber der Groll und kann in bestimmten Bemerkungen aufflammen und in Sarkasmus ausarten.

Ihre Kindheitswahrnehmungen, die Sie mit ins Erwachsenenalter hinübernehmen, können Sie veranlassen, Vorschläge verzerrt wahrzunehmen und sie als Bedrohung zu interpretieren. Falls Sie bei vermeintlichen Bedrohungen trotzig werden, schaffen Sie Spannung und Streß. Sind Sie im Gegenteil willfährig, leben Sie vielleicht als Kampfhahn und sind aggressiv.

Der passive „Widersetzer"

Das am häufigsten vorkommende widerstrebende Verhaltensmuster ist jedoch das passiv-aggressive. Diese Art des Widerstands kann für den Widerstrebenden zwar sehr erfolgreich sein, für die Person, gegen die er gerichtet ist, aber sehr frustrierend. Kinder leisten passive Aggression mit Finesse. Ein Kind lernt sehr schnell, daß der passive Widerstand ein hervorragender Weg ist, um Frustration und Ärger bei einer anderen Person hervorzurufen. Dieses Verhalten wird zu einem Mittel der Manipulation. Aber dieses Verhaltensmuster ist in Wahrheit eine Form der Selbstlähmung. Ein Mensch, der in einem solchen Lebensstil gefangen ist, schöpft selten sein Potential aus. Er lebt nicht seinen Fähigkeiten gemäß.

Passiver Widerstand nimmt viele Formen an.

1. Am verbreitetsten ist *Verzögerung.* Ein Kind trödelt und bummelt vielleicht. Die Worte, die die Eltern am meisten hören, lauten: „Ja, gleich." Wenn das Kind zum zweiten Mal gerufen wird, antwortet es „Ja, ich komme schon", tatsächlich tut sich aber nichts. Wenn es das Kind lange genug hinausgezögert hat, bricht Vater oder Mutter in Ärger und Mißbilligung aus und erteilt Strafen.
2. *Vergeßlichkeit.* Manche Kinder und Erwachsene vergessen einfach, woran sie sich nicht erinnern möchten. Tatsächlich geschieht das Vergessen absichtlich, sei es nun bewußt oder unbewußt.
3. *Die Methode des „stummen" Widerstandes,* um andere auszuschalten. Die Person, die diesen Mechanismus anwendet, fühlt sich mächtig und überlegen. Wenn ein Ehegatte oder ein Elternteil eine Unterhaltung fortführen möchte, beißt er auf Granit, weil jede Resonanz fehlt.
4. *Einfach nicht zuhören.* Manche Menschen geben durch Gesichtsausdruck und Körpersprache zu erkennen, daß sie nicht zuhören. Die Gewieften erwecken den Anschein, den Sender des Ehepartners oder der Eltern eingeschaltet zu haben, aber in Wirklichkeit haben sie in ihrem Geist längst schon auf die Aus-Taste gedrückt, und sie nehmen nichts des Gesagten auf. Manche sind dabei so clever, daß sie in gewissen Abständen eine verbale Reaktion von sich geben, um das Gegenüber damit zu narren: „Hm, hm". „Ja, natürlich, Schatz." Der Körper ist zwar da, der Geist aber abwesend. Dieser Weg ist ein sehr wirksamer Widerstandsmechanismus.

5. *Vage Aussagen in der Kommunikation.* Der Mensch, der passiv Widerstand leistet, bleibt in seinen Äußerungen vage. So kann er seine eigenen Gedanken, Absichten und Gefühle für sich behalten und den anderen ausschalten.

Die Folge des Widerstandes

Zwanghaft eingeschränkte Menschen sind im Grunde genommen fremdbestimmt und haben nicht gelernt, selbständig zu leben. Wenn die Zeit kommt, daß sie auf eigenen Füßen stehen müssen, ist die Not groß. Wer leitet sie nun? Notgedrungen sie sich selbst. Aber sie reagieren dabei auf ihre eigenen Gebote *„Du sollst“* und *„Du sollst nicht“* genauso mit passivem Widerstand. Das hat sich anderen Menschen gegenüber bewährt und bewährt sich nun leider auch im Verhältnis zu sich selbst. Trödeln, Tagträumereien und Verzögerungstaktiken bestimmen ihr Leben. Je mehr Druck sie auf sich selbst ausüben, desto mehr Widerstand kommt ins Spiel. Sie sind voller Entschuldigungen, bis ein zusätzlicher Druck von außen entsteht, dem sie grollend nachgeben.

Ein mir bekannter Autor hat dieses Syndrom hervorragend beschrieben. Seine Bücher verkauften sich gut. Aber es gab so wenige Veröffentlichungen von ihm und die in so großen Abständen, daß er und seine Familie kaum davon leben konnten. Jeden Morgen ging er in sein Arbeitszimmer, um zu schreiben. Seine Absichten waren bewundernswert. Er richtete aufmunternde Worte an sich selbst und wollte bis 17.00 Uhr einen halben Artikel abgefaßt haben. Nun ordnete er seine Hilfsmittel, spitzte seinen Bleistift an, überprüfte das Farbband der Schreibmaschine, stellte sicher, daß genug Papier in Reichweite war, holte tief Luft und sagte: „So, jetzt kann es losgehen!“

In diesem Augenblick hatte er das unwiderstehliche Empfinden, er brauche zuerst eine Tasse Kaffee. Mit der Kaffeetasse in der Hand fing er an, sich zu fragen, ob er eigentlich genug Stoff für seinen Artikel hätte. Vielleicht wäre es doch besser, sich Gedanken über ein anderes Thema zu machen. Er blätterte ein paar Zeitschriften durch und suchte nach Ideen. Danach legte er die Zeitschriften beiseite und schaute aus dem Fenster – tagträumend. Als es schließlich nachmittag war, hatte er wenig geleistet. So ging es drei, vier Tage lang.

Schließlich war er am fünften Abend total frustriert und gereizt und ließ das an seiner Familie aus. An diesem Abend traf er den Vorsatz und beschloß, daß morgen alles anders wird. Er wollte die ursprüngliche Artikelidee wiederaufnehmen und nun den ganzen Artikel an einem einzigen Tag fertigstellen. Angst war die Triebkraft, denn seine Finanzlage war äußerst angespannt. Seine Frau versuchte, ihn zu ermutigen, aber er interpretierte ihr Bemühen als Druckmittel.

Passiver Widerstand kann sich auf vielen Gebieten unseres Lebens einschleichen. Auch unser Christenleben bleibt nicht davon ausgenommen. Wir können uns aufrichtig verpflichtet haben, ein konsequentes, gottergebenes Leben zu führen, doch passiver Widerstand kann unsere besten Vorsätze zunichte machen. Die Überzeugung, daß manches, was Sie tun, im Gegensatz zu Ihrem Glaubensleben steht, wird Sie zu dem Vorsatz drängen, den Lehren des Wortes Gottes wirklich zu gehorchen. Aber wie bei allen anderen Bereichen Ihres Lebens werden Sie auch Gottes Geboten Widerstand entgegensetzen; denn letztlich betrachten Sie Gott und sein Wort wie jede andere Instanz und Autorität.

Auch die Ehen leiden darunter. Stellen wir uns einen durch Autoritätspersonen in seiner Vergangenheit übermäßig bevormundeten Mann vor. Er heiratet eine Frau, die nicht der Typ ist zu bevormunden. Allerdings bringt sie wie alle bestimmte Erwartungen im Blick auf normale, alltägliche Aufgabenteilung in die Ehe mit. Der Ehemann widersteht nun diesen gerechtfertigten Erwartungen seiner Frau durch Verzögerungstaktik, Vergessen und Vernachlässigung. Was passiert mit der Zeit? Die Ehefrau, die nie Druck ausüben wollte, wird durch den Mangel an Engagement von seiten ihres Mannes in diese Rolle gedrängt. Jetzt hat der passiv widerstrebende und widerstehende Ehemann eine reale Person, der er sich widersetzen kann. Sein Verhalten hat „neue Eltern hervorgebracht!“ Die ursprünglich ruhige Frau wird gereizt und laut, ausgelöst durch das andauernd nachlässige und unbotmäßige Verhalten ihres Mannes. Er haßt ihre Reaktion ihm gegenüber, und ein kalter Krieg beginnt.

Ein Weg, seinem Ehepartner gegenüber passiven Widerstand zu leisten, besteht darin, sich übermäßig in seinem Beruf, seinen Hobbys oder Vereinen zu engagieren. Die übermäßige Abwesenheit von zu Hause ist nicht nur eine Form des Widerstands, sondern dient auch als Strafe und Rache.

Die Entdeckung, daß man selbst ein Widerstand leistender Mensch ist, kann schockierend sein. So hat man es noch nie betrachtet, daß man in seinem ganzen Benehmen einem bestimmten Muster folgt. Nicht jeder, der diese Merkmale aufweist, hat zwanghaft einschränkende Eltern gehabt. Das Raster kann sich auch später im Leben entwickelt haben, durch Kontakte mit anderen Menschen. Aber eine Person, die das ganze Leben schlechthin als einen großen, zwanghaft einschränkenden Riesen betrachtet, wurde in ihrer Kindheit übermäßigen Zwängen ausgesetzt und litt unter den darausfolgenden Folgen. Diese Menschen widersetzen sich danach sogar normalen, alltäglichen Sitten und Funktionen! Wenn man von ihnen erwartet, pünktlich zur Arbeit zu kommen, zu einer bestimmten Zeit zu essen, zu kochen, zu heiraten, höflich zu sein, Verantwortung zu übernehmen, widersetzen sie sich fortwährend, und daraus können große Probleme erwachsen.

Kann sich ein Widerstand leistender Mensch ändern?

Gibt es einen Weg, aus diesem Gefängnis des Widerstands herauszukommen? Ja, aber es erfordert Arbeit, weil eine solche Person eine neue Verhaltensweise und Reaktion auf das Leben entwickeln muß.

Der erste Schritt besteht darin, die Anweisungen oder Gebote zu identifizieren, denen man sich widersetzt. Welche sind es? Wer stellt sie wirklich? Kommen diese Gebote tatsächlich von Ihrem Ehepartner, Ihren Freunden, Ihrem Vorgesetzten oder projizieren Sie Ihre eigenen Reaktionen gegen die Gebote in diese Menschen hinein?

Wie kommen Sie auf die Idee, daß Ihr Leben von anderen bestimmt wird, wenn Sie den Geboten oder Vorschlägen einer anderen Person folgen? Haben Sie schon einmal über die Tatsache nachgedacht, daß Sie absolut souverän bleiben, auch wenn Sie sich auf den anderen einlassen. Sie waren wahrscheinlich der Meinung, daß Widerstand der einzige Weg ist, Ihr Leben selbst zu bestimmen. Sie haben sich geirrt! Wenn Sie zu einem Vorschlag oder zu einem Gebot ja sagen, bleiben sie trotzdem am Schalthebel. Sie entscheiden: *Ja, Ich werde diesem Vorschlag oder dieser Wegweisung folgen. Ich selbst habe mich dafür entschieden. Ich habe mich damit nicht unter die Kontrolle eines anderen Menschen begeben. Ich bin und bleibe trotzdem mein eigener Herr!* Vielleicht ist diese Denkweise für Sie fremd, aber denken Sie darüber nach.

Etwas anderes, was zu bedenken ist, ist die Frage, was Sie durch Ihren Widerstand bisher erreicht haben. Hilft er Ihnen wirklich, das zu erreichen, was Sie sich im Leben wünschen? Ist er den Mangel an Produktivität und alle Kämpfe und Streitereien wert? Könnte es keinen besseren Weg zu leben geben? Kein Zweifel, Ihr gewohntes Verhaltensmuster ist für Sie sehr bequem geworden. Es ist automatisch, und es wird Mühe erfordern, auszubrechen. Aber glauben Sie mir, Sie werden ein viel besseres Gefühl haben, wenn Sie auf eine Änderung hinarbeiten.

Noch etwas ist zu bedenken. Sie möchten um jeden Preis selbst kontrollieren. Wie ist es aber, wenn Sie es als Erwachsener zulassen, daß Sie von einem rebellischen widerstrebenden Kind in Ihrem Innern kommandiert und beherrscht werden? Dieses Kind reagiert immer noch auf die Direktiven Ihrer Eltern oder anderer Menschen. Sie hören noch heute deren Stimmen und Gebote, wann immer Sie versuchen, sich selbst zu motivieren. Sie sitzen überhaupt nicht am Schalthebel, sondern Sie widerstehen sich selbst!

Warum bedienen Sie sich nicht Ihrer Fähigkeit, sich darüber hinwegzusetzen, und sagen einfach: „Ja, ich möchte diesem Auftrag widerstehen, aber diese Sache ist etwas, was getan werden muß. Ich kann mich dafür entscheiden, es zu tun, und ich weiß, ich werde mich besser fühlen, wenn ich dies entschieden habe. Genau in diesem Augenblick will ich innehalten und beten und Gott bitten, daß er mir hilft, meine widerstrebenden Verhaltensweisen aufzugeben und einen positiven Schritt zu tun!“ Es ist möglich, das zu verwirklichen und darauf hinzuarbeiten, eine reifere Persönlichkeit zu werden.

Ein Teil Ihres Widerstands richtet sich wahrscheinlich gegen all das, was mit *müssen* zusammenhängt. Warum nicht dieses *müssen* gegen *möchten* eintauschen? Viele der Dinge, gegen die Sie sich auflehnen, sind wahrscheinlich solche, die Sie grundsätzlich tun möchten (oder zumindest um deren Notwendigkeit wissen), wenn nicht irgend jemand Ihnen gesagt hätte, daß Sie sie tun *müssen.*

Ein guter Weg, um das zu erreichen, wäre, die nachstehende Liste zu vervollständigen. Das heißt, nur wenn Sie das *möchten...* Listen Sie aus ihrer Vergangenheit und Gegenwart soviel wie möglich auf, was für Sie ein *Müssen* ist. Schreiben Sie es auf die linke Seite dieser Liste. Kennzeichnen Sie die Punkte mit einem Sternchen, die für Sie ein dauerndes Problem sind. In der rechten Spalte beantworten Sie die Frage: „Warum widersetze ich mich dem?“

Ich muß	*Warum widersetze ich mich dem?*

Abbildung 4

Nehmen Sie jetzt die Liste mit den Punkten, die unter *müssen* stehen und schreiben Sie sie neu in Form von *möchten.* Auf der rechten Seite der Tabelle beschreiben Sie, was jeder einzelne Punkt in Ihrem Leben ausrichten wird.

Ich möchte	*Dadurch erreiche ich…*

Abbildung 5

Eine andere Lösung, um Ihrem Raster des Widerstands zu entfliehen, ist das Umschalten auf eine assertorische Lebensweise – eine positiv behauptende also. Diese Lebensweise ist weder passiv noch aggressiv. Sie wird durch Fürsorge für sich selbst und andere motiviert. Die assertorische Lebensweise wird nicht zu dem Zweck angewandt, zu bekommen, was man möchte, sondern um frei und selbstbestimmt zu leben. Wenn Sie auf diese Weise leben, nehmen weder Sie noch andere daran Schaden.

Diese positiv-assertorische Lebensweise fängt in Ihrem Geist an – in Ihren Gedanken und in Ihrem Selbstgespräch. Immer, wenn Sie bei sich selbst sagen *ich muß* oder *die anderen erwarten das von mir,* beginnen Sie wahrscheinlich, sich zu widersetzen. Sie denken vielleicht tatsächlich, *das wollen die anderen von mir* oder *das erwarten Sie,* obwohl es in Wirklichkeit gar nicht so ist. Es kann sein, daß Sie ultrasensitive Fühler entwickelt haben, die Konflikte und Verzerrungen orten. In manchen Fällen können andere tatsächlich wollen, daß Sie in bestimmter Weise reagieren. Doch durchleuchten Sie einmal Ihr Selbstgespräch! Positiv-assertorische Lebensweise fängt damit an, daß Sie Ihren Geist von Verdrehungen und widerstrebenden Gedanken reinigen.

Schreiben Sie auf einem Stück Papier jeden einzelnen Menschen aus Ihrem Leben auf, dem Sie widerstanden haben und dem Sie jetzt noch widerstehen. Was haben diese Personen getan? Beschreiben Sie genau, wie Sie der Person widerstehen, was dadurch bewirkt wird und was Sie angesichts der Ergebnisse empfinden. Was erwarten Sie von der anderen Person, wenn Sie ihr widerstehen?

Was befürchten Sie, wenn Sie auf die Bitte der betreffenden Person eingehen würden? Was würde geschehen, wenn Sie wohlwollend reagierten? Haben Sie diese Menschen, denen Sie widerstehen, schon einmal gefragt, ob sie wissen, weshalb und warum Sie ihnen widerstehen? Was würde geschehen, wenn die Menschen, die eine Aufforderung an Sie richten, sie mit den Worten einleiten würden: „Wenn Du Dich dieser Aufforderung widersetzt oder sie ignorierst, dann ist das in Ordnung!" Wenn Sie einen Menschen haben, der genauso unter Ihrem Widerstand leidet wie Sie selbst, sagen Sie ihm doch, daß er zwar weiterhin seine Anforderungen an Sie stellen darf, Ihnen aber das Recht einräumen soll, auch nein zu sagen. Vielleicht würden Sie über Ihre Reaktion überrascht sein.

Jetzt identifizieren Sie sich mit einer Person, der Sie widerstehen, und zwar in der Weise, daß Sie sich hineinversetzen in das, was für den anderen an Ihnen irritierend und frustrierend ist. Arbeiten Sie heraus, warum Sie widerstehen. Schreiben Sie drei Punkte auf, über die Sie sich gern verbal mit dieser Person austauschen möchten. Ihre Liste sollte nicht nur das aufzeigen, was Sie *nicht* tun wollen, sondern auch das, was Sie zu tun *bereit* sind. Bieten Sie positive Alternativen in angenehmer Form an, und Sie werden höchstwahrscheinlich auf eine annehmbare Reaktion stoßen. Immerhin haben Sie gar nicht viel zu verlieren, oder?

Vielleicht wollen die Menschen, von denen Sie denken, daß sie über Sie bestimmen, nur versuchen, Sie zu ermutigen und anzuspornen, in Ihrem Leben zu reifen. Was würde geschehen, wenn Sie Ihre vermeintlichen Gegner einmal in diesem Licht betrachteten. Wir alle brauchen von Zeit zu Zeit Vorschläge, Hilfe, Ermutigung, Beistand und Weiterführung. Schauen Sie sich die nachfolgenden Aussagen aus der Bibel als positive Vorschläge und nicht als einengende Begrenzungen an:

- „Das Ohr, das da hört auf heilsame Weisung, wird unter den Weisen wohnen“ (Sprüche 15,31).
- „Wer Zucht verwirft, der macht sich selbst zunichte; wer sich aber etwas sagen läßt, der wird klug“ (Sprüche 15,32).
- „Das Herz freut sich an Salbe und Räucherwerk, und süß ist der Freund, der wohlgemeinten Rat gibt“ (Sprüche 27,9).

Vers für Vers spricht das Buch der Sprüche über die Quelle der Weisheit und Leitung für das Leben, wie man mit Rat und Kritik umgehen soll, und über die Qualitäten der Freundschaft und Beziehungen untereinander. Lesen Sie dieses Buch. Denken Sie darüber nach. Wenden Sie es an. Setzen Sie es in Ihrem Leben um. Es wird Ihnen helfen, den negativen Verhaltensmustern zu widerstehen, die Sie gefangengenommen haben. Sie brauchen es nicht zuzulassen, daß der Einfluß übermäßig und zwanghaft einschränkender Eltern oder anderer in Ihrem Leben wichtigen Personen aus der Vergangenheit Ihnen den Frieden raubt, den der Herr Jesus Ihnen versprochen hat.

9

Überwindung übermäßiger Verwöhnung

„Ich bin jetzt seit einiger Zeit Christ, aber ich verstehe einfach nicht, daß ich immer noch gelangweilt und ruhelos bin. Ich habe anscheinend nicht den Frieden und die Zufriedenheit, von denen andere Christen sprechen. Ich möchte etwas in Gang setzen, aber der Schwung ist einfach nicht da. Das Leben hält etwas von mir fern, dessen ich einfach nicht habhaft werde. Ich habe das Empfinden, nur wie ein Zuschauer durchs Leben zu gehen und den Schauspielern unbeteiligt zuzuschauen. Manchmal fühle ich mich gelähmt und unfähig, mich zu engagieren. Aber gleichzeitig bin ich so ruhelos. Was stimmt bei mir nicht?"

Ein Hilfeschrei wie dieser ist immer wieder in Beratungszimmern von Therapeuten zu hören. Es gibt viele gelangweilte, ruhelose Menschen in unserer Welt. Wer sind sie? Warum empfinden sie so? Die Person, die diese Gefühle preisgegeben hat, war höchstwahrscheinlich ein übermäßig verwöhntes Kind. Die Eltern eines übermäßig verwöhnten Kindes haben in seiner Kindheit vorausgedacht, was es sich nach ihren Vorstellungen wünscht und braucht, und sie gaben es ihm. Sie haben nicht gewartet, bis das Kind darum gebeten hat, sondern haben es mit allem, was es sich hätte wünschen können, versorgt, noch ehe es je darum hätte bitten können. Oft meinen Eltern, daß der beste Weg, ihren Kindern ihre Liebe zu zeigen, darin besteht, sie mit Wohltaten zu überschütten. Daraus erfolgt, daß das Kind statt seine Wünsche und Bedürfnisse zu äußern, sehr passiv wird und darauf wartet, umsorgt zu werden. Es wird auch gelangweilt und uninteressiert, weil die Fürsorge so überwältigend ist. Die Eltern, die erwarten, daß das Kind dank dieser Fürsorge zufrieden ist, werden beunruhigt wegen seines Interessenmangels. Deshalb geben sie dem Kind noch mehr, und der Kreislauf wird noch schlimmer.

Übermäßige Verwöhnung ist sehr schädlich, weil dem Kind die Gelegenheit versagt wird, zu lernen, Befriedigung aufgrund eigener Bemühungen zu erlangen. Sein Wachstum wird gehemmt, weil das Kind in einem abhängigen und passiven Zustand gehalten wird. Es entwickelt die Ansicht, daß das Leben ein großer Weihnachtsmann ist, der ihm alles besorgt, was er braucht. Bald lehnt das Kind jeden ab, der sich nicht so verhält und seine Wünsche befriedigt. Das Kind wird frustriert, weil es nicht weiß, wie es sich allein beschäftigen oder für sich selbst sorgen soll.

Ein übermäßig verwöhnter Mensch erfährt keine echte Freude. Vielmehr neigt er dazu, sich statt dessen auf negative oder unbefriedigende Erlebnisse zu konzentrieren. Wenn auch 80% eines Erlebnisses als erfreulich beurteilt werden können, so konzentriert sich diese Person auf die verbleibenden 20% des Nicht-so-Erfreulichen. Dieser Mensch wird auf seiner Suche nach Befriedigung zwangsläufig unersättlich. Das passiv-abhängige Kind entwickelt sich zu einem Erwachsenen, der von anderen erwartet, daß sie ihn umsorgen. Unbewußt hat dieser Mensch ein Raster des ununterbrochenen Begehrens aufgebaut, das zu Unzufriedenheit, Gier und Egoismus führt. Selbst der Erfolg kann ihn nicht befriedigen.

Ein Zeichen der Reife ist die Fähigkeit, sich selbst erfreuen und daraus Befriedigung schöpfen zu können, aber auch diese Freude zu erleben, wenn sie uns durch andere zuteil wird. Die übermäßig verwöhnte Person aber ist nicht fähig, sich selbst zu erfreuen. Manche Menschen werden so hilflos (und zählen darauf), daß man sich fragt, ob sie nicht verhungern würden, wenn man sie sich selbst überließe.

Die Angst, allein gelassen zu werden, ist die oberste Instanz bei einer übermäßig verwöhnten Person. Manche haben panische Angst, eine regelrechte Phobie vor dem Alleinsein. Weil ihre Abhängigkeit aber die Neigung zur Unersättlichkeit hat, vertreiben sie die sie umsorgenden Menschen nach einer Weile. Es ist schwierig, den Wunsch, jemandem zu helfen, aufrechtzuerhalten, wenn der Betreffende nicht befriedigt ist.

Ein solcher Mensch denkt wahrscheinlich bewußt oder unbewußt: *Warum soll ich dies oder jenes eigentlich selbst erledigen, wenn ich jemand finde, der das für mich tun kann?* Die angeeignete Abhängigkeit hält diesen Menschen davon ab, sein Potential zu entwickeln. Auch Kommunikation und gegenseitiger Austausch ist kaum möglich. Dieser Mensch besitzt eine ungewöhnliche Fähigkeit, Beziehungen zu vergiften und andere dafür verantwortlich zu machen. Seine emotionale Isolation ist eine Folge seines Verhaltens, aber er wird diese Tatsache weder erkennen noch zugeben.

Wenn die verwöhnte Person gezwungen wird, für sich selbst zu sorgen, wird sie ängstlich und besorgt. Wenn ihr daraufhin eine gewisse Aufmerksamkeit zuteil wird, schwindet das Interesse, sich selbst zu versorgen, doch bald wieder, weil sie ist nur dann zufrieden, wenn sie viel Aufmerksamkeit erhält.

Übermäßig verwöhnte Menschen, die gläubig sind, neigen dazu, ihr Lebensmuster auch auf ihr Glaubensleben zu übertragen. Sie erwarten, daß Gott fortwährend Segen und Wohltaten gibt. Sie halten vielleicht auch nach einer Gemeinde Ausschau, die ein besonderes Schwergewicht darauf legt, was Gott seinen Kindern alles mit Freuden geben möchte. Sie brauchen sich nur zurückzulehnen und erwartungsvoll auf Gottes Segen zu warten. Sie wollen keine Unterweisung und Lehre, keine Betonung christlicher Taten und Werke, kein Appell zum Engagement des Gläubigen für diese Welt und zum Umsetzen des Evangeliums in ihrem Leben.

Warum verwöhnen Eltern ihre Kinder übermäßig?

Sind Sie ein Elternteil, der dazu neigt, Ihr Kind übermäßig zu verwöhnen? Oder waren Sie selbst ein übermäßig verwöhntes Kind? Warum verhalten sich manche Eltern so? Dafür gibt es verschiedene Gründe.

Ihr Kind übermäßig zu verwöhnen kann für Eltern eine Möglichkeit sein, *eigene Bedürfnisse zu befriedigen.* Manche Erwachsene haben das drängende Bedürfnis, Liebe zu schenken und andere „zu bemuttern". Dazu kann auch gehören, daß man sein Kind vor den normalen Auseinandersetzungen des Lebens schützt, die eigentlich für die Entwicklung nötig sind. Marlies, eine Mutter in den mittleren Jahren, kam mit ihren zwei Kindern zur Beratung. Die beiden Kinder schienen gut erzogen, aber unglücklich zu sein. Nachdem ich eine Weile Marlies Verhalten mit ihren Kindern beobachtet hatte, war mir bald klar warum! Sie sagte ihnen pausenlos, was sie zu tun hätten, wo sie sich hinsetzen sollten, wann und wie sie sich die Nase putzen sollten, ob und wann sie durstig waren. Wenn ich den Kindern Fragen stellte, sprang Marlies sofort ein und half bei der Antwort. Bei alldem ließ sie ihren Stolz darüber durchblicken, was für eine gute und kompetente Mutter sie doch für ihre Kinder ist.

Übermäßige Verwöhnung kann für manche *ein Lebensstil* sein. Manche Eltern sind so wohlhabend, daß es für sie überhaupt kein Problem ist, mehr und mehr zu geben. Sie verwöhnen sich selbst, die anderen Familienmitglieder ebenso und konkurrieren auf diese Weise mit anderen wohlhabenden Freunden.

Georg verbrachte niemals Zeit mit seinem einzigen Sohn. Er war beruflich zu beschäftigt. Sein Sohn entbehrte niemals etwas. Er hatte nicht nur *ein* Fahrrad – er hatte drei, und alle waren die teuersten Modelle. Georg brüstete sich vor seinen Freunden damit, wie gut er seinen Sohn „behandelte". Manchmal wunderte sich Georg allerdings, warum sein Sohn nicht so dankbar war, wie er es eigentlich gehofft hatte.

Manche Eltern verwöhnen ihre Kinder aufgrund von *Schuldgefühlen.* Die auf den Eltern lastende Schuld veranlaßt diese, ihr Kind entweder zu mißhandeln oder zu verziehen. Die Schuld kann verschiedene Ursachen haben: Mißhandlung des Kindes oder die schlechte eigene Vergangenheit oder eine unbefriedigende eheliche Beziehung. Das Kind bietet nun die Möglichkeit, diese Schuldgefühle zu erleichtern, indem es übermäßig verwöhnt wird.

Denise war wütend, als sie zu mir kam. „Dieses Kind treibt mich noch in den Wahnsinn. Sie will dies und das. Ich kann ihr nie genug geben."

Ich fragte sie: „Was passiert, wenn Sie einmal *nein* sagen?"

„Ich versuche es, aber ich kann nicht. Die Schuld überwältigt mich. Ich möchte, daß sie glücklich ist und daß sie all das hat, was ich selbst nie hatte, aber es klappt nicht." Schuld als Motivation gräbt den Graben immer tiefer.

Eine große Gruppe der übermäßig verwöhnenden Eltern bilden jedoch diejenigen, die selbst in ihrer Kindheit Entzug und Mangel erlebt haben. Immer und immer wieder habe ich Eltern sagen hören: „Mein Kind soll sich nicht so durchs Leben quälen müssen wie ich. Ich will es ihm leichter machen."

In Wirklichkeit leben solche Eltern noch einmal ihr eigenes Leben durch ihr Kind. Sie entschädigen sich sozusagen selbst für den Mangel ihrer Kindheit, indem sie diese nun durch ihr Kind leben. Viele dieser Eltern sind blind für die Auswirkungen, die dieses Verhalten auf ihr Kind hat. Sie reagieren auf die von ihrem Kind geäußerte Langeweile und Lustlosigkeit, indem sie ihm noch mehr geben. Manche Eltern ärgern sich über die geringe Resonanz von seiten des Kindes und halten es für undankbar, trotzdem bleibt aber das Muster des Gebens bestehen.

Folgen übermäßiger Verwöhnung

Wie wirkt sich dieses Verwöhntsein auf eine Person aus? Betrachten wir einige Merkmale näher. *Gedankenlesen* ist ein häufiges Problem bei verheirateten Paaren, die ich berate. Eine Frau hat das so ausgedrückt: „Warum muß ich meinem Mann sagen, was meine Bedürfnisse sind? Wir sind jetzt elf Jahre verheiratet, und man sollte meinen, daß er es jetzt so allmählich selbst weiß. Er sollte fähig sein zu erahnen, was ich möchte! Wenn man einem Menschen erst sagen muß, was man möchte, nimmt es die Romantik und den Reiz einer Beziehung. Er sollte es doch eigentlich selbst herausfinden!"

Aussagen wie diese sind weit verbreitet – und frustrierend! Ein übermäßig verwöhnter Mensch hat ein viel größeres Bedürfnis danach, daß andere „seine Gedanken lesen", als es allgemein zu beobachten ist. Immerhin haben die Eltern des Verwöhnten alle seine Gedanken gelesen. Er brauchte nicht erst zu fragen und zu bitten, weil die Eltern auf jede Laune eingegangen sind. Warum sollte das jetzt anders sein? „Lies meine Gedanken, sieh voraus, was ich mir wünsche, und versorge mich“ wird zum Lebensmotto solcher Menschen in ihrer Ehe, am Arbeitsplatz, in allen menschlichen Beziehungen.

Wenn ich von einem anderen Menschen erwarte, daß er „meine Gedanken liest“, setze ich ihn in vielerlei Hinsicht unter Druck. Zum ersten ist es einfach unmöglich, die Gedanken einer anderen Person zu lesen, egal, wie lange man sie schon kennt. Wie kann man also erreichen, was unmöglich ist? Und selbst, wenn man es versucht, bleibt es reine Schätzung. Die Absichten mögen lobenswert sein, aber die Ergebnisse können verheerend sein. Sie versuchen vielleicht zu raten, was Ihr Mann zu Abend essen möchte, und bereiten ein phantastisches Gericht zu. Sie sind am Boden zerstört, wenn seine Reaktion darauf ist:„Du hättest eigentlich wissen müssen, daß ich heute abend Appetit auf Schweinebraten habe und nicht auf dieses Zeug hier!“

Das Leben eines übermäßig Verwöhnten ist voller *Du solltest eigentlich* immer an die Adresse anderer Menschen gerichtet. „Du solltest eigentlich wissen, daß ich mir dies oder jenes gewünscht habe!“ Und wenn es Ihnen mißlingt, seine Gedanken zu lesen, hat er das Gefühl, daß Sie ihn nicht mehr lieben, weil Sie seine Bedürfnisse nicht so befriedigen, wie es seine Eltern getan haben.

Ein anderes Merkmal für einen übermäßig verwöhnten Menschen ist *seine Unfähigkeit, anderen ein gutes Gefühl zu vermitteln.* Dieser Mensch ist vielmehr Meister darin, anderen das Gefühl zu geben, daß sie ihm etwas schuldig bleiben. Wenn man nicht in der gewünschten Weise reagiert, hat der übermäßig Verwöhnte viele Wege, um das Gefühl der Selbstsüchtigkeit oder Wertlosigkeit zu vermitteln. Ein übermäßig verwöhnter Vater kann z.B. seinem erwachsenen Sohn dafür danken, daß er ihn besucht hat, aber im gleichen Atemzug noch hinzufügen, daß er aber nicht so oft komme, wie man es eigentlich erwarten könne.

In einer ehelichen Beziehung *hört* die übermäßig verwöhnte Person oft *nicht zu.* Der Ehepartner wird versuchen, seinen Standpunkt darzulegen, aber aus irgendeinem Grund kommt er nicht durch. So geschieht es, daß manche verheirateten Paare dasselbe Thema über Jahre abhandeln, ohne zu Lösungen zu kommen.

Wenn Ihr Ehepartner *ständig unzufrieden* ist, leben Sie vielleicht mit einer übermäßig verwöhnten Person zusammen, weil solche Menschen oft nicht lange glücklich bleiben können. Sie jammern, wenn ihre Bedürfnisse nicht befriedigt werden. Vielleicht werden Sie fortwährend für das Unglücklichsein Ihres Ehepartners verantwortlich gemacht. Und falls Sie nicht in allem nachgeben, müssen Sie vielleicht feststellen, daß Ihr Partner sich gegen Sie wendet. Das kann für Sie ein Schock sein. Manchmal geht es sogar so weit, daß Ihr Ehepartner anderswo Befriedigung sucht und Sie dafür verantwortlich macht.

Die übermäßig verwöhnte Person ist sehr fordernd, aber oft nur passiv. Sie lebt mit Hunderten von versteckten Erwartungen und sobald andere Menschen ihre Gedanken nicht lesen können, stempelt sie diese als lieblos und gefühllos ab. Was für eine gemeine Art, eine Beziehung zu verkrüppeln. Man bürdet Ihnen Forderungen auf, von denen Sie nicht einmal wissen, wie sie aussehen. Ernsthafte negative Konsequenzen ergeben sich, wenn derartige Forderungen auf einen Ehepartner gelegt werden. Dr. Joseph Maxwell beschreibt sie so:

„Die meisten von uns sind sich der Forderungen, die wir an unseren Partner im Blick auf gewisse Eigenschaften oder Verhaltensweisen stellen, nicht bewußt. Bewußt ist uns das Gefühl von Ärger oder Verdruß, das wir empfinden, wenn wir mit unseren Forderungen nicht durchkommen. Dieses Gefühl ist so stark, so unabdingbar, dem Anschein nach so autonom, daß wir meinen, es sei nicht nur gerechtfertigt, sondern unvermeidlich. Wir nehmen an, daß das Gefühl durch das Versagen unseres Ehepartners hervorgerufen wurde – und nicht durch unsere Forderung. Das passiert, weil wir uns zwar des Versagens bewußt sind, uns aber die Forderung, die das Versagen als einen schlimmen Vorfall kennzeichnet, weithin unbewußt bleibt.

Forderungen bilden eine schreckliche Barriere für eheliches Wachstum, weil die fordernde Person wahrscheinlich die meiste Zeit und Energie darauf verwendet, sich selbst zu bedauern oder sich Schreckensbilder vor Augen zu stellen. Nur wenig kreative

Energie wird dafür verwandt, um die eheliche Beziehung weiterzuentwickeln. Da jedes Verhalten von seiten des einen Ehegatten notwendigerweise eine Reaktion beim Partner hervorruft, beeinflußt das Verhalten eines fordernden Wesens für gewöhnlich die Handlungsweise und die Gefühle des anderen entscheidend. In den meisten Fällen reagiert ein Partner gleichermaßen negativ, wenn der andere sich negativ verhält. Dadurch kommt es zu einem endlosen Kreislauf von Forderungen, die aber nur weiter wegführen von Wachstum und Entwicklung der Beziehung.

Wenn nur ein Ehepartner bereit ist, seine Forderungen aufzugeben, kann das schon Wunder bewirken, den Kreislauf stoppen und die Dinge sogar so umwandeln, daß die Ehe gestärkt wird."[1]

Es ist einfach nicht möglich, daß ein Mensch weiß, was der andere sich wünscht. Die Annahme, daß man verdient hat, was man sich mit oder ohne ausdrücklichem Bitten wünscht, ist ein archaisches Gefühl aus der Vergangenheit, wodurch das Leben verkümmert und verdorrt. Die infantilen Phantasien, die nie aufgearbeitet wurden, stellen die größten Hindernisse auf dem Weg zur Entwicklung einer gesunden und positiven Beziehung dar. Wenn Sie jedoch eine „Eltern-Kind-Ehe" begehren und Ihre Bedürfnisse dadurch befriedigen, daß Sie Ihren Partner übermäßig verwöhnen, sind Sie vielleicht zufrieden; aber Ihre Beziehung ist keine gesunde und ausgeglichene Ehe.

Mit der Zeit bekommt der Ehepartner, dem so viele subtile und unausgesprochene Forderungen auferlegt werden, wahrscheinlich das Gefühl, das behindere die eheliche Beziehung. Er wird es leid, immer nur der Gebende und nie der Nehmende zu sein.

Formen von Verwöhnung

Es ist wichtig zu erkennen, daß wir uns alle dann und wann selbst verwöhnen und daß dies nicht unbedingt etwas mit unserer Kindheit zu tun haben muß. Wir möchten uns vielleicht selbst besser behandeln, als wir als Kind behandelt worden sind, weil wir in unserer Kindheit Zeiten erlebten, in denen wir einen Mangel durchlitten. Oder wir haben vielleicht als Erwachsene eine starke Neigung für irgendein Hobby oder für ein bestimmtes Interessengebiet entwickelt, und das ist in gewisser Weise zu unserer „Schwäche" geworden. Wir erleben reale Befriedigung, wenn wir diesen Interessen nachgehen.

Ein wirklich übermäßig verwöhnter Mensch dagegen fühlt sich total beraubt, kann aber keinen Zeitpunkt und keinen Bereich in seiner Vergangenheit benennen, wo er irgend etwas entbehrt hat. Nichts, was er tut, ist für ihn befriedigend. Er ist fest der Meinung, daß die anderen es ihm schuldig sind, ihn zu umsorgen, und daß dies ohne Mühe und Einsatz seinerseits zu geschehen hat. Wir bezeichnen solche Menschen oft als „eigennützig" oder stärker noch „verdorben" – harte Worte, aber es ist schon etwas Wahres daran.

Dr. Hugh Missildine beschreibt einige der gebräuchlichsten Formen, die die Verwöhnung annehmen kann.

1. *Alkohol.* Wenn ein Mensch sich gelangweilt und einsam fühlt, ist es verführerisch, sich der Wirkungen des Alkohols zu bedienen, um diese unangenehmen Gefühle loszuwerden. Aber hier entsteht eine Abhängigkeit, die sehr bald zu persönlichen und zwischenmenschlichen Schwierigkeiten führen wird.
2. *Der Umgang mit Geld.* Ein Kind wächst auf und lernt nicht, wie es mit Geld umgehen muß, weiß vielleicht nicht einmal um seinen Wert. Später kauft es dann alles und jedes. Für einen Augenblick macht es das Gekaufte glücklich, aber dieses Glück schwindet schnell, und es ist wieder gelangweilt. So gibt es nur die Lösung, mehr zu kaufen. Wenn kein Bargeld mehr da ist, warum sich nicht der viel raffinierteren, aber gefährlichen Zahlungsmittel wie Kreditkarten bedienen? Das Gefühl der Unzufriedenheit schwindet jedoch nicht. Wenn ein solcher Mensch dazu noch eine unzureichende Ausbildung hat oder sich im Beruf nicht bewährt, sind seine wirtschaftlichen Mittel überdies begrenzt. Weil aber die Unzufriedenheit allgegenwärtig bleibt und er immer weiter kauft und sich sogar verschuldet, wird er langsam bitter gegen eine Gesellschaft, die ihm seine Launen vermiest.

3. *Kleidung* scheint eine Lieblingsform der Selbstverwöhnung zu sein, bei Frauen stärker als bei Männern. Diese Spielart der Verwöhnung bleibt nicht auf die Kleidungsstücke begrenzt, sondern erstreckt sich auch auf Accessoires und Schmuck. Das Mäntelchen, das dieser Kaufsucht umgehängt wird, ist einleuchtend: „Wer möchte schon gern 'altmodisch' gekleidet sein?" Und deshalb werden Dauerkäufe getätigt. Aber die Freude an allen neuerstandenen Schätzen ist jeweils schnell wieder erloschen.
4. *Nahrung.* Die Gründe für übermäßiges Essen sind zu vielfältig, als daß sie hier aufgelistet werden könnten. Aber Verwöhnung gehört auf alle Fälle dazu. Manche Kinder mögen auf sonst keinem Gebiet verwöhnt worden sein, außer beim Essen. Sie haben für bestimmte Speisen eine große Abneigung entwickelt. Diese Vorlieben werden mit ins Erwachsenenalter hinübergenommen. Das Essen dient dann als eine hervorragende Möglichkeit, sich besser zu fühlen, gerade wenn man niedergeschlagen ist.

Auch die Ehe bekommt eine Menge Niederschlag aus dem Raster „Verwöhnung" ab. Ein übermäßig verwöhnter Ehemann, der beispielsweise *unfähig ist, die Initiative zu ergreifen,* hat Schwierigkeiten, eine tiefe, intime Beziehung zu seiner Frau zu entwickeln. Alle seine mitmenschlichen Beziehungen, einschließlich der zu seiner Frau, sind flach. Er läßt sie immer die Last tragen. Der Grund für sein Unglücklichsein liegt immer „dort draußen", weil er nicht erkennt, daß die eigentliche Ursache in ihm begründet liegt. Es erfolgt eine Schuldzuweisung nach der anderen. So driftet das Paar immer weiter auseinander. Wahrscheinlich war das Leben als Single eine Enttäuschung – und die Ehe ist es genauso. So bietet sich nun die Scheidung an. Doch die Suche nach dem Glück bleibt. Die Verzärtelten suchen einen schwer faßbaren Versorger, der in Wirklichkeit ein Phantom ist, das sie durch ihre unaufhörlichen Bedürfnisse geschaffen haben. Ihre Ehe hat nicht geklappt. Plötzlich finden sie jedoch „eine sprudelnde Quelle von immenser Tiefe", und sie entschließen sich, wieder zu heiraten, aber wieder in der „Unterhalte-mich-Haltung".

Passive und übermäßig verwöhnte Personen lernen sehr bald, daß sie, um zu überleben, Verhaltensweisen entwickeln müssen, die ihnen das verschaffen, was sie sich wünschen. Sie entwickeln ein großes Geschick darin, auf Menschen bedürftig zu wirken, so daß diese ermutigt werden, ihre Wünsche zu erfüllen. Manche werden Meister darin, die Sympathie der anderen auf die Dinge zu lenken, an denen es ihnen mangelt. Anders als ein echter Hochstapler können sie das Erreichte nicht zu ihrem wirklichen Vorteil verwerten. Hochstapler bearbeiten die anderen auf clevere Weise, um das zu bekommen, was sie wollen, indem sie gewöhnlich ein großes Interesse und eine starke Fürsorge vortäuschen. Der übermäßig Verwöhnte dagegen zeigt keinerlei Interesse oder Fürsorge für die, die um ihn sind. Selbst diejenigen, die er aufrichtig schätzt, werden es mit der Zeit leid, daß man ständig nur von ihnen erwartet, daß sie die Gebenden sind. Denn je mehr sie dem übermäßig Verwöhnten geben, desto passiver wird er. Schließlich schiebt er auch die beiseite, die ihm das geben, war er möchte!

Sind Sie das Opfer eines übermäßig verwöhnten Kindes?

Wie können Sie wissen, ob ein übermäßig verwöhntes Kind aus der Vergangenheit noch immer Ihr Leben bestimmt? Zweifellos ist das der Fall, wenn Sie folgendes unterschreiben können: „Andere sollten die Initiative ergreifen und für mich sorgen, ohne daß ich mich in irgendeiner Weise beteiligen muß. Ich brauche ihnen auch nicht zu sagen, was ich benötige und möchte. Ich habe keine Verantwortlichkeiten, die Bedürfnisse anderer zu befriedigen oder menschlisches Interesse für andere zu zeigen oder mich auf Interaktionen und Wechselwirkungen zu anderen Menschen einzulassen."

Wenn Sie sich belästigt fühlen, weil andere möchten, daß Sie „Verantwortung übernehmen", ist wahrscheinlich übermäßige Verwöhnung im Spiel. Was bewirkt Ihr übermäßig verwöhntes Verhalten? Bringt es Ihnen Glück und Zufriedenheit?

Sie benutzen Ihre eigene Schwäche, um andere Menschen unter Druck zu setzen. Sie signalisieren die Botschaft: „Du mußt dich um mich kümmern. Ich erwarte es." Indem Sie hilflos und abhängig sind, binden Sie andere Menschen wie mit einem Strick an sich. Doch eine abhängige Person wird zum Schleppnetz für eine Beziehung. Es gibt für dieses Verhalten ein altmodisches Wort: *Egozentrik* – und auch ein anderer Begriff läßt sich anwenden: *Narzismus.*

Der narzistische Mensch ist nur um seine eigenen Bedürfnisse besorgt und hat das Gefühl, etwas derart Besonderes zu sein, daß sich das Leben ganz allein um ihn drehen sollte. Er fühlt sich zu allem berechtigt, was ihn glücklich macht, und erwartet besondere Vergünstigungen, ohne bereit zu sein, wechselseitig Verantwortung zu übernehmen. Wenn andere Menschen nicht reagieren, ist er überrascht und verärgert. Er zieht Nutzen aus den Menschen, die seinem Begehren nachkommen oder ihn selbst gut aussehen lassen. Der narzistische Mensch mißachtet die Rechte und die Integrität anderer, und er hat überhaupt kein Mitgefühl. Er ist unfähig zu erkennen, wie andere empfinden, und er schätzt es nicht, wenn sie bekümmert sind. Sein Selbstwertgefühl ist brüchig, selbst wenn es stabil zu sein scheint. Man kann die Bedürfnisse und Forderungen einer übermäßig verwöhnten Person wie folgt zusammenfassen:

Die Beziehungsperson

... muß genau so sein, wie dieser verwöhnte Mensch sie zu jeder beliebigen Zeit haben möchte.

... darf keine Forderungen an sie stellen und muß zufrieden damit sein, in dem Vakuum zu leben, das die übermäßig verwöhnte Person schafft.

... muß alle Wünsche und Begehren voraussehen. Sie muß Gedanken lesen können und einfach wissen, was die übermäßig verwöhnte Person möchte.

... darf sich nicht verändern oder in einer Weise wachsen, die es unmöglich machen würde, wie bisher alle gewohnten Bedürfnisse zu befriedigen.

... An Problemen in der Beziehung ist immer der andere Schuld, weil er die übermäßig verwöhnte Person nicht genug liebt. Falls die übermäßig verwöhnte Person nicht alle ihre Bedürfnisse befriedigt bekommt, ist es ganz in Ordnung, daß sie sich nach einem anderen Menschen umsieht, der diese Forderungen erfüllt.

Sie können sich ändern

Ein Opfer dieses Kindes aus der Vergangenheit kann von der Abhängigkeit zur Unabhängigkeit gelangen. Es wird nicht leicht sein, weil sowohl der aufrichtige Wunsch nach Veränderung als auch die unbequeme Erfahrung, sich selbst zu zwingen, entgegen den gewohnten und vertrauten Neigungen zu handeln, dazugehört. Wenn Sie jedoch mit Ihrem bisherigen Leben unzufrieden sind, gibt es einen besseren Weg zu leben. Sie können eine unabhängige Person werden! Sie brauchen sich nicht weiter egozentrisch und narzistisch zu verhalten.

Nehmen Sie Papier und Bleistift und beschreiben Sie im Detail die Beziehung, die Sie jetzt zu Ihrem Ehepartner oder zu anderen Personen haben, die Ihnen nahestehen. Schreiben Sie es so genau wie möglich auf, wenn Sie darlegen, wie Sie mit dieser Person reden und sich ihr gegenüber verhalten und inwiefern Sie diesen Menschen gebrauchen oder sich auf ihn verlassen. Dann halten Sie inne und stellen Sie sich selbst als eine starke, ausgeglichene Persönlichkeit vor, die sowohl geben als nehmen kann. Malen Sie sich aus, wie Sie zufrieden und befriedigt in der jetzt von Grund auf neuen Beziehung leben.

Nun denken Sie mit mir über einen neuen Lebensstil nach. Gehen Sie in ein Zimmer und verschließen Sie sich vor allem, was Sie ablenken könnte. Sorgen Sie dafür, daß Sie nicht gestört werden. Setzen Sie sich auf einen bequemen Stuhl, machen Sie ein paar tiefe Atemzüge und atmen Sie in einer großen Befreiung tief aus. Eignen Sie sich den Gedanken an, daß Sie einfach nicht länger so leben können, wie Sie gelebt haben.

Zeichnen Sie vor Ihrem Auge ein anschauliches Bild von einem Leben, in dem Sie fähig sind, ebenso zu geben wie zu nehmen, und in dem Sie zufrieden und befriedigt sind. Sehen Sie sich, wie Sie in denselben Aufgaben, Beziehungen und Engagements stehen wie in Ihrem bisherigen Leben, aber jetzt nicht mehr als Leerlauf für andere. Nun sind Sie Motor.

Nach diesem Bild stellen Sie sich vor, Sie befinden sich in einem Raum mit einer angenehmen Atmosphäre. Sie sind entspannt und Ihnen ist behaglich zumute. Da klopft es an der Tür. Als Sie die Tür öffnen, sind Sie erstaunt und entzückt, denn

Jesus steht dort. Sie bitten ihn herein. Er schaut Sie an, lächelt und sagt: „Ich möchte etwas mit Dir besprechen, mein Freund. Du bist eine fähige Persönlichkeit mit Selbstvertrauen. Ich möchte, daß Du das weißt und glaubst. Wenn Du mich in dein Leben aufgenommen hast, steht Dir ein größeres Potential an Kraft zur Verfügung, als Du erkennen kannst. Du kannst anderen Menschen etwas geben. Du brauchst nicht länger nur ein Nehmender zu sein. Ich möchte, daß Du Dein Leben aus meiner Fülle heraus lebst. Ich habe sie Dir gegeben, und ich möchte, daß Du all deine verborgenen Fähigkeiten entdeckst, die Du bisher noch nicht erkannt hast. Tu das und Du wirst ein Leben in neuen Dimensionen entdecken. Ich sorge für Dich, und ich liebe Dich. Ich bin für Dich da, und mich verlangt danach, daß Du auch für Dich selbst und für andere da bist.“ Dann dreht sich Jesus um und lächelt Ihnen beim Abschied zu. Er hat Sie bestätigt. Jetzt können Sie *als bestätigte Person* leben.

Wenn Sie dieses Erlebnis verarbeitet haben, nehmen Sie sich die Zeit, Ihre Gefühle aufzuschreiben. Nehmen Sie sich auch noch ausreichend Zeit, damit Ihre Gefühle und Gedanken an die Oberfläche kommen können. Danach schreiben Sie die Wesenszüge der Person auf, die Sie nun sein möchten, und die Grundzüge des Lebens, das Sie führen möchten. Beten Sie für diese Vision über Ihr Leben im Dienst für andere.

Nachstehend einige praktische Vorschläge.

1. Wenn Sie feststellen, daß Sie wieder in das frühere Raster des Denkens und Lebens zurückgefallen sind, wiederholen Sie die oben beschriebene Erfahrung der Begegnung mit Jesus, einschließlich der Schreibübung. Lesen Sie die folgenden Verse und denken Sie darüber nach: „Laßt aber alles ehrbar und ordentlich zugehen“ (1. Korinther 14, 40).
   „Ich vermag alles durch den, der mich mächtig macht“ (Philipper 4, 13).
   „Die Geduld aber soll ihr Werk tun bis ans Ende, damit ihr vollkommen und unversehrt seid und kein Mangel an euch sei“ (Jakobus 1, 4).
   „Ein neues Gebot gebe ich euch, daß ihr euch untereinander liebt, wie ich euch geliebt habe, damit auch ihr einander lieb habt.“ (Johannes 13, 34)

„Einer trage des andern Last, so werdet ihr das Gesetz Christi erfüllen" (Galater 6, 2).

„Ihr aber seid zur Freiheit berufen. Allein seht zu, daß ihr durch die Freiheit nicht dem Fleisch Raum gebt; sondern durch die Liebe diene einer dem andern" (Galater 5, 13).

„Tut nichts aus Eigennutz oder um eitler Ehre willen, sondern in Demut achte einer den andern höher als sich selbst" (Philipper 2, 3).

2. Legen Sie eine umfassende Liste der Lebensbereiche an, die Sie gern im Verhältnis zu anderen verbessert hätten.
3. Legen Sie eine andere Liste über die drei Menschen an, die Ihnen am nächsten stehen. Was sind deren Bedürfnisse und Sorgen? Wenn Sie sie nicht kennen, fragen Sie nach, damit Sie besser helfen können. Stellen Sie Ihren täglichen Dienst an anderen in den Vordergrund. Fordern und erbitten Sie selbst nichts.

Während Sie diese Übungen machen, schreien Sie vielleicht tief in Ihrem Innern auf und fühlen sich hilflos und ängstlich. Aber mit der Zeit nehmen diese Gefühle ab, und Sie werden eine ruhige und solide Zufriedenheit an sich feststellen, weil Ihr neuer Lebensstil Ihnen in Fleisch und Blut übergeht. Sie werden dann vielleicht feststellen, daß andere freiwillig damit beginnen, Sie auf ganz neue Weise zu unterstützen! Wäre das nicht wunderbar? Stellen Sie sich vor, ein anderer Mensch ergreift von sich aus die Initiative, um Sie zu lieben und zu akzeptieren, ohne daß Sie zuvor etwas andeuten, manipulieren, vorschlagen, und ohne daß Sie jammern, klagen oder den anderen unter Druck setzen! Was für ein Unterschied, wenn Menschen Ihnen aus eigenem Antrieb mit aufrichtigem Verlangen Gutes tun!

Das kann natürlich Tage, Wochen oder Monate dauern, und geduldiges Warten kann schwierig sein. Aber es wird sich mit der Zeit auszahlen. Setzen Sie keine Erwartungen in das Verhalten anderer. Deren Reaktion Ihnen gegenüber geschieht nicht, weil Sie diese Schritte getan haben. Es geschieht aufgrund *Ihres Werts* als Mensch und aufgrund Ihrer Entwicklung als ein Kind Gottes. Wenn Sie den Drang fühlen, etwas von jemand zu erbitten, dann ersetzen Sie diesen Gedanken (manchmal auch verbunden mit Taten): *Wie kann ich die Bedürfnisse dieses Menschen befriedigen?*

Wenn Sie feststellen, daß Sie wieder in Ihr altes Verhaltensmuster zurückfallen, entschließen Sie sich, die folgenden Fragen zu beantworten:

1. Ist es das, was ich wirklich möchte und was für mich am besten ist?
2. Was wird das ausrichten?
3. Warum erlaube ich mir, in dieses alte Verhalten zurückzufallen?
4. Was kann ich jetzt tun, um zu meiner neuen Lebensart zurückzukehren?
5. Was kann ich in Zukunft tun, um mich vor einem Rückfall zu schützen?

Schreiben Sie Ihre Antworten auf diese Fragen nieder. Ihr innerer Drang kann sein, das Aufschreiben umgehen zu wollen, weil Sie das Empfinden haben, daß es mehr Druck auf Sie ausübt, um sich zu ändern. Das stimmt auch! Und genau das ist der Zweck der Übung.

Denken Sie immer daran: Ihre Bedürfnisse sind schon befriedigt und gestillt. Sie fühlen vielleicht noch nicht, daß es so ist, aber aufgrund dessen, was Jesus Christus für Sie getan hat, sind Sie für Ihre Aufgabe befähigt. Ihre Aufgabe ist nur, dem zu entsprechen, was Ihnen schon durch Jesus gegeben worden ist.

Wie werden Ihre Bedürfnisse gestillt?

Wie bekommen Sie Liebe von anderen? Indem Sie sich ihnen öffnen, selbst wenn das bedeutet, daß Sie Ihren Gefühlen zuwiderhandeln. Statt Nehmender zu sein, werden Sie Gebender. Und wie geschieht das? Indem Sie Gottes Erklärung, wer Sie sind und was Sie sind, annehmen, so wie John Powell es zusammengefaßt hat: „Es gibt ein Grundbedürfnis, das so fundamental und so wesentlich ist, daß es, wenn es gestillt ist, alle anderen Bedürfnisse harmonisieren wird bis hin zu einem allgemeinen Wohlbefinden. Wenn dieses Grundbedürfnis richtig genährt wird, wird der ganze menschliche Organismus gesunden, und der Mensch wird glücklich sein. Dieses Bedürfnis ist eine echte und tiefe Würdigung seiner selbst, eine freudevolle Selbstannahme, eine authentische Wertschätzung der eigenen Person. Das wird zur beglückenden inneren Feier: Es ist gut, ich zu sein... Ich bin sehr glücklich, ich sein zu dürfen."[2]

„Aber", wenden Sie jetzt vielleicht ein. „Das ist doch genau mein Problem. Habe ich nicht schon immer eine übertriebene Auffassung meiner selbst gehabt?" Wirklich? Haben Sie sich nicht vielleicht all die Jahre selbst genarrt? Ist Ihre Abhängigkeit nicht ein Schutzwall gewesen, den Sie sich aufgebaut haben, weil Sie tief innen von der Frage umgetrieben wurden: Wer bin ich und welche Fähigkeiten habe ich? Wir können anderen nur etwas geben, wenn bei uns eine ausgeglichene Selbstannahme vorhanden ist. Diese Selbstannahme ist ein Geschenk Gottes. Seine Liebe zu uns ist eine bedingungslose Bindung an unvollkommene Menschen. Wenn Sie Ihre Gefühle der Unzulänglichkeit und Hilflosigkeit loswerden und entdecken, daß Sie für sich selbst sorgen können, wird Ihr Bedürfnis, umsorgt zu werden, schwinden. Um das zu erreichen, müssen Sie sich um andere kümmern.

Es gibt fünf Grundbedürfnisse im Leben eines Menschen, wie sie Abraham Maslow entwickelt hat. Zuallererst müssen unsere *physischen Bedürfnisse* befriedigt werden: das Bedürfnis nach Luft, Wasser und Nahrung – nach allem also, was notwendig ist, um zu leben. Zweitens haben wir Menschen das *Bedürfnis nach Sicherheit und Gefahrlosigkeit.* Für die meisten Menschen sind diese zwei Grundbedürfnisse nicht problematisch, weil sie durch das Leben in ihrem täglichen Umfeld befriedigt werden.

Aber bei den nächsten drei Grundbedürfnissen hapert es oft. Da ist das *Bedürfnis nach Liebe und Zugehörigkeit.* (Der Mensch möchte erwünscht und umsorgt sein, akzeptiert und verstanden werden. Er möchte, daß man ihm zuhört und ihm das Gefühl vermittelt, wichtig zu sein.) Zweitens geht es um das *Bedürfnis nach Selbstschätzung.* (Wir möchten Aufmerksamkeit, Bedeutung, Wertschätzung und Respekt.) Zum dritten geht es um das *Bedürfnis nach Selbstverwirklichung.* (Damit meint Maslow, anderen Liebe – Agape – zu geben und sein Potential, seine Begabung voll zu entfalten.)

Lawrence Crabb schreibt: „Ein Zeichen von Reife ist die Fähigkeit, anderen etwas zu geben und die Bedürfnisse anderer zu stillen. Aber es scheint, daß, um das tun zu können, zuerst die ersten vier Stufen unserer Grundbedürfnisse befriedigt sein müssen. Als Christen haben wir größere Möglichkeiten für die Stillung unserer Grundbedürfnisse als andere Menschen. Gott hat versprochen, daß er alle unsere Bedürfnisse befriedigt. Gott hat für die Stillung unserer physischen Bedürfnisse gesorgt. In Matthäus 6,33 steht: „Trachtet zuerst nach dem Reich Gottes und nach seiner Gerechtigkeit, so wird euch das alles zufallen" (also Nahrung, Kleidung, Wohnung). Gott hat unser Bedürfnis zu wissen, daß unsere physischen Bedürfnisse von morgen gestillt werden, erfüllt: „Darum sorgt nicht für morgen" (Matthäus 6,34).

„Sorgt euch um nichts, sondern in allen Dingen laßt eure Bitten in Gebet und Flehen mit Danksagung vor Gott kundwerden... Mein Gott aber wird all eurem Mangel abhelfen nach seinem Reichtum in Herrlichkeit in Christus Jesus" (Philipper 4,6 + 19).

Gott hat auch unser Bedürfnis nach Sicherheit (Liebe) gestillt. „Wer will uns scheiden von der Liebe Christi" (Römer 8,35 + 38 + 39).

„Gott aber erweist seine Liebe zu uns darin, daß Christus für uns gestorben ist, als wir noch Sünder waren" (Römer 5, 8).

„Denn Christus ist mein Leben, und Sterben ist mein Gewinn" (Philipper 1, 21).

„Denn wir sind sein Werk, geschaffen in Christus Jesus zu guten Werken, die Gott zuvor bereitet hat, daß wir darin wandeln sollen" (Epheser 2, 10).

„Gott erlöst dein Leben vom Verderben" (Psalm 103, 4).

In dem Maße, wie ein Christ diese Verse im Glauben bejaht, ist er frei von einem Leben der egozentrischen Sorge, ganz gleich, ob seine Bedürfnisse gestillt werden oder nicht. So ist er zu echter Selbstverwirklichung fähig, und dabei weiß er – dies fühlt er nicht notwendigerweise immer –, daß seine Bedürfnisse gemäß Gottes Absichten befriedigt werden und daß seine persönlichen Bedürfnisse jetzt und für alle Zeit gestillt sind. Dies zu glauben, angesichts des enormen Drucks mit dem falschen Wertesystem dieser Welt für Geld, Vergnügen oder Ruhm zu leben, erfordert eine starke Hingabe an die Autorität der Bibel.

Christen handeln nie aus einem Defizit, sondern vielmehr aus der Fülle heraus – im Idealfall. Unser Leben sollte ein Ausdruck dieser Fülle in Anbetung und Dienst für Gott sein. Doch die meisten empfinden noch ein Defizit und ihre Handlungsweise hat zum Ziel, ihre Leere zu füllen. Es ist eine Sache zu sagen, daß wir im Glauben beanspruchen, daß unsere Bedürfnisse schon in Gott gestillt sind. Es ist jedoch eine andere Sache, uns aus dem feinmaschigen Netz der Defizitmotivation erfolgreich herauszulösen."[3]

Wir brauchen nicht aus einem Defizit heraus zu handeln. Wir sind erfüllte Menschen! Wir können die Liebe, Aufmerksamkeit und Annahme erfahren, nach der uns verlangt. Aber oft zäumen wir das Pferd von hinten auf. Werden Sie Akteur statt Zuschauer. Sie sind geliebt. Gehen Sie aus dieser Liebe heraus auf andere zu. Sie können sich von dem verwöhnten Kind in Ihnen losreißen. Aber es steht ganz in Ihrem Ermessen.

10

Emotionale Lähmung heilen

Ich arbeite therapeutisch mit vielen Menschen, die gelähmt und sozusagen lahmgelegt sind durch Angst – Angst, eine falsche Entscheidung zu treffen; Angst, Mißfallen zu erwecken; Angst, einen Standpunkt einzunehmen; Angst, daß andere sie nicht mögen ... und die schlimmste Angst: Angst, aus dem gewohnten Lebensmuster auszubrechen, das sie gefangenhält.

Eine physische Lähmung ist etwas Schreckliches. Eingeschlossen sein, gefesselt sein, so daß der Körper nicht funktionieren und die Befehle des Gehirns nicht ausführen kann, ist sehr frustrierend. Aber es ist noch viel frustrierender, wenn die Lähmung nicht körperlicher, sondern geistiger Art ist. Wir haben bereits einige der Schwächen in unserem Geist angesprochen: Schwächen, die uns an unsere Vergangenheit binden und uns davon abhalten, eine reife Persönlichkeit zu werden. Und die Angst lähmt und hindert uns daran, die notwendigen Veränderungen vorzunehmen, die uns zur Reife führen.

Die Bibel berichtet uns von einem Mann, der sowohl in seinem Geist – emotional – wie auch in seinem Körper gelähmt war. In Johannes 5, 1–9 lesen wir: „Danach war ein Fest der Juden, und Jesus zog hinauf nach Jerusalem. Es ist aber in Jerusalem beim Schaftor ein Teich, der heißt auf hebräisch Betesda. Dort sind fünf Hallen; in denen lagen viele Kranke, Blinde, Lahme, Ausgezehrte. Es war aber dort ein Mensch, der lag achtunddreißig Jahre krank. Als Jesus den liegen sah und vernahm, daß er schon so lange gelegen hatte, spricht er zu ihm: Willst du gesund werden? Der Kranke antwortete ihm: Herr, ich habe keinen Menschen, der mich in den Teich bringt, wenn das Wasser sich bewegt; wenn ich aber hinkomme, so steigt ein anderer vor mir hinein. Jesus spricht zu ihm: Steh auf, nimm dein Bett und geh hin! Und sogleich wurde der Mensch gesund und nahm sein Bett und ging hin."

Der Mann in diesem Bericht war seit achtunddreißig Jahren gelähmt. Er lag Tag für Tag an dem Teich und wartete auf eine Möglichkeit, wie er von seinem Leiden befreit werden könnte.

Unter diesem berühmten Teich war ein unterirdischer Strom. Von Zeit zu Zeit wallte dieser Strom auf und brachte die Wasser des Teichs in Bewegung. Die Bevölkerung glaubte, daß der erste Kranke, der in den Teich stieg, während er aufwallte, von seiner Krankheit geheilt werden würde.

Als Jesus den Lahmen am Teich entdeckte, stellte er ihm eine der seltsamsten Fragen, die wir in der Bibel finden: „Willst du geheilt werden?" Oder anders ausgedrückt: „Möchtest du überhaupt Veränderung?" Ich denke, daß dieser Kranke ziemlich aus der Fassung geraten ist aufgrund dieser scheinbar herzlosen Frage Jesu. Hatte Jesus nicht verstanden, daß er Tag für Tag, Woche für Woche, Jahr für Jahr an diesen Teich gebracht wurde, um geheilt zu werden? Begriff Jesus nicht, daß er schon etliche Menschen gebeten hatte, ihm zu helfen, schnell in den Teich zu gelangen?

Oder könnte es sein, daß Jesus wußte, was wirklich in diesem Mann vorging, und daß er ihm deshalb diese Frage gestellt hat. Wäre es nicht möglich, daß nach so vielen Jahren der Frustration im unveränderten Zustand der Lähmung, sich bei diesem Menschen die Hilflosigkeit in Hoffnungslosigkeit verwandelt hatte. Vielleicht war alle Hoffnung auf Heilung erstorben und an ihre Stelle dumpfe Verzweiflung getreten. Seine Antwort scheint dies widerzuspiegeln, denn statt einfach mit Ja zu antworten, nannte er Jesus als Antwort den Grund, weshalb er nicht geheilt werden konnte. In Gedanken verfolgte dieser Mann wohl jeden Tag die Bewegungen des Wassers und versuchte, ins Wasser zu kommen, aber in seinem Herzen glaubte er wahrscheinlich, daß es ihm sowieso nie gelingen würde.

Oder ist es möglich, daß er schon einen gewissen Grad an Befriedigung erreicht hatte in dem Wissen, für den Rest seines Lebens Invalide zu sein. Würde er geheilt, müßte er einige neue Verantwortungen auf sich nehmen, z. B. eine Arbeitsstelle finden. Man würde viel mehr von ihm erwarten als jetzt.

Wie immer auch der innere Zustand des Mannes gewesen sein mag, Jesus sagte ihm genau, was zu tun war. Er forderte den Mann tatsächlich auf, das Unmögliche zu tun: aufzustehen, zu gehen und sein Bett mitzunehmen. Als Jesus das sagte, vertraute der Mann ihm, und er stand auf. Die Atrophie in seinen Beinen verschwand, und er fing sofort an zu gehen.

Übertragen Sie Jesu Frage auf Ihr eigenes Leben. „Möchtest du geheilt werden? Willst du Veränderung?" Jeder von uns muß diese Frage in vollem Umfang abwägen, bevor er die Antwort gibt. Veränderung kostet etwas. Jede Veränderung bedeutet, daß wir etwas aufgeben, was uns vertraut ist, auch wenn es uns schadet. Sie werden Wachstumsschmerzen und emotionales Unbehagen erleben. Die Reaktionen und Ausdrucksweisen anderer Ihnen gegenüber werden sich ändern, und einige ihrer Reaktionen könnten unangenehm sein. Sie können nicht mehr voraussagen, wie die Leute Sie behandeln werden. Neue Verpflichtungen können Ihr Leben bestimmen. Aufmerksamkeit oder das Mitgefühl, das Sie in der Vergangenheit erhalten haben, wird nicht mehr verfügbar sein. Es können höhere Erwartungen an Sie gestellt werden.

Der Mann am Teich entdeckte unmittelbar nach seiner Heilung, daß ihn diese Veränderung in seinem Leben etwas kostet. Er bekam Ärger mit den religiösen Führern, noch ehe er dazu kam, sich über seine physische und emotionale Heilung zu freuen. Der Tag, an dem er geheilt wurde, war ein Sabbat, und der Mann wurde dabei erwischt, wie er sein Bett trug, was ja verboten war. Die Juden sagten zu ihm: „...Es ist heute Sabbat; du darfst dein Bett nicht tragen!" (Johannes 5,10). Das war zweifellos eine der ersten der vielen Herausforderungen, denen dieser Mann als Folge seines veränderten Lebens begegnen mußte.

Es muß Ihre Entscheidung sein, aus Ihrem lähmenden Lebensstil auszubrechen, niemand sonst kann diese Entscheidung für Sie treffen. Wenn Sie diese aber treffen, werden Sie die Befreiung von den lähmenden Auswirkungen der Angst erfahren.

Welche Möglichkeiten gibt es, durch Angst gelähmt zu werden?

Angst vor anderen Menschen

Eine der häufigsten Formen der emotionalen Lähmung besteht darin, anderen gegenüber unterwürfig zu sein. Dieser Schaden wird sichtbar, wenn man sich dauernd Ansprüchen anderer Menschen unterwirft und sich über eigene Gefühle und Sehnsüchte hinwegsetzt. Aufgrund persönlicher Unsicherheit und Selbstzweifel fügt man sich den Wünschen anderer. Man stellt eigene Fähigkeiten und Entscheidungen in Frage. Man möchte Konflikt und Streit vermeiden. Der Titel eines Buches „*Wenn ich nein sage, fühle ich mich schuldig*" beschreibt sehr gut die oft vorhandenen Gefühle. Dieses Verhaltensmuster veranschaulicht die Unsicherheiten bezüglich eigener Fähigkeiten. Es ist auch kennzeichnend für ein starkes Bedürfnis zu gefallen und sich des Beifalls der Menschen im Umfeld sicher zu sein – seien es Freunde oder Fremde.

Einer meiner früheren Patienten beschrieb sehr anschaulich sein Lebensraster: „Ich war das älteste von 5 Kindern. Deshalb übertrugen mir meine Eltern sehr viel Verantwortung. Ich merkte, daß ich ihnen gefallen und ihren Beifall gewinnen konnte, wenn ich Wohlverhalten zeigte. Alles, was sie von mir erwarteten, tat ich. Andere Kinder waren draußen und spielten, ich aber tat nicht nur, was mir meine Eltern auftrugen, sondern ich fragte sogar, ob ich ihnen noch mehr helfen könnte. Dieses Verhaltensmuster behielt ich sogar noch in der Schule bei. Ich war übermäßig gewissenhaft, was die Arbeit anging. Im Beruf blieb ich später jeden Tag eine Stunde länger, um sicherzugehen, daß ich auch die korrekte Arbeitszeit einhielt. Jetzt habe ich mehr Verpflichtungen, als ich je bewältigen kann. Ich habe einige persönliche Beziehungen, die ich aufgeben möchte, aber ich kann sie nicht abschütteln. Ich sage zwar nein, schreibe auf ihre Bitten Absagebriefe, aber sie wissen, daß ich leicht umzustimmen bin, und bitten mich einfach weiter. Sie wissen, daß ich schließlich nachgebe. Innerlich koche ich vor Wut, aber ich lächle und gebe nach. Ich bin wütend auf mich und möchte so gern, daß sich das ändert; aber ich kann es einfach nicht."

Anerkennung suchen

Eine andere Art emotionaler Lähmung findet sich bei Menschen, die dauernd die Anerkennung bei anderen suchen. Das Haschen nach Anerkennung endet nie, weil das Bedürfnis des emotional gelähmten Menschen danach unersättlich ist. Um diese Anerkennung zu gewinnen, übernimmt dieser Mensch die Rolle des Helfers. Er übernimmt jede Aufgabe und baut dadurch einen Kreis positiver Verstärkung auf. Wenn er jemandem hilft, und diese Person zustimmend reagiert, fühlt er sich wertgeachtet. Dieses Muster muß immer wiederholt werden, da er nicht von seinem eigenen Wert überzeugt ist. Er wird mehr dadurch beeinflußt, was seiner Meinung nach den anderen gefällt als von seinen eigenen Wünschen. Er ist ein Opfer seiner Gefühle und Bedürfnisse. Dies ruft bei ihm Selbsthaß hervor, weil er fühlt, daß er viel weniger Persönlichkeit besitzt, als er gerne hätte. Er hat derartige innere Zweifel und Ängste, daß die Botschaft der Anerkennung und Annahme immer wiederholt werden muß. Doch die Platte hat einen Sprung, und dieser Mensch glaubt der vermittelten Botschaft nie ernsthaft. Täte er es, könnte er die Platte abstellen. Nachgeben – d. h. sich unterordnen unter andere – ist zu gegebener Zeit und unter gegebenen Umständen richtig und wichtig. Aber sich aufgrund zwingender Suche nach Anerkennung zu unterwerfen ist eine Form emotionaler Lähmung. Menschen, die das tun, glauben, daß der Weg, sich selbst zu gefallen, nur der sein kann, anderen zu gefallen. Sie leben in dem Irrglauben, daß ihnen die Anerkennung durch andere Befriedigung und positive Gefühle verschafft, die sie für ihr Leben notwendig brauchen. Dr. William Knaus sagt, daß „das Hochgefühl aufgrund von Bewunderung durch andere in emotionale Trunkenheit mündet."[1]

Wir alle wünschen uns in unterschiedlichem Maße Anerkennung. Manche jedoch suchen sie um jeden Preis. Wenn Sie ein starkes Bedürfnis nach Anerkennung bei sich feststellen, neigen Sie dazu, eine Marionette Ihres eigenen inneren Drucks zu werden. Sie lassen sich allmählich so von Ihrem Streben nach Anerkennung beherrschen, daß Sie die Perspektive für andere Belange Ihres Lebens verlieren. Geistige Klimmzüge werden zum Bestandteil Ihres Lebens. Sie führen ständig eine endlose innere Debatte wie etwa: *Sollte ich das so tun oder so sagen?*

Sollte ich lächeln oder nicht? Ob ich wohl warten soll, bis sich alle anderen gesetzt haben, bevor ich hineingehe, oder sollte ich gleich hineingehen? Was er wohl denkt, wenn ich das sage? O, du liebe Zeit, ich möchte mich auf keinen Fall lächerlich machen! Ich weiß nicht, ob ich überhaupt etwas sagen soll.

Solche Menschen versuchen dauernd vorherzusagen, was andere über sie denken oder empfinden werden. Das ist ein nutzloses Unterfangen. Diese inneren Debatten halten Sie davon ab, eine eigene Idee oder Meinung zum Ausdruck zu bringen, die sich von anderen auf originelle Weise unterscheiden kann. Schließlich wirken Sie wortkarg, oder man denkt, Sie hätten überhaupt nichts zu sagen. Ihre Angst blockiert Sie. Wieder einmal fallen Sie zurück in Ihre Lähmung.

Nicht jeder kommt seinem Bedürfnis nach Anerkennung dadurch nach, daß er lieber schweigt. Manche Menschen versuchen, mit den Überzeugungen anderer in Einklang zu stehen. Sie stimmen Anschauungen anderer zu und geben Anweisungen und Bitten nach. Selbst Feinden gegenüber verhalten sie sich hörig, und das schafft einen inneren Dauerkonflikt. Sie hassen sich selbst, weil sie nicht zu ihren eigenen Maßstäben und Überzeugungen stehen. Doch ihre Sehnsucht nach Anerkennung überlagert den Wunsch, auf eigenen Füßen zu stehen.

Bekommt ein Mensch, der sich um der Anerkennung willen in jeder Weise arrangiert, wirklich die dermaßen begehrte Anerkennung? Denken andere Menschen wirklich hoch und bewundernd von ihm? Oder denken sie nicht vielmehr, daß der Anerkennungssucher kein Rückgrat, keine eigene Meinung und keine eigenen Maßstäbe hat und daß man alles mit ihm machen kann? Verschafft sich der Anerkennungssuchende Respekt oder Geringschätzung? Wird er als ein Mensch mit innerer Stärke oder als Fußabtreter eingestuft?

Der gute Kumpel

Eine andere Möglichkeit, Anerkennung zu gewinnen, kann die sein, sich zurückhaltend und passiv zu verhalten. Aber es gibt noch andere Wege, um Anerkennung zu suchen. Da ist *der gute*

Kumpel. Er geht auf andere Menschen zu und ist übermäßig freundlich. Weil er so gefällig ist und zu allem *ja* sagt, kann er mit Verpflichtungen überschüttet werden. Wie soll er allem gerecht werden? Er kann nur noch das, was er zu tun versprochen hat, vor sich herschieben. Niemand könnte je all das bewältigen, wozu er sich verpflichtet hat. Zudem kommt ihm der Groll darüber, ausgenutzt zu werden, ins Gehege. Und nun gibt er das Bild eines saumseligen Menschen und Zögerers ab. Andere Menschen wundern sich über ihn, halten ihn für unzuverlässig und ärgern sich schließlich über ihn, weil er nichts durchzieht.

Wo bleibt nun die Anerkennung, nach der er sich so gesehnt hat? Vieles von dem Mißfallen, das wir befürchten, wird nicht geschehen! Es ist nur eine Sorge. Weil wir aber vorausahnen und das Schlimmste befürchten, werden wir sowohl innere wie auch äußere Zauderer.

Vermeiden von sozialen Kontakten

Das Gegenteil vom *guten Kumpel* ist der Mensch, der alle sozialen Kontakte meidet. Wir nennen ihn scheu, aber tatsächlich hat er Angst vor Menschen. Diese Tendenz ist oft eine Form des Rückzugs, die schon früh in der Kindheit ihren Ursprung hat. Im Gegensatz zu dem Menschen, der dauernd Anerkennung sucht, befürchtet der scheue Mensch Ablehnung. Jedes gesellige Beisammensein ist für ihn eine schreckliche Erfahrung.

Scheue Menschen leiden unter der Überzeugung, daß die anderen Feinde sind. Sie denken etwa so: „Die anderen können es gar nicht erwarten, mich zurückzuweisen. Sie liegen auf der Lauer und warten nur darauf, mich auszuschalten. Und warum sollten sie mich auch nicht zurückweisen wollen? Ich bin nicht so gescheit oder so attraktiv oder so tüchtig wie sie. Wenn ich mich öffnen würde, könnte ich mir wie immer alles vermasseln." Die eigene negative Einschätzung ihrer Persönlichkeit, die sie auf andere projizieren, hemmt und blockiert ihr Verhalten anderen gegenüber.

Dr. William Knaus hat darauf hingewiesen, daß scheue Menschen mit einer Reihe von Mythen leben. Diese Mythen beruhen aber auf falschen Annahmen und Überzeugungen.

Da ist der Mythos des *ersten Eindrucks*. Die Überzeugung also, es gäbe ein Desaster, wenn man bei der ersten Begegnung mit einem Menschen keinen perfekten Eindruck macht. Deshalb zögert man, überhaupt mit Menschen zusammenzutreffen, weil man befürchtet, man könne einen schlechten Eindruck machen.

Hinter dem Mythos der Redegewandtheit steht die Überzeugung, daß man sich lieber zurückhalten sollte, einer Person etwas mitzuteilen, wenn man sich verbal nicht gut ausdrücken kann.

Ein anderer Mythos ist der des *vollkommenen Anfangs*. „Wenn ich wüßte, wie ich eine Unterhaltung in der richtigen Weise eröffnen soll, würde ich es tun." Das ist ein sicherer Weg, um zu vermeiden, daß eine Unterhaltung überhaupt in Gang kommt.

Der Mythos der *perfekten Vorbereitung* besagt, daß man in einer Gruppe nicht den „Mund auftun" sollte, wenn man nicht mit dem aktuellen politischen Stand, der neuesten Literatur usw. vertraut ist. Wenn man nicht über alles auf dem laufenden ist, fühlt man sich im Nachteil.

Ein weiterer Mythos ist auch die Annahme, daß man *sich entspannt und ermutigt fühlen muß*, bevor man überhaupt etwas sagt. Auch er hält von zwischenmenschlichem Kontakt ab.

Da ist noch der *„Retter*-Mythos". Man hofft, daß man von einer anderen Person beschützt und gerettet wird, die die Verantwortung für unser Leben übernimmt.

Ein Mythos, der durch die Medien bekräftigt wird, ist die Annahme, daß man *der Mittelpunkt der Party* sein muß, um gesellschaftlich Erfolg zu haben. Man muß also frei, offen, ausdrucksvoll, glücklich, humorvoll, gesellig und nicht zu ernst sein.[2]

Warum versuchen Sie zu gefallen – und wem? Suchen Sie so verzweifelt nach Anerkennung und Annahme, daß Sie sich für ein paar Worte des Lobes an andere verkaufen? Erkennen Sie, daß Sie gelähmt sind?

Das Bett nehmen und gehen

Möchten Sie die Fähigkeit entwickeln, Ihre Gedanken und Gefühle offen auszudrücken? Möchten Sie gern fähig werden, zu irgend jemandem oder zu irgend etwas nein zu sagen und sich trotzdem wohl zu fühlen? Möchten Sie lernen, Widerspruch zum Ausdruck zu bringen, ohne daß Sie davon krank werden? Möchten Sie imstande sein, positive Gefühle anderen Menschen gegenüber zum Ausdruck zu bringen, ohne sich übermäßig darum zu kümmern, wie die Reaktion darauf sein wird?

Es gibt Hoffnung für den innerlichen und äußerlichen Zauderer. Aber bedenken Sie zuerst die folgenden Fragen:

– Sind Sie zufrieden und glücklich mit Ihrem gegenwärtigen Leben und mit den Umständen?

– Wenn die Möglichkeit, sich auf andere Weise zu geben, bestehen würde, wären Sie bereit, darüber nachzudenken?

– Leben Sie jetzt aus eigener Kraft und bauen Sie auf Ihre eigenen Fähigkeiten oder leben Sie aus der Fülle innerer Kraft und Weisheit, die Gott Ihnen durch Jesus Christus und den Heiligen Geist gibt?

– Was ist das Schlimmste, das passieren könnte, wenn Sie einen der Vorschläge ausprobieren würden, es aber nicht zu Ihrer Zufriedenheit ausgehen würde? Wenn Sie Angst vor Mißfallen haben, leben Sie bereits in Selbstablehnung. Sie glauben bereits, daß man Sie ablehnt. Was ist also neu, wenn man es tatsächlich täte? Ich glaube, Sie werden überrascht sein. Die nachstehenden Vorschläge mögen beängstigend, lächerlich oder sogar fremd für Sie klingen. Wenn Sie aber von zehn Erfahrungen eine positive machen, sind Sie besser daran als zuvor. Es sieht gar nicht so schlecht aus, aber Sie haben die Wahl. Warum wollen Sie nicht so an sich selbst glauben, wie Gott an Sie glaubt? *Wenn Sie zu sehr Anerkennung suchen:* können Sie *nein* sagen, besonders ohne irgendwelche Gründe anzugeben? Wenn nicht, üben Sie es einige Male.

Was ist falsch daran, *nein* oder *vielleicht* zu sagen? Warum ist es nicht in Ordnung, ja zu sagen, wenn Sie innerlich nicht *ja* meinen? Schreiben Sie mindestens drei positive Veränderungen auf, die Sie im Verhalten anderer Menschen Ihnen gegenüber erleben möchten. Schmücken Sie sie sehr positiv aus, als etwas, worüber Sie sich sehr freuen würden.

Sagen Sie mindestens dreimal in dieser Woche „Nein“ oder „Lassen Sie mich darüber nachdenken.“

Wenn Sie immer der erste sind, der sich freiwillig meldet, oder der erste, der zu einer Veranstaltung kommt, und der letzte, der geht, um zuzupacken, dann ändern Sie einmal Ihr übliches Verhalten und geben Sie einmal anderen die Gelegenheit zu dienen.

Wenn Sie immer versuchen, witzig zu sein, um Beifall oder Aufmerksamkeit zu ernten, halten Sie sich zurück. Erlauben Sie es anderen, Spaß zu machen und die Unterhaltung zu führen.

Ändern sie einige Ihrer typischen Arten zu reagieren. Wenn Sie im Büro immer lächelnd arbeiten, geben Sie sich einmal ernster. Ändern Sie vielleicht auch Ihren Kleidungsstil. Wenn Sie dazu neigen, Ihre Meinung immer als erster zu geben, bitten Sie andere um ihre Meinung – und erst wenn Sie sehen, was andere glauben oder meinen, dann teilen Sie ihre mit.

Wenn Sie mit Schüchternheit und Angst vor Abweisung zu kämpfen haben: Klären Sie ab, welchen Mythen Sie Glauben schenken. Sind Sie sich bewußt, wie oft Sie diese benutzen? Stellen Sie eine Liste auf. Nehmen Sie sich jeden Mythos einzeln vor. Machen Sie von Ihrer Vorstellungskraft Gebrauch und sehen Sie mit Ihren geistigen Augen, wie Sie mit Ihren Mitmenschen umgehen, als glaubten Sie diesen Mythen nicht. Erleben Sie positive Gefühle. Versuchen Sie, jeden Tag drei Menschen zu grüßen, die Sie nicht kennen. Fragen Sie wenigstens einen Fremden am Tag, wie spät es ist. Führen Sie diese Übungen so lange durch, bis Sie sich dabei wohl fühlen. Wenn Sie mit anderen sprechen, halten Sie den Blickkontakt mit ihnen aufrecht. Wenn Sie Angst haben, allein in ein Geschäft oder in ein Restaurant zu gehen, stellen Sie sich dieser Angst, indem Sie es allein tun.

Diese Vorschläge mögen für Sie vielleicht erschreckend erscheinen, aber wenn Sie sie zuerst mit einem Freund oder auch in Ihrem Kopf durchgehen – und sie ausprobieren –, wird die Bedrohung abnehmen. Warum fangen Sie nicht an, so zu handeln, als würden die anderen Sie akzeptieren? Die meisten werden es tun!

Es ist möglich, positiv zu werden – gesellschaftlich umgänglich und fähig, sich anderen Menschen mitzuteilen, statt alles nur für sich zu behalten. Eine feste Meinung zu haben ist mehr, als sich zu beklagen oder hartnäckig zu sein. Es ist die Fähigkeit, Ihre eigenen Möglichkeiten und Ihre Stärken zu erleben. Dazu gehört, daß Sie *Ihre* Gedanken und Gefühle offen ausdrücken – Wärme und Zuneigung, Hoffnungen und Ängste eingeschlossen. Es ist die beruhigende Garantie, fähig zu sein, nein zu sagen und Gedanken und Gefühle nicht im Innern zu verschließen. Das baut gesunde, positive und langlebige Beziehungen auf. Sind Sie assertorisch und können Sie sich behaupten? In welchem Maße geschieht das? Bestimmen Sie anhand der folgenden Fragen den Grad Ihrer Selbstbehauptung.

Selbstbehauptungsfragebogen

Rubrik A zeigt die Häufigkeit Ihrer Behauptung an. Geben Sie hier an, wie oft jedes dieser Ereignisse vorgekommen ist und benutzen Sie die folgende Stufenleiter:

1. Dies ist in den letzten 30 Tagen überhaupt nicht vorgekommen.
2. Dies ist in den letzten 30 Tagen einige Male vorgekommen (1 bis 6 mal).
3. Dies ist in den letzten 30 Tagen oft vorgekommen (7 mal und mehr).

Rubrik B zeigt an, wie Sie sich dabei fühlen. Zeigen Sie hier auf, wie Sie bei jedem einzelnen dieser Vorkommnisse empfinden. Benutzen Sie die folgende Stufenleiter:

1. Ich habe mich *sehr* unbehaglich oder unwohl gefühlt.
2. Ich habe mich *etwas* unbehaglich oder unwohl gefühlt.
3. Ich habe *nichts* weiter empfunden (weder behaglich noch gut, noch unwohl).
4. Ich habe mich *ziemlich* behaglich oder gut gefühlt.
5. Ich habe mich *sehr* behaglich oder sehr gut gefühlt.

Wichtig: Ist eine Sache während des letzten Monats kein einziges Mal geschehen, bewerten Sie sie so, wie Sie sich Ihrer Meinung nach gefühlt hätten, wenn sie geschehen wäre. Wenn eine Sache mehr als einmal im vergangenen Monat geschehen ist, umreißen Sie, wie Sie sich im Durchschnitt gefühlt haben.

	A	B
1. Die Bitte einer Person abschlagen, die sich mein Auto leihen möchte.		
2. Jemand um einen Gefallen bitten.		
3. Dem Druck, etwas zu kaufen, widerstehen.		
4. Angst zugeben und um Rücksicht bitten.		
5. Einer Person, die mir sehr nahesteht sagen, daß ich persönlich betroffen bin, von dem was sie gesagt hat, oder daß mich etwas verärgert hat.		
6. Unwissenheit auf einem Gebiet zugeben, das gerade diskutiert wird.		
7. Die Bitte eines Freundes abschlagen, der Geld borgen möchte.		
8. Einen geschwätzigen Freund abwehren.		
9. Um konstruktive Kritik bitten.		
10. Um Klarstellung bitten, wenn ich über etwas, was jemand gesagt hat, verwirrt bin.		
11. Nachfragen, ob ich jemanden durch mein Reden verletzt habe.		
12. Einer Person des anderen Geschlechts sagen, daß ich sie mag.		
13. Einer Person des gleichen Geschlechts sagen, daß ich sie mag.		
14. Um den erwarteten Service bitten, wenn er ausbleibt (z. B. in einem Restaurant).		
15. Offen mit einer Person über ihre Kritik an meinem Verhalten sprechen.		
16. Fehlerhafte Ware in einem Geschäft zurückgeben oder mangelnde Qualität in einem Restaurant beanstanden.		
17. Eine Meinung äußern, die sich von der meines Gegenübers unterscheidet.		
18. Sagen, wie ich mich fühle, wenn jemand etwas getan hat, was mir gegenüber unfair ist.		
19. Die Einladung einer Person abschlagen, die ich nicht besonders mag.		
20. Dem Drang zu trinken widerstehen.		

	A	B
21. Einem unfairen Ansinnen widerstehen, das von seiten einer für mich wichtigen Person kommt.		
22. Um die Rückgabe ausgeliehener Sachen bitten.		
23. Einem Freund oder Mitarbeiter sagen, wenn er etwas äußert oder tut, was mich ärgert.		
24. Eine Person, die etwas tut, was mich in einer öffentlichen Situation stört, darum bitten, damit aufzuhören (z.B. im Bus rauchen).		
25. Einen Freund kritisieren, wenn es gerechtfertigt ist.		
26. Meinen Ehepartner kritisieren, wenn es gerechtfertigt ist.		
27. Jemand um Hilfe oder Rat bitten.		
28. Meine Liebe einem Menschen gegenüber ausdrücken.		
29. Jemand darum bitten, mir etwas auszuleihen.		
30. Meine Meinung sagen, wenn in einer Gruppe eine wichtige Sache diskutiert wird.		
31. In einer kontroversen Sache einen definitiven Standpunkt einnehmen.		
32. Wenn sich zwei Freunde streiten, den unterstützen, mit dem ich übereinstimme.		
33. Meine Meinung einer Person gegenüber zum Ausdruck bringen, die ich nicht sehr gut kenne.		
34. Jemand unterbrechen und ihn darum bitten, etwas zu wiederholen, was ich nicht verstanden habe.		
35. Jemandem widersprechen, auch wenn ich befürchten muß, daß ich ihn dadurch verletze.		
36. Jemandem sagen, daß er mich enttäuscht und im Stich gelassen hat.		
37. Jemand bitten, mich allein zu lassen.		
38. Einem Freund oder Mitarbeiter sagen, daß er gute Arbeit geleistet hat.		
39. Jemand sagen, daß er einen guten Beitrag zu einer Diskussion geleistet hat.		

	A	B
40. Einer Person sagen, daß es mir Freude gemacht hat, mich mit ihr zu unterhalten.		
41. Jemand ein Kompliment für seine Geschicklichkeit oder Kreativität machen.[3]		

Wenn Sie bereit sind, sich mehr zu öffnen und mitzuteilen, dann legen Sie eine Liste darüber an, was Sie tun müssen oder wollen. Nachstehend die Musterliste einer Frau.

1. Meinem Mann sagen, daß ich über etwas traurig bin, was er in der letzten Woche nicht für mich erledigt hat.
2. Meine Bibelgruppenleiterin wissen lassen, daß sie mich in den nächsten zwei Wochen nicht anrufen soll. Bis dahin möchte ich mir über die Antwort auf ihre Bitten klargeworden sein.
3. Wenn ich mit anderen zusammen bin, lasse ich sie entscheiden, was wir tun und lassen. Ich möchte jetzt das zum Ausdruck bringen, was ich vorziehe.
4. Meine Nachbarin wissen lassen, daß ihr Hund die ganze Nacht bellt, wenn sie ihn allein läßt.
5. Lernen, aufdringlichen Verkäufern gegenüber *nein* zu sagen, ohne Gründe anzugeben.
6. In einer Gruppe wenigsten drei Personen begrüßen und ansprechen und sich an der Unterhaltung beteiligen.

Wenn Sie damit beginnen, ist es wichtig, sich im voraus vorzubereiten und Ihre Gefühle des Wohlbefindens einzutragen (auf einer Skala von 1 bis 5), und auch, wie geübt Sie waren (ebenfalls von 1 bis 5). A1 ist sehr unbehaglich und nicht sehr gewandt, A3 liegt in der Mitte und A5 bedeutet sehr behaglich und sehr gewandt. Es gibt einen guten Grund für die Aufzeichnungen. Es ermöglicht Ihnen nämlich zu beurteilen, wie Ihr Verhalten sich in einer bestimmten Zeitperiode ändert.

Der beste Weg, aus Ihren alten Verhaltensmustern auszubrechen und sowohl das Selbstvertrauen als auch das nötige Geschick zu entwickeln, die für Ihre neue Lebenseinstellung erforderlich sind, ist die *Anwendung der geistigen Vorstellungs-*

kraft zur Erlangung von gesellschaftlicher Gewandtheit. Dies ist etwas, was Sie in der Ungestörtheit Ihres Geistes vollziehen können. Sie können verschiedene Reaktionen durchspielen und verfeinern. Sie haben die Möglichkeit, innerlich alle Fehler zu machen, die Sie wollen, da niemand von Ihrem Überarbeitungsprozeß wissen wird. Probieren Sie jede Situation in Ihrem Kopf aus.

Greifen Sie eine oder zwei der Situationen aus der Liste heraus, die Sie gerade erstellt haben. Wählen Sie entweder die zwei, die sich wahrscheinlich am ehesten ereignen werden. Dies verspricht Ihnen baldigen Erfolg und hilft Ihnen, besser auf die Situationen vorbereitet zu sein, die am wahrscheinlichsten geschehen werden. Bei den ersten Versuchen, Ihre Vorstellungskraft zu benutzen, verwenden Sie dafür mindestens fünfzehn Minuten pro Tag. Halten Sie Ihre Übungen in einem Raum ab, in dem Sie ungestört sind.

Besonders am Anfang dieses Versuchs müssen Sie sich eine ruhige Umgebung zum Üben schaffen.

Wählen Sie eines Ihrer persönlichen Probleme aus, schließen Sie die Augen und malen Sie sich eine aktuelle Szene aus. Benutzen Sie viel Farbe bei Ihrer Vorstellung. Versuchen Sie, sich alles vorzustellen. Wer ist gegenwärtig? Wo sind Sie in der Szene usw.? Malen Sie sich die Vorkommnisse aus, die zu dem Augenblick führen, in dem Sie sich in einer neuen Art benehmen wollen. Schaffen Sie durch Ihre Vorstellungskraft ein Bild der Situation, als wäre es ein Foto. Jetzt da Sie es als Momentaufnahme im Geist sehen, wandeln Sie es um in ein Videoband. Stellen Sie sich vor, was jede Person tut und sagt. Malen Sie sich so deutlich wie nur möglich Ihr neues Verhalten aus. Stellen Sie sich alles plastisch vor, was und wie Sie etwas sagen, was Sie gern möchten und wobei Sie ein gutes Gefühl haben.

Stellen Sie sicher, daß Sie im Geist mit Selbstvertrauen sprechen und sich nicht unschlüssig verhalten. Sie sind der Herr der Lage und Sie tun nichts Unrechtes. Sehen Sie, wie Sie sich in einer Weise verhalten, bei der Sie mit sich selbst zufrieden sein werden, wenn Sie fertig sind. Es muß kein großartiges Werk werden, es kann kurz und einfach sein.

Wenn Sie dies tun, stellen Sie sich weiter vor, wie Sie die Berührung einer ermutigenden Hand auf Ihrer Schulter spüren.

Sie brauchen sich nicht umzudrehen, um zu sehen, wer Sie in dieser Weise berührt. Sie erkennen, daß es Jesus ist, der bei Ihnen steht und jeden einzelnen Schritt mitgeht. Er ist da, umsorgt Sie, liebt Sie und gibt Ihnen seine Unterstützung und Kraft. Sie lernen, sich anders zu verhalten, nicht aus Ihrer eigenen Kraft und Fähigkeit heraus, sondern durch seine Kraft und Gegenwart. Jesus glaubt an Ihre Fähigkeit, dies zu vollbringen. Er möchte, daß Sie eine neue Person werden, um das Potential zu entwikkeln, das Gott in Sie hineingelegt hat, und damit Sie um seinetwillen effektiver leben.

Nun stellen Sie sich vor, was geschieht, wenn andere Menschen Ihr neues Bild wahrnehmen. Was sagen und tun Sie? Malen Sie sich positive Auswirkungen Ihres neuen Benehmens aus und fallen Sie nicht zurück in Ihr negatives, sorgenvolles Raster der Vorahnung. Malen Sie sich aus, daß die anderen nicht so reagieren, wie Sie es gern hätten, weil es dann und wann tatsächlich so ist. Es wird aber nicht annähernd so oft geschehen, wie Sie befürchten. Machen Sie sich klar, daß Sie nicht das Benehmen und Verhalten anderer Menschen zu ändern wünschen, sondern lernen wollen, selbst in positiver Weise zu reagieren.

Wenn Sie mit dieser Übung fertig sind, spielen Sie sie noch einmal durch. Ändern Sie einige Details, vielleicht einige Äußerungen Ihrerseits, oder die Umstände, die zu der Situation führen. Gehen Sie diese Folge einige Male durch und verändern Sie sie beliebig. Zeigen Sie immer auf Ihrem geistigen Videoband, was zu Ihrem neuen positiven und befriedigenden Verhalten führt und zu der Reaktion der anderen (die gewöhnlich positiv sein wird).

Nachstehend möchte ich noch das Beispiel einer Studentin wiedergeben, der ihr Mangel an Kontakt mit jungen Leuten in ihrer Gemeinde zu schaffen gemacht hat. Entweder kam sie zu den Veranstaltungen zu spät, um den Kontakt mit anderen zu umgehen, oder sie flüchtete in eine Ecke und isolierte sich, wenn sie zeitig da war. Nachstehend ein Abriß der Abfolge.

Foto: Ich bin im Kreis junger Erwachsener. Ich bin zeitig da, und es befinden sich ungefähr fünfundzwanzig Leute im Raum. Manche von ihnen unterhalten sich in Gruppen und andere führen Zweiergespräche. Einige stehen da und tun nichts.

Film oder Videoband: Ich sehe mich selbst in den Raum treten. Einige bemerken mich und schauen in meine Richtung. Andere sind in ihre Unterhaltung vertieft. Ein paar Leute grüßen mich, unterhalten sich aber weiter mit den anderen. Ich gehe etwas weiter in den Raum hinein und fühle mich ängstlich und unsicher, aber ich beschließe, jemanden anzusprechen.

Soziale Interaktion: Ich gehe auf zwei Mädchen zu und sage: „Hallo, ich habe euch an einigen Vorlesungen gesehen und freue mich, daß ihr auch zu dieser Gemeinde geht. Hättet ihr Lust, daß wir nach der Veranstaltung gemeinsam eine Tasse Kaffee trinken?" Antwort: „Prima, schön, daß wir uns auch in den Vorlesungen wiedersehen werden. Warum setzt du dich nicht zu uns? Hier ist noch ein Platz frei. Die Idee mit dem Kaffeetrinken ist toll. Ich hatte so viel zu tun, daß ich heute noch nicht dazu kam." Ich fange ein Gespräch an und erkenne, daß ich es nicht aus eigener Kraft tue. Ich sehe im Geist, wie Jesus bei mir steht.

Jetzt greifen wir eine Situation aus der Liste heraus, die die Frau auf Seite 171 erstellt hat. Als erstes stand auf ihrer Liste, daß sie ihrem Mann mitteilen möchte, daß sie verärgert ist, weil er in der zurückliegenden Woche etwas zu tun versäumt hatte.

Foto: Sie sind mit Ihrem Mann zusammen. Sie sitzen nach dem Abendessen im Wohnzimmer. Der Fernseher ist ausgeschaltet. Es ist eine angenehme Atmosphäre. Sie sind beide müde nach einem geschäftigen Tag und entspannen nun.

Film oder Videoband: Sie unterhalten sich ungezwungen über das, was der Tag gebracht hat. Sie sprechen ein paar Dinge an, die das Haus betreffen. Bis zu diesem Punkt hat es keinen Konflikt und keine ernstliche Diskussion gegeben, und Sie freuen sich beide über diese Zeit. Sie denken daran, Ihrem Mann zu sagen, was in der zurückliegenden Woche passiert ist. Sie sind ein bißchen ängstlich, aber können es ihm trotzdem angemessen mitteilen. Sie beginnen also.

Soziale Interaktion: „Schatz, letzte Woche hast du gesagt, daß du einen Teil der Garage für mich aufräumen wolltest, damit ich den Platz anderweitig nutzen kann. Ich habe damit gerechnet, daß du es noch vor dem Wochenende tust, aber irgendwie ist es einfach nicht dazu gekommen. Ich war ein bißchen enttäuscht, aber ich möchte immer noch, daß es erledigt wird. Glaubst du, diese Woche irgendwann Zeit zu haben?“ Während Sie das sagen, stellen Sie sich die Hand Jesu Christi auf Ihrer Schulter vor, wie er Sie ermutigt und Ihnen Kraft gibt.

Reaktion: Ihr Mann schaut Sie überrascht an, faßt sich an den Kopf und sagt: „Na klar! Du hast recht. Das hatte ich vollkommen vergessen. Ich schätze, ich habe mich nicht gerade nach dieser Arbeit gesehnt. Aber ich habe gesagt, daß ich es mache, und es ist wichtig für dich. Bis Samstag abend wird es erledigt sein. Danke, daß du mich daran erinnert hast.“

Um die Kunst visueller Vorstellung zu erlernen, kann es Ihnen vielleicht helfen, es zuerst schriftlich zu versuchen, um ein Gespür dafür zu bekommen. Sie brauchen keinen Roman zu schreiben, stellen Sie aber sicher, daß die Hauptbilder, Worte und Abfolgen schriftlich festgehalten werden. Wenn Sie mit Ihrem Entwurf der Szenen zufrieden sind, legen Sie sich eine Zeit zur Übung in der kommenden Woche fest – wenigstens fünfzehn Minuten pro Tag. Greifen Sie zwei der Situationen Ihrer eigenen Liste heraus.

Diese Übungen der Vorstellungskraft werden Ihnen die Fähigkeit vermitteln, nach denen Sie sich sehnen. Sie bewirken ein größeres Vertrauen in Ihre eigenen Fähigkeiten. Natürlich ist der wichtigste Schritt, daß Sie Ihre Fähigkeiten in der Welt der Realität ausprobieren. Sie fühlen sich vielleicht ängstlich, linkisch, verwirrt und dilettantisch. Erlauben Sie sich dieses Gefühl. Es ist normal. Je mehr Sie lernen, sich selbst auszudrücken, desto mehr verdeutlichen Sie sich, daß dieser Versuch dazu dienen soll, Ihr neues Ich zu festigen. Warten Sie nicht, bis eine Situation sich zufällig ergibt, sondern planen Sie statt dessen Gelegenheiten, bei denen Sie gesellschaftlich aktiver werden. Versuchen Sie, solche Gelegenheiten zu arrangieren, die das kleinste Risiko und die größten Erfolgsmöglichkeiten beinhalten. Spielen Sie alles so gründlich wie möglich durch. Planen Sie keine Perfektion, weil das Ihren Fortschritt behindert. Allmähliches Wachstum und allmählicher Fortschritt werden Ihnen mehr bringen.

Nachdem Sie verschiedene Situationen zwei Wochen lang geübt haben, gehen Sie zurück zu Ihrer Liste, auf der Sie Ihr Wohlbehagen und Ihre Geschicklichkeit eingeschätzt haben, und schätzen Sie sich neu ein. Sind Sie über Ihren Fortschritt zufrieden, können Sie nun Ihre Vorstellungsübungen überall durchführen: sei es im Auto, im Bus oder in einer Pause am Arbeitsplatz. Indem Sie lernen, flexibel und spontan auf diese neue Art umzugehen, wird Ihnen das ein größeres Maß an Selbstvertrauen geben. Es wird nicht lange dauern, bis Sie imstande sind, sofort positiv zu reagieren, wenn die Situationen sich ergeben.

Sie brauchen nicht gelähmt zu bleiben, weil Verhaltensweisen aus Ihrer Vergangenheit Sie belasten. Physische Lähmungen lassen oft wenig Hoffnung auf Genesung. Eine innere Lähmung durch Ängste, Unsicherheit und ein überwältigendes Bedürfnis nach Anerkennung kann dagegen geheilt werden. Sie können, wie der Mann am Teich von Betesda, aufstehen, gehen und Ihr Bett – das Symbol der Hilflosigkeit mitnehmen. Warum meinen Sie, hat Jesus den Mann aufgefordert, sein Bett mitzunehmen? Wollte er ihm etwa sagen, daß er es nicht mehr brauchen würde? Das Bett war eine Erinnerung an sein vergangenes Leben, und Jesus wollte zum Ausdruck bringen: „Nimm es fort". Er wollte einen Rückfall verhindern. Es ist so einfach, daran zu zweifeln, daß der Wandel in unserem Leben definitiv ist. Wir möchten uns immer noch mit einer Hand an den Krücken aus der Vergangenheit festhalten.

Der Mann könnte Jesus gefragt haben: „Was ist aber, wenn ich morgen aufwache und wieder nicht mehr gehen kann? Was ist, wenn das hier nicht anhält? Ich sollte mich lieber darauf vorbereiten, daß ich wieder gelähmt sein könnte." Jesus aber sagt: „Deine Vergangenheit ist vorbei und du solltest in der Neuheit des Lebens wandeln, das ich dir gebe."

Emotionale Lähmung ist keine unheilbare Krankheit. Sie können nicht nur befähigt werden zu gehen, sondern Sie werden sogar ohne zu humpeln gehen können. Sie müssen Ihre Krücken wegwerfen und auch Ihre Pritsche, wenn Sie sich von Jesus Christus das Gehen lehren lassen.

11

Die Wunden behandeln

Bestimmt haben Sie inzwischen Ihr unnötiges Gepäck entdeckt, haben sicher auch angefangen, sich selbst neue Eltern zu sein und zur Freiheit hin zu wachsen. Was geschieht, wenn bei Ihnen gewisse emotionale Wunden noch immer Ihren Fortschritt und das Wachstum behindern? Sehen wir uns ein paar von diesen möglichen Wunden gemeinsam an, die Ihnen auf Ihrer Lebensreise vielleicht ins Gehege kommen.

Die Wunden erkennen

Spricht man von Wunden, so denkt man oft gleich an kriegerische Auseinandersetzungen oder an Kämpfe. Im Geiste sehen wir Soldaten, die sich hinschleppen, humpeln oder darum kämpfen müssen, voranzukommen. Wunden beeinträchtigen einen Menschen. Sie beschneiden seine Fähigkeiten. Aber sie heilen, wenn sie richtig behandelt werden.

Zu den emotionalen Wunden gehören Entmutigung, Versagen, Verzweiflung, Kummer, Schuld, Selbstablehnung und Selbstmitleid. Menschen mit emotionalen Wunden können auf vier verschiedene Weisen reagieren:

1. Indem wir unsere Emotionen blockieren oder abweisen und unser Leben nur mit unserem Verstand leben.
2. Indem wir unser Leben auf unsere Emotionen stützen und übersensibel werden.
3. Indem wir mißtrauisch oder paranoid werden.
4. Indem wir fortwährend in Traurigkeit oder Depression versinken.

Ein emotional verwundeter Mensch offenbart seine Wunden meistens in Einsamkeit. Im Kinderstadium hätte er als erstes lernen müssen, was Vertrauen heißt. Vertrauen ist deshalb so wesentlich, weil das kleine Kind völlig von anderen abhängig ist. Wenn diejenigen, die das Kind versorgt haben, es nicht liebten oder vertrauensunwürdig und wankelmütig in ihrer Fürsorge waren, ist das Kind sehr bald diesen Menschen gegenüber vorsichtig geworden. Es kam schließlich zu der Überzeugung, daß man den Menschen nicht nur mißtrauen mußte, sondern daß die anderen sogar darauf aus waren, „einen reinzulegen“ und „einen über das Ohr zu hauen“. Das Kind hat dadurch gelernt, aufzupassen, und wurde schließlich argwöhnisch und auch einsam.

Einsamkeit ist ein Gefängnis. Sie können mit Menschen zusammensein, sich aber trotzdem allein fühlen. Oder Sie sondern sich von anderen Menschen ab und bleiben emotional isoliert. Sie werden mißtrauisch. Sie nehmen andere Menschen nicht für bare Münze. Sobald Ihnen ihre Nähe und Intimität zu bedrohlich wird, wählen Sie die Isolation als kleineres Übel. Und natürlich machen Sie andere Menschen für Ihre Isolation verantwortlich. Es ist deren mangelnde Vertrauenswürdigkeit, die Sie in die Isolation getrieben hat.

In Psalm 142,5 werden sehr anschaulich die Gefühle eines einsamen Menschen beschrieben: „Schau zur Rechten und sieh: da will niemand mich kennen. Ich kann nicht entfliehen, niemand nimmt sich meiner an.“ Einsamkeit ist nicht nur das Gefühl, von den Menschen abgeschnitten, verlassen und aus der Gemeinschaft verbannt zu sein, es ist auch ein Zusammenbruch des emotionalen Gebens und Nehmens zwischen Menschen. Einsamkeit ist häufig eine selbstauferlegte Last. Sie ist ein Zustand dauernder emotionaler Verwundung.

Gefühle unterdrücken

Eine mögliche Form der Isolation und Einsamkeit ist, daß wir unsere Emotionen und Gefühle blockieren. Gefühle sind der Weg, auf dem wir spüren, daß wir leben. Sie sind die Reaktion auf die Welt um uns herum. Ohne das Bewußtsein unserer

Gefühle haben wir wenig Interaktion mit dem Leben überhaupt.

Manche ziehen sich auf ihren Intellekt zurück, um sich vor ihren Gefühlen zu verstecken. Im Bereich der Gedanken und Worte entsteht weniger Schmerz als im Bereich der Gefühle. Solche Menschen haben kein Vertrauen in ihre Gefühle, weil diese sehr schwankend sein können. Emotionale Verletzungen sind schwerwiegender als irgendwelche intellektuelle Wunden. Sie zehren unsere Hoffnung und unsere Energie völlig auf.

Deshalb bemühen sich diese Personen, sich mit ihrem Verstand zu schützen, und sie werden ängstlich und ziehen sich vor anderen zurück. Ihre Fähigkeit, Liebe zu geben und zu empfangen, ist sehr begrenzt. Sie werden entweder fordernd oder mißtrauisch Menschen gegenüber. Manche verriegeln ihre Gedanken so, daß sich bestimmte Emotionen niemals entwickeln können. Der Verstand kann einen Menschen tatsächlich daran hindern, Emotionen wie Furcht, Liebe, Frieden, Freude und Zärtlichkeit zu fühlen.

Übersensibel sein

Emotionale Reife heißt, das Geschehene anzuerkennen und anzunehmen, ohne zu versuchen, die Verantwortung abzuschieben oder die Vergangenheit zu bedauern. Es bedeutet in der Gegenwart leben und bemüht sein, sich vorwärtszubewegen. Sehr oft stimmen Lebensalter und Entwicklungsstand der Gefühle nicht überein. Ein Mensch, der als Kind bestätigt wurde, hat es leichter, emotional zu reifen. Wenn Sie als Kind keine Bestätigung erfahren haben, müssen Sie auf emotionale Reife hinarbeiten.

Der Mangel an Bestätigung im Kindheitsalter hindert Sie daran, ein Empfinden für Ihren eigenen Wert oder für Ihre Rechtschaffenheit zu entwickeln, was Sie wiederum veranlaßt, ängstlich und ohne Vertrauen zu leben. Sie haben Mühe, die Welt um sich herum zu erobern. Sie haben sogar Mühe, sich Gott zu öffnen. Ihre Gefühle bleiben unterentwickelt, weil Sie als Kind nicht die richtige emotionale Nahrung bekommen haben. Folglich sind Sie nun übersensibel oder emotional verschlossen. Beides sind innere Wunden.

Die übersensible Person, die ihr Leben auf Gefühle aufbaut, entscheidet sich für ein Leben der Unsicherheit. Wer fortwährend auf Gefühle hört, lebt ein Leben mit Zweifeln. Er fühlt sich nicht sorgenfrei und fragt nach den Gedanken, Gefühlen und Reaktionen anderer. Er versucht auszumachen, was andere von ihm denken.

Und selbst wenn er durch einen Dritten bestätigt wird, hat er noch beharrliche Zweifel. Innere Unsicherheit sucht ständig Zusage und Bestätigung. Die übersensible Person trägt ihre Emotionen auf dem Präsentierteller. Sie ist leicht verletzlich. Selbst eine schlichte Meinungsverschiedenheit oder kleinere Unstimmigkeit führt schon zur Bestürzung oder Depression. Diese Person ist dauernd entfremdet und von anderen isoliert. Ihre gegenwärtigen Gefühle sind immer noch durch Gefühlserinnerungen aus der Vergangenheit beeinflußt.

Wenn der Schmerz der Vergangenheit nicht bereinigt wird, können wir die Gefühle der Gegenwart nicht voll erleben. Unglücklicherweise beseitigen wir bei unserem Versuch, den Schmerz der Vergangenheit auszufiltern, auch die Freude der Vergangenheit. Bei allen negativen Erinnerungen der Vergangenheit haben wir ebenfalls viele positive Erinnerungen, die nicht negiert werden dürfen. Positive Erinnerungen wecken Optimismus in uns; negative Erinnerungen dagegen bringen den Pessimisten hervor.

In früheren Jahrhunderten wurden diejenigen, die anderen Geld schuldeten und ihre Rechnungen nicht bezahlen konnten, in den Schuldturm geworfen. Unglücklicherweise wurden dadurch sowohl der Schuldige als auch derjenige, dem der Schuldner das Geld schuldete, bestraft. Denn während diese Menschen im Gefängnis saßen, konnten sie kein Geld verdienen, um die Schulden abzutragen.

Viele von uns leben heute in einem solchen Schuldturm. Solange die emotionalen Schulden der Vergangenheit bestehen, wachsen dic Zinsen und die Verschuldung erhöht sich. Wenn wir nicht bereit sind, zu vertrauen und zu lieben – aus Angst vor Verlust und Schmerz –, wird das Leben enger und immer mehr belastet. Wenn wir es jedoch wagen, Liebe zu empfinden, und in uns Vertrauen wächst, wird das Leben glücklicher und erfüllter.

Von Zeit zu Zeit erleben wir alle Zeiten emotionaler Verschuldung, nämlich sobald wir gewisse Gefühle tief innen gefangenhalten und unsere Empfindungsfähigkeit ausfiltern. Je höher wir die Barriere um unsere Gefühle schaffen, desto eingeengter müssen wir leben. Verletzung gehört zum Leben. Im-Stich-gelassen-Werden gehört zum Leben. Abgelehnt-Werden gehört zum Leben. Wir leben in einer unvollkommenen Welt. Warum erwarten wir also von anderen Menschen so viel Beständigkeit?

Wollen wir der emotionalen Verschuldung entkommen, ist es unumgänglich, daß wir uns selbst und auch andere mit ihren Unzulänglichkeiten annehmen. Dies bedeutet, daß wir uns öffnen und vertrauen. Wenn wir unser emotionales Leben bewachen und bespitzeln, geraten wir unter ständigen Druck, und nehmen das Leben nicht so wahr, wie es wirklich ist. Egal wie schrecklich Ihre vergangenen Erlebnisse gewesen sein mögen, Sie müssen fähig werden, zu fühlen und zu empfinden, und dürfen nicht nur denken. Ein Mensch ohne Vertrauen lebt in ständiger Angst. Es ist wie ein Dauersummton im Ohr, der fortwährend daran erinnert, vorsichtig und wachsam zu sein.

Wovor haben Sie Angst? Ist es wirklich die Angst, die Sie so verschlossen macht, oder ist es etwas anderes? Was ist das Schlimmste, was passieren könnte, wenn Sie in Ihrem Leben Ihre Gefühle nicht mehr unterdrücken würden? Könnte es noch irgend etwas Schlimmeres geben als das, was Sie jetzt erleben? Wenn Sie einsam sind, teilen Sie sich doch einem anderen Menschen mit? Wenn Sie verletzt sind, lassen Sie es andere wissen. Wenn Sie verärgert sind, drücken Sie es auf positive Weise aus. Wenn Sie traurig sind, erzählen Sie es jemandem. Wenn Sie Ihr Leben in der Gegenwart leben wollen, mit Hoffnung für die Zukunft, dann bejahen Sie, was in der Vergangenheit geschehen ist, weil es nicht geändert werden kann.

Mißtrauisch werden

Die Fähigkeit zu vertrauen bedeutet, daß wir tiefe Beziehungen zulassen. Es gibt aber heutzutage viele Menschen, denen es schwerfällt, jemandem zu vertrauen. Mißtrauen wird zum Schlüsselwort im Leben dieser Menschen. Ihre Unfähigkeit, anderen zu trauen, zeigt an, daß Sie verletzlich sind. Es entsteht eine beständige Untertemperatur oder Übertemperatur auf dem Angstthermometer Ihres Lebens. In extremen Fällen kann das sogar soweit führen, daß Sie meinen (und es tatsächlich glauben), man beobachtet Sie, mag Sie nicht, ganz egal, was Sie sagen und tun, und meinen Ihr Ehepartner kümmert sich mehr um Fremde als um Sie.

Es gibt verschiedene Grade von Mißtrauen. Sie reichen von der Annahme, daß andere Ihnen etwas anhaben wollen oder daß jemand Ihr Haus bespitzelt, bis hin zu dem Glauben, daß andere Ihre Gedanken lesen können. Ist die Tür des Chefs verschlossen, sind Sie fest davon überzeugt, daß er mit irgend jemand über Sie redet. Ein Freund beendet ein Telefonat, und Sie sind sicher, daß er über Sie geredet hat. Drei Kollegen sitzen beim Essen, und Sie sind sicher, daß sie über Sie gelacht haben.

Wenn Sie dazu neigen, mißtrauisch zu sein, sind Sie ein Mensch, der etwas mit sich herumträgt. Sie betrachten die Welt mit festgelegter, argwöhnischer Erwartung. Sie suchen und suchen, um diese Erwartung bestätigt zu bekommen. Es ist schwierig für Sie, Ihren Argwohn oder Ihren Handlungsplan, der darauf beruht, aufzugeben. Vernunftgemäße Argumente helfen wenig. Und oft werden Sie sogar der Person gegenüber mißtrauisch, die versucht, Ihnen Ihre Gedanken auszureden.

Ein mißtrauischer Mensch ignoriert Informationen und Fakten nicht von vornherein. Er überprüft sie sehr sorgfältig, aber immer mit einem Vorurteil. Seine Intelligenz, sein Scharfsinn und seine Aufmerksamkeit gründen nicht auf einem realistischen Urteil, sondern bleiben Instrumente seiner Vorurteile.

Übermäßiges Mißtrauen kommt nicht von ungefähr. Die Saat für diese Reaktion auf das Leben wurde wahrscheinlich sehr früh in Ihrem Leben gelegt; aber Sie haben es jetzt nicht nur mit dieser Ernte zu tun, sondern Sie pflanzen ständig für eine größere an. Jedesmal, wenn Sie einem mißtrauischen Gedanken oder Gefühl nachgeben, gewinnen Sie vielleicht unmittelbar etwas Erleichterung, aber Sie stärken damit den Zugriff auf Ihr Inneres.

Übermäßiges Mißtrauen ist ein Gefühl des Risikos. Sie sorgen sich besonders um etwas, was Sie besitzen, und Sie fühlen sich deswegen sehr verletzlich. Sie haben sogar das Gefühl, daß der Grund, weshalb Sie Ihren Besitz verlieren könnten, in einem Mangel Ihrerseits liegt. Aufgrund einer so zerbrechlichen Struktur ist es leicht, gefühlsmäßig zu handeln. Doch jedesmal, wenn Sie aus Angst heraus handeln, bekräftigen Sie die Angst in sich.

Hier einige Beispiele für übermäßiges Mißtrauen: Mehrmaliges Überprüfen der Türschlösser; sich umschauen, ob Sie jemand beobachtet; einen Briefumschlag, den Sie gerade zugeklebt haben, noch einmal aufreißen, um zu sehen, ob Sie Ihren Scheck auch unterschrieben haben; noch einmal ins Haus zurückgehen, um sich zu vergewissern, daß Sie den Herd abgestellt haben; beim Einkauf einige Male nach Ihrer Geldbörse sehen, um sicherzustellen, daß Sie sie noch haben. Natürlich zahlt es sich aus, vorsichtig zu sein und aufzupassen, aber die mißtrauische Person vollzieht ständig Handlungen *ungerechtfertigten* Selbstschutzes.

Die Melodie des Mißtrauens klingt hinüber bis in unsere eingebildeten Mängel. Dr. George Weinberg erzählt die Geschichte eines Mannes, der sich um eine Stelle bei einer Werbefirma bemüht hatte. Bei seiner Bewerbung war Robert nicht ganz ehrlich gewesen, was seine früheren Tätigkeiten betraf. Er gab seiner neuen Firma gegenüber an, die Entwürfe für eine erfolgreiche Werbekampagne stammten von ihm. Tatsächlich hatte er nur die Werbetexte getippt. Er befürchtete die neue begehrte Arbeitsstelle nicht zu bekommen, wäre man nicht von seinen Leistungen beeindruckt. Und diese Stelle wollte er unbedingt. Als er sie tatsächlich erhielt, fingen die Probleme erst an. Sie hatten ihren Ursprung in seiner Vortäuschung erbrachter Leistungen, mehr aber noch in der Angst, die sein Geist erzeugte.

Robert fing an zu grübeln, weshalb er wohl eingestellt worden war. War es aufgrund seiner Fähigkeiten oder seiner Vorzüge – oder nur weil er von den erfolgreichen Werbeentwürfen berichtet hatte? Und wenn er nun nur aufgrund seiner Lüge die Arbeitsstelle erhalten hatte? Er würde Probleme bekommen, wenn sein neuer Arbeitgeber die Lüge entdeckte. Dabei war dies die beste Arbeitsstelle, die er je hatte. Er wurde gut bezahlt. Seine Freunde waren beeindruckt, und es war ihm möglich, eine bessere Wohnung zu beziehen.

Als sein Mißtrauen wuchs, wurde es ihm immer unbehaglicher am Arbeitsplatz. Was wäre, wenn sein Chef alles erfahren würde? Wenn nun sein Chef anfing, seine Leistung in Frage zu stellen? Er konnte hochwertige Entwürfe erwarten, solche, wie er sie angeblich bei seiner früheren Arbeitsstelle erfunden hatte. Jeden Tag hatte Robert Gewissensbisse, daß man die Wahrheit erfahren und erkennen würde, was er seinem Gefühl nach war – ein Betrüger.

Seine ursprüngliche Lüge verselbständigte sich und bestimmte seine Arbeit. Weil er sich Sorgen um seine Entlassung machte, kam er morgens früher, arbeitete während der Mittagspause, machte Überstunden und arbeitete härter als irgend jemand sonst. Er dienerte bei seinen Vorgesetzten. Jedesmal, wenn er etwas Besonderes tat, um seinen Arbeitsplatz zu sichern, wurde sein Mißtrauen bekräftigt – und auch seine Angst, daß alles nicht ausreichen würde, um seine Arbeitsstelle zu behalten.

Seine Lüge quälte ihn ständig, und auch sein Geist fing an, Überstunden zu machen. Wenn nun sein Chef jemandem begegnen würde, der ihn von früher kannte? Wenn nun jemand von seiner früheren Arbeitsstelle, der ihn nicht mochte, seinen Chef anriefe und alles über ihn ausplauderte? Jedesmal, wenn der Chef einen Anruf bekam oder einen Brief las und in Roberts Richtung schaute, zog sich ihm der Magen zusammen. Er war sicher, daß jemand dem Chef gerade mitgeteilt hatte, daß er ein Lügner war. Er blieb sogar länger und sah die Post seines Chefs durch, um zu prüfen, ob nicht jemand etwas über ihn geschrieben hat. Er fragte die Sekretärin, ob sein Chef irgendwelche Anrufe bekommen hatte, die ihn betreffen. Keine dieser Handlungen konnte ihn beruhigen, im Gegenteil, sie trugen nur noch dazu bei, seine Angst und sein Mißtrauen zu vergrößern.[1]

Sobald Ihr Handeln von dem Versuch, ungerechtfertigte Angst zu verdrängen, bestimmt ist, vergrößern Sie die Angst und bestärken Ihren Glauben, daß Sie diese oder jene Vorsichtsmaßregel ergreifen müßten. Das übermäßige Mißtrauen stellt sich immer leichter ein. Sie erlauben Ihrem Geist, eine falsche Sicht für Ihr Leben aufzubauen. Dieses Lebensraster, dessen Ursprünge viele Jahre zurückliegen, kontrolliert und beherrscht Sie dann.

Paranoid oder mißtrauisch sein bedeutet gelähmtes Denken, aber Sie *können sich ändern!* Sind Sie bereit, zuzugeben, daß dies zu Ihrem Lebensmuster geworden, aber nicht die beste Art zu leben ist? So lesen Sie nachstehend, was zu tun ist.

Erstens, wenn Sie feststellen, daß Sie etwas tun, um sich selbst zu schützen, hören Sie sofort damit auf. Finden Sie heraus, was Sie damit bezwecken. Was ist Ihr Ziel? Erreichen Sie es wirklich? Fühlen Sie sich nach übertriebenen Absicherungen besser oder schlechter? Wie werden Sie sich in ein paar Tagen oder schon in wenigen Stunden fühlen? Sind Ihre Ängste jetzt geringer oder schlimmer? Wenn Sie ehrlich sind, werden Sie sich wahrscheinlich gestehen, daß Ihnen Ihr Handeln nicht geholfen hat. Warum? Weil Ihr Verhalten immer nur Ihre Annahme bekräftigt, daß diese Verhaltensweisen wirklich notwendig sind.

Zweitens, stoppen Sie sich selbst, *bevor* Sie Ihrer üblichen Verhaltensweise Folge leisten. Wenn Sie die Türschlösser überprüft haben oder versuchen herauszufinden, was man von Ihnen denkt, hören Sie damit auf, bevor Sie es zu Ende bringen. Wie fühlen Sie sich? Indem Sie sich Ihrem Grundimpuls versagen, wird er wachsen und sich ausbreiten. Diese Methode wird „Vergrößerung“ genannt. Sie wird Ihre Angst in den Mittelpunkt rücken. Geben Sie acht auf alle Ihre Gedanken und Gefühle. Lassen Sie sie aufkommen. Schreiben Sie sie auf, damit Sie sich direkt mit ihnen auseinandersetzen können.

Der Zweck dieser beiden Vorschläge ist, das Verhalten herauszufinden, das Ihre Ängste bekräftigt, um damit aufzuhören, ihnen Folge zu leisten. Dadurch wird Ihr Impuls, sich in dieser Weise zu verhalten, geschwächt, und auch Ihre Neigung zu mißtrauischem Denken wird verringert. Zu Anfang werden Sie sich wahrscheinlich unwohler fühlen und versuchen, wieder nach Ihrem Impuls zu handeln. Keine Angst, Sie verlieren *nichts,* was immer Sie zu verlieren befürchten. Sie sorgen sich nur, aber Ihre Interpretation von dem, was geschehen wird, wurzelt nicht in Tatsachen, sondern ist vielmehr eine alte Botschaft aus einer vergangenen Geschichte, die noch in Ihnen lebendig ist.

Nachstehend einige zusätzliche Schritte, wodurch Sie Ihr Verhalten erkennen können, das Ihre Neigung zu Mißtrauen bekräftigt.

1. Verbergen Sie in Ihren Beziehungen zu Freunden und vertrauenswürdigen Verwandten keine Gefühle oder vermeiden Sie bestimmte Situationen nicht, nur weil Sie befürchten, dadurch Ihre Beziehungen zu zerstören. Was auch immer Sie vor anderen Personen verbergen möchten, tun Sie es nicht. Das Problem wird dadurch nur größer. Sie werden sonst anfangen, die Tiefe einer Beziehung in Frage zu stellen, aus Angst vor der befürchteten Entdeckung. Viele Christen verbergen ihre Depressionen vor anderen Christen, weil sie befürchten, nicht mehr akzeptiert zu werden.
2. Bitten Sie andere nicht um Bestätigung. Selbst wenn Sie dazu neigen, in Ihrer Beziehung oder Freundschaft unsicher zu sein, fragen Sie nicht nach, ob die anderen Sie mögen oder akzeptieren. Wenn Sie aufgrund dieses Impulses handeln, wird die Unsicherheit nur weiter wachsen, nicht aber schwinden. Und ehrlich, würden Sie überhaupt die Antwort der Zusicherung und Bestätigung glauben?
3. Beschuldigen Sie andere nicht negativer Gedanken oder Handlungsweisen Ihnen gegenüber. Sie bilden sich diese wahrscheinlich nur ein und werden anderen gegenüber noch mißtrauischer.
4. Versuchen Sie nicht, das Verhalten anderer zu korrigieren. Wenn Sie das tun, offenbaren Sie nur Ihre Angst davor, was man Ihnen antun könnte. Wenn Sie Ihrem Freund sagen: „Vergiß nicht, mir ein Weihnachtsgeschenk zu kaufen“ oder „Sei nicht böse auf mich“, schauen Sie etwas voraus, was ein anderer tun oder auch nicht tun wird. Sie denken das Schlimmste und versuchen, es zu korrigieren, bevor es eintritt.

Vertrauen Sie dem anderen, statt zu versuchen, sein Benehmen zu kontrollieren oder es zu überprüfen.

5. Wenn Sie einen inneren Drang nach sofortiger Information haben und gewöhnlich alles aufspüren, lassen Sie es. Wenn Sie wissen möchten, was Ihr Bekannter mit seiner Bemerkung gemeint hat, rufen Sie nicht an und bitten Sie ihn nicht um eine Erklärung. Wenn Ihr Chef sagt, daß er morgen etwas mit Ihnen besprechen möchte, machen Sie keine Anspielungen oder dringen Sie nicht in ihn, um herauszufinden, worum es geht. Lassen Sie es auf sich zukommen und erkennen Sie, daß Sie auch gut leben können, ohne alle Antworten zu haben. Wenn Sie fähig sind, aufzuhören, Ihr Leben auf diese Weise zu kontrollieren, können Sie anfangen zu vertrauen und das Leben anders anzugehen.[2]

Alle Menschen haben Wunden. Manche sind sichtbar und andere nicht. Kürzlich habe ich eine Fernsehsendung gesehen, in der ein junger Mann vorgestellt wurde. Er war mit mißgebildeten Armen und Händen geboren worden, und ein Bein war viel zu kurz. Diese permanenten Wunden hätten sein Leben und seine Erfahrungen leicht einschränken können. Trotzdem hatte er Dutzende von Trophäen und Urkunden beim Tennisspiel gewonnen, und jetzt ist er Tennis-Trainer. Er spricht oft zu Jugendgruppen landauf, landab. Ich hörte ihn zu Jugendlichen sagen: „Wir sind alle gehandicapt. Der einzige Unterschied ist, daß ihr mein Handicap sehen könnt. Eure Behinderung kann ich nicht sehen.“ Sein Handicap hat ihn nicht eingeschränkt. Verborgene Handicaps können uns aber einschränken. Indem wir uns ihnen stellen, sie aussprechen und sie behandeln, kann es zu einem Neuanfang kommen.

Mit Depressionen leben

Ein anderer Typ von Verwundung, über den wir sprechen müssen, ist Depression. Manche Menschen leben in einem Dauerzustand der Traurigkeit. Gelegentliche „Reisen“ in dieses Reich sind normal und geben unserem Leben Tiefe und Balance. Traurigkeit kann uns veranlassen, kontemplativer, ernster, nachdenklicher und dankbarer zu werden. Gelegentliche Traurigkeit kann zum Anlaß werden, das Leben neu in Fülle zu leben. Aber dauernde Traurigkeit nimmt den Sonnenschein und die Freude aus dem Leben. Verlust kann Traurigkeit mit sich bringen, die sich in Depression auswachsen kann.

Über die Jahre habe ich gelernt, mit einer besonderen Art von Verlust umzugehen. Unser Sohn Matthew ist schwer geistig behindert. Er ist zwar siebzehn Jahre alt, aber geistig ist er erst ungefähr fünfzehn Monate alt. Wir haben eine Menge über uns selbst, über das Leben und die Treue Gottes gelernt, dadurch daß wir Matt haben. Wir sehen und akzeptieren ihn als das, was sein Name bedeutet: „Gottes Geschenk". Aber in unserer Odyssee mit Matthew gibt es doch gelegentlich Zeiten, wo wir zutiefst seinen Verlust fühlen und auch den unseren.

Kürzlich haben ein Freund und ich uns zu einem Tennisspiel am frühen Morgen getroffen. Er erzählte mir, wie er mit seinem sechsjährigen Sohn einen Ausflug gemacht hat. Sie haben in einem Zelt geschlafen, ihr Frühstück am Lagerfeuer zubereitet und zusammen am Fluß gespielt. Als er sich in seiner Begeisterung in Einzelheiten verlor, freute sich ein Teil von mir mit ihm, ein anderer aber war sehr traurig. Ich empfand sogar Neid. *Ich wünschte, er würde aufhören, mir das zu erzählen,* dachte ich. Ich erkannte, was mit mir geschah. Ich spürte wieder einmal dieses Verlustgefühl. Ich wünschte, daß auch ich solche Erlebnisse mit meinem Sohn hätte haben können; aber das würde nie möglich sein. Matthews begrenzte Fähigkeiten würden ein derartiges Erlebnis nie zulassen. Ein Gefühl der Traurigkeit begleitete mich den ganzen Tag. Aber es war eine Erfahrung, die mir Gott gab, damit ich sie einem Patienten erzählen konnte, um ihm zu helfen, zu fühlen und zu leben. Ich habe mich auch mit meiner Frau Joyce darüber ausgetauscht, und das hat uns näher zusammengebracht. Meine Traurigkeit hat einen Sinn gehabt, und ich habe mich durch dieses kleine Erlebnis verändert. Jetzt gehört es zu den Erinnerungen, die meine Vergangenheit ausmachen und meinem Leben Tiefe geben.

Verwundete Menschen sind traurige oder deprimierte Menschen. Und diese Traurigkeit oder Depression kann ihre Sicht beeinträchtigen, weil Depression die Wahrnehmung unseres

Lebens verzerrt. Jeder von uns nimmt das Leben auf dem Hintergrund seiner Erlebnisse wahr, weil unsere Erinnerungen uns stets begleiten. Unsere Wahrnehmungen erfolgen automatisch, und wir folgern daraus, daß das, was wir wahrnehmen, die reale Welt ist.

Pater Richard F. Berg und Christine McCartney vergleichen unsere Wahrnehmungsfähigkeit mit einer Kamera. Fotografen können das Bild der Realität durch die Verwendung unterschiedlicher Linsen oder Filter angleichen oder verzerren. Somit ist das, was die Kamera aufzeichnet, nicht unbedingt ein korrektes Bild der Realität. Ein Weitwinkelobjektiv gewährt ein viel weiteres Panorama, aber die Gegenstände in dem Bild erscheinen entfernter und kleiner. Ein Teleobjektiv ermöglicht eine viel nähere und trennschärfere Sicht des Geschehens. Es kann sich auf eine schöne Blume konzentrieren, schließt aber gleichzeitig den Rest des Gartens aus. Eine normale Linse fängt glückliche und lächelnde Menschen ein, aber wenn man dieselben Personen mit einem Superweitwinkel aufnimmt, sind sie verzerrt und unwirklich. Filter können die Wirklichkeit verschwommen wiedergeben, Bilder in Stücke zerlegen, Dunkelheit in eine beleuchtete Szene bringen... Wie die Linsen und Filter bei einer Kamera, so kann unsere Wahrnehmung dieser Welt verzerrt werden. Die Depression rückt die dunkleren Teile des Lebens in den Brennpunkt und nimmt die Wärme, Handlung und Freude aus einer Szene heraus. Ein Fotograf ist sich der Verzerrung der Realität bewußt, die er erzeugt, wenn er die Linsen wechselt, die deprimierte Person dagegen nicht. Wenn wir deprimiert sind, sind wir praktisch blind, ohne es zu wissen. Und je stärker die Intensität unserer Depression ist, desto größer ist die Verzerrung.[3]

Was verzerren wir? Wir verzerren das Leben selbst und berauben es seines Sinnes und Reizes. Wir verzerren das Bild Gottes. Wir betrachten ihn als weit enfernt und gleichgültig, so als trenne uns ein tiefer Graben von ihm. Und wir verzerren unseren Blick für uns selbst. Unsere Wertvorstellungen, unsere Selbsteinschätzung und Fähigkeiten schwinden mit der Hoffnung.

Depression ist ein Symptom, eine Krankheit und eine Reaktion. Sie ist ein Warnsystem, das unsere Aufmerksamkeit auf die Tatsache lenkt, daß etwas nicht stimmt. Eine psychotische

Depression ist eine Erkrankung, ein Leiden. Depression ist aber auch eine Reaktion auf die vielen Verluste, die wir im Laufe unseres Lebens erleben. Und eigentlich gibt es immer Gründe für Depressionen.

Viele Christen haben die falsche Meinung, ein Christ darf nicht deprimiert sein. Wenn es Sünde wäre, deprimiert zu sein, muß der Prophet Jeremia der größte unter den Sündern gewesen sein, weil er vieles, was er geschrieben hat, in einem depressiven Zustand von sich gab. Wir wurden mit der Fähigkeit geschaffen, depressiv zu werden, wenn sich in unserem Leben Bestimmtes ereignet. Depression kann ein Symptom sein, das uns warnen möchte, uns in noch tiefere Wasser zu begeben. Voraussetzung ist allerdings, daß wir willens sind, sie als ein solches Warnsymptom zu akzeptieren. Sie kann uns daran erinnern, daß wir uns nicht auf unsere eigenen Kräfte verlassen können. Wir müssen zurückkehren zu Gott und seiner Hilfe. Depression kann ein kurzfristiger Schutzmechanismus sein, um uns eine Atempause in Streß und Anspannung zu verschaffen und uns Zeit zur Erholung zu gewähren. Depression ist ein Warnsystem, das Gott für uns geschaffen hat. Gott erlaubt uns jedoch nicht, Depression als eine Form der Selbstbestrafung zu benutzen. Für alle Strafen hat er durch die Lösung am Kreuz gesorgt.

Depression darf nicht in uns verharren, und wir dürfen sie nicht als dauernde Lebensweise wählen. Sind wir in einem leichten Zustand der Depression oder Traurigkeit, können wir uns dafür entscheiden, die Warnung zu beachten und einige Veränderungen vorzunehmen. Oder wir verweilen zu lange darin und erlauben ihr, sich in unser Leben einzunisten.

Einige Gründe für Depression

Zu den Gründen für Depression gehören auch Probleme aus unserer Vergangenheit, die uns noch beeinflussen. Eines der größten Probleme ist Entbehrung.

Ein Säugling ist von seiner Mutter physisch und emotional abhängig, um überleben zu können. Durch die Wärme, Nahrung und Liebkosung der Mutter wird dem Kind eine Botschaft der

Liebe, Geborgenheit und Sicherheit übermittelt. Wenn er ein Bedürfnis hat, reagiert die Mutter. Treu reagiert sie auf sein Weinen, und so lernt das Kind zu vertrauen. Treue Mutterschaft baut Vertrauen auf.

Was aber geschieht, wenn das Kind wiederholt enttäuscht wird oder die Mutter zwar reagiert, aber ohne Liebe? Das Kind lernt auf diese Weise sehr bald, daß es seiner Mutter und auch anderen Menschen nicht vertrauen kann. Es fühlt sich vernachlässigt und wertlos. Es versteht nicht, warum ihm seine Welt als vertrauensunwürdig, unzuverlässig und lieblos erscheint. Diese frühen Erfahrungen entwickeln in dem Kind eine niedrige Frustrationsschwelle. Wem kann es vertrauen? Gefühle von Groll und Ärger, die sich als Sämlinge in diesen frühen Jahren entwickeln, bilden sich unter der seelischen Oberfläche weiter bis hin ins Erwachsenenalter. Sie machen es einem solchen Menschen schwer zu vergeben. Seine Erfahrung mit Mißtrauen macht ihn später oft für Depressionen anfällig.

In der Depression liegt das Gefühl des Verlustes, der Hoffnungslosigkeit, und sie ist, wie Berg und Christine McCartney es nennen, eine geistliche Traurigkeit.

Traurigkeit ist eine tiefe Wunde im geistlichen Selbstkonzept. Sie schafft bei der depressiven Person oft ein beträchtliches Leiden und kann wie „ein Baum der im Dunkeln vegetiert" angesehen werden. Die beiden Wurzeln dieses Baumes sind 1. der Glaube, daß man ungeliebt ist, mit der erstaunlichen Unfähigkeit zu vergeben (Groll) und 2. der Glaube, daß man nicht liebenswert ist und deshalb Vergebung nicht annehmen kann (Perfektionismus). Diese beiden Wurzeln verzerren die Wahrnehmung eines Menschen für die Gegenwart und trüben die Erwartungen für die Zukunft. Dieser „Baum der Dunkelheit" kann nicht gedeihen in dem Licht, das Gottes bedingungslose und heilende Liebe hervorruft. Der Herr sehnt sich danach, Traurigkeit zu heilen, indem er uns aus der Dunkelheit herausführt. Er hat gute Nachrichten für Menschen im dunklen Loch. Er heilt die, die gebrochenen Herzens sind, proklamiert Freiheit für die Gebundenen und entläßt die, die im Gefängnis sitzen (Jesaja 61,1). Jesus hat gesagt: „Ich bin das Licht der Welt. Wer mir nachfolgt, der wird nicht wandeln in der Finsternis, sondern wird das Licht des Lebens haben" (Johannes 8,12). Der Psalmist frohlockt über die heilende, liebende Gegenwart Gottes:„Ja, du machst hell meine Leuchte, der Herr, mein Gott, macht meine Finsternis licht" (Psalm 18,29).[4]

Die Wunde der Traurigkeit führt oft zu Schuldgefühlen über unsere Unvollkommenheiten. Es ist nicht überraschend, daß viele, die mit Depressionen kämpfen, Perfektionisten sind. Sie setzen sich selbst so hohe Maßstäbe, daß sie leichte Zielscheiben für Versagen werden. Bald fühlen sie sich, als sei eine riesige Last auf sie gelegt worden.

Jesus antwortet allen von uns, die wir uns schuldig fühlen wegen unserer Unvollkommenheiten, daß er uns Vergebung und Befreiung von den Lasten, die wir tragen, schenkt. Er sagt in Matthäus 11, 28-30: „Kommt her zu mir, alle, die ihr mühselig und beladen seid. Ich will euch erquicken. Nehmt auf euch mein Joch und lernt von mir; denn ich bin sanftmütig und von Herzen demütig; so werdet ihr Ruhe finden für eure Seelen. Denn mein Joch ist sanft und meine Last ist leicht."

Der depressive Mensch fühlt sich leer und ohne Hoffnung. Er glaubt, daß er ungeliebt ist, daß sich niemand wirklich um ihn kümmert. Der Psalmist beschreibt derartige Gefühle, wenn er sagt: Herr, Gott, mein Heiland, ich schreie Tag und Nacht vor dir... Denn meine Seele ist übervoll an Leiden, und mein Leben ist nahe dem Tode. Ich bin denen gleich geachtet, die in die Grube fahren, ich bin wie ein Mann, der keine Kraft mehr hat. Ich liege unter den Toten verlassen, wie die Erschlagenen, die im Grabe liegen, derer du nicht mehr gedenkst und die von deiner Hand geschieden sind. Du hast mich in die Grube hinunter gelegt, in die Finsternis und in die Tiefe...Ich bin elend und dem Tode nahe von Jugend auf; ich erleide deine Schrecken, daß ich fast verzage." (Psalm 88, 2, 4-7+16).

Jesus antwortet darauf mit diesen tröstlichen Tatsachen: „Ein Dieb kommt nur, um zu stehlen, zu schlachten und umzubringen. Ich bin gekommen, damit sie das Leben und volle Genüge haben sollen" (Johannes 10,10). „Das sage ich euch, damit meine Freude in euch bleibe und eure Freude vollkommen werde" (Johannes 15,11).

Der deprimierte Mensch hat große Zweifel an sich selbst und darüber, ob er geliebt wird oder nicht. Diese Zweifel können sich bald in Groll umwandeln. Wenn wir diesen Groll nicht ausdrükken und behandeln, nährt er leicht unsere Depression. Das Wort Gottes bietet uns einen umfassenden Beweis dafür, daß wir wirklich geliebt sind: „Denn also hat Gott die Welt geliebt, daß er seinen eingeborenen Sohn gab, damit alle, die an ihn glauben, nicht verloren werden, sondern das ewige Leben haben" (Johannes 3, 16).

„Was meint ihr? Wenn ein Mensch hundert Schafe hätte und eines unter ihnen sich verirrte: läßt er nicht die neunundneunzig auf den Bergen, geht hin und sucht das verirrte? Und wenn es geschieht, daß er's findet, wahrlich, ich sage euch: er freut sich darüber mehr als über die neunundneunzig, die sich nicht verirrt haben. So ist's auch nicht der Wille bei eurem Vater im Himmel, daß auch nur eines von diesen Kleinen verloren werde (Matthäus 18, 12-14).

„Ich bin der gute Hirte. Der gute Hirte läßt sein Leben für die Schafe" (Johannes 10,11).

Chuck Swindoll bietet denen unter uns, die mit Narben von Sünden und Versagen aus der Vergangenheit leben, auch einige Worte des Trostes an: „Obwohl Sie die häßlichen, bitteren Dinge bekannt und aufgegeben haben, scheinen Sie nicht die anbrandende Flut ausmerzen zu können. Manchmal, wenn Sie alleine sind, taucht die Vergangenheit wieder auf wie eine plötzliche Ozeanwelle und überwältigt Sie. Die Wunde reißt wieder auf. Sie bleibt entzündet und empfindlich, und Sie fragen sich, ob sie JEMALS heilen wird. Obwohl das den anderen nicht bekannt sein muß, leben Sie in der Angst, daß alles herauskommt... und daß Sie abgelehnt werden.

Ich liebe die Aussage in Jesaja 53, 4+5, und sie tröstet mich immer wieder: „,,Fürwahr, er trug unsere Krankheit und lud auf sich unsere Schmerzen... Er ist um unserer Missetat willen verwundet und um unserer Sünde willen zerschlagen. Die Strafe liegt auf ihm, auf daß wir Frieden hätten, und *durch seine Wunden sind wir geheilt.*'"[5]

Wenn wir im Leben nicht vorwärtskommen, uns unglücklich, isoliert, übermäßig reizbar, mißtrauisch, deprimiert fühlen, so gibt es Hoffnung durch die heilende Kraft Jesu Christi. Nachstehend einige Übungen, die Ihnen zum Start auf dem Weg zur Integrität, zur Ganzheitlichkeit und zum Heilsein verhelfen können:

1. Was ist es, was Sie aus der Vergangenheit heute in Ihrer Denk- und Handlungsweise beeinflußt? Manche haben etwas dagegen, Zeit damit zu verbringen, sich die Vergangenheit anzuschauen. Sicherlich ist es ungesund, zu viel Zeit mit der Rückschau zu verbringen. Um uns jedoch auf Ganzheitlichkeit und Heilsein zubewegen zu können, müssen wir die Ursache für unsere Wunden erkennen. Wir graben nicht auf dem Friedhof unserer Gedanken, damit emotionale Gespenster erwachen und uns heimsuchen. Wir halten vielmehr nach halbverschütteten Gräbern Ausschau, die eingeebnet werden müssen.
2. Wären Sie eine vertrauensvolle Person, wie würden Sie auf andere Menschen reagieren? Leben Sie heute noch in dem Mißtrauen Ihrer Vergangenheit? Es ist schwierig, in zwei Welten zu leben.
3. Wenn Sie emotional offen wären, um Ihre Liebe, Ihre Verletzungen und Freude mitzuteilen, wie müßte die Beziehung zu anderen Menschen dann aussehen? Verbringen Sie ein paar Minuten damit, sich auszumalen, wie Sie auf neue und positive Weise reagieren können. Machen Sie jeden Tag einen kleinen Schritt auf dem Wege, Ihr neues Selbst zu gestalten.
4. Wenn Sie jetzt nicht traurig oder deprimiert wären, wie würden Sie dann Ihr Leben gestalten? Schreiben Sie das detailliert auf ein Blatt Papier. Womit könnten Sie beginnen, damit Sie sich auf ein neues Leben voller Hoffnung und Freude zubewegen?
5. Schreiben Sie die Einzelheiten für Ihre Traurigkeit und Ihre Depression auf – und auch was Sie jeden Tag vom Aufstehen bis zum Schlafengehen unternehmen.

Wenn meine Patienten, die depressiv sind, mir erklären, wie sie ihre Zeit gestalten, entdecke ich gewöhnlich, daß vieles, was sie tun, tatsächlich ihre Traurigkeit und Depression noch schürt. „Wenn ich leben würde wie Sie“, sage ich zu ihnen, „würde ich mich wahrscheinlich noch viel miserabler fühlen als Sie! Wie kommt es, daß Sie nicht noch trauriger und deprimierter sind, als es der Fall ist? Es muß eine Menge Positives in Ihnen stecken, dessen Sie sich nicht bewußt sind. Lassen Sie uns entdecken, was es ist, damit Sie es nützen können."

Wer kann Ihre Wunden heilen? Selbstbeobachtung und der feste Entschluß zu Wachstum sind wichtig. Die Ursachen für einige Ihrer Wunden können allerdings so verborgen sein, daß Sie die Hilfe eines erfahrenen Seelsorgers brauchen, ehe Sie vorankommen. Aber ganz gleich, wo Sie sich um Hilfe bemühen, Jesus Christus ist die Quelle Ihrer Heilung, weil er auch die Quelle der Hoffnung ist, die Sie als Kind Gottes haben. Das völlige Bewußtwerden der ewigen Bedeutung Ihrer Adoption in die Familie Ihres himmlischen Vaters (Galater 4, 4-5) gibt Ihnen einen unbezahlbaren Schlüssel in die Hand, der genau in das Schloß Ihres Lebens paßt. Stecken Sie den Schlüssel in dieses Schloß, drehen Sie ihn um, und das Schloß springt auf!

Wenn Sie das Schloß aufschließen und die Tür zu Ihrem inneren Selbst öffnen, fallen Beschränkungen, Fesseln, Ketten und Anker, die Sie bisher gefangenhielten, ab, und auch die Gefühle der Hoffnungslosigkeit schwinden. Das Öffnen der Tür gibt Ihnen die Gelegenheit, nun objektiv zu beurteilen, wer Sie heute sind, welchen Einfluß Ihre Vergangenheit auf Ihr Leben hat und was Sie mit Ihrem Leben in der Zukunft tun sollen. Weil der Heilige Geist Sie drängt und Sie daran erinnert, daß Sie Gottes Kind sind (Römer 8, 15-16), können Sie jetzt Risiken übernehmen. Sie können sich im Glauben auf den Weg machen und erleben, was Gott tun wird, um das unreife Kind aus der Vergangenheit zu nähren und zu disziplinieren, und wie er Sie ermächtigen wird, zu dem reifen Erwachsenen heranzuwachsen, der Sie nach seinem Plan schon immer sein sollten.

Dr. Lloyd Ogilvie hat mein Leben viele Jahre lang beeinflußt. Seine einsichtigen Worte können auch Ihnen helfen, zu dem folgerichtigen Schluß für Ihre Lebensreise zu kommen und Frieden mit der Vergangenheit zu schließen: „Wir alle brauchen Kraft. Wir brauchen eine innere Energiequelle für unseren Geist und unseren Willen. Wir sind zu einer Neuschöpfung bestimmt und sollen wie Jesus sein. Das können wir nicht aus uns selbst heraus, aber er kann es! Christus, der in uns wohnt, die Kraft, die in uns am Werke ist, durchdringt alle Zellen unseres Gehirns mit einem lebendigen Bild von der Person, die wir werden können. Dann leitet er jede Entscheidung und die Urteilskraft unseres Willens. Er zeigt uns, wie wir als neue Geschöpfe handeln und reagieren sollen. Unsere erschöpften Energiequellen werden mit neuer Kraft gefüllt. Wir erhalten tatsächlich „übernatürliche" Kraft – mit der uns von Gott eingegebenen Fähigkeit –, zu denken, zu handeln und zu reagieren.[6]

Bibliographie

Einführung

[1] A.W. Tozer, *Die Wurzel der Gerechten,* Telos, Liebenzeller Mission.

Kapitel 1

[1] W. Hugh Missildine, *Your Inner Child of the Past* (New York: Simon & Schuster).

[2] Howard Halpern, *Cutting Loose: a Guide to Adult Terms With Your Parents* (New York: Bantam USA).

[3] W. Hugh Missildine und Lawrence Galton, *Your Inner Conflicts* (New York: Simon & Schuster, 1974).

Kapitel 2

[1] W. Hugh Missildine, *Your Inner Child of the Past*

[2] Entnommen aus: *The Secret Strength of Depression,* (New York: J. B. Lippincott, 1975).

Kapitel 3

[1] Henri J. M. Nouwen, *The Living Reminder. Service and Prayer in Memory of Jesus Christ* (New York: Seabury Press).

[2] dto.

[3] Lloyd John Ogilvie, *God's Will in Your Life,* (Eugene, Ore.: Harvest House, 1982).

[4] J. I. Packer, *Gott erkennen. Das Zeugnis vom einzig wahren Gott,* Liebenzeller Mission

[5] Ogilvie, *God's Will in Your Life*

Kapitel 4

[1] Norman Vincent Peale, *Positive Imaging* (Old Tappan, N.J.: Fleming H. Revell).

[2] John W. Drakeford, *The Awesome Power of the Healing Thought,* (Nashville: Broadman, 1981).

[3] Alan Richardson, *Mental Imagery* (New York: Springer Pub., 1969)

[4] Mike Samuels und Nancy Samuels, *Seeing with the Mind's Eye* (New York: Random House, 1975)

Kapitel 5

[1] Lewis B. Smedes, *Forgive and Forget* (New York: Harper & Row).

[2] Der Weg, der hier beschritten wird, um Groll loszuwerden und anderen zu vergeben, wird in unterschiedlicher Form von vielen Therapeuten und Pastoren eingeschlagen. Zu ihnen gehören: Dennis und Matthew Linn, *Healing Life's Hurts* (Ramsey N. Y.: Paulist Press, 1977). Howard Halpern, *Cutting Loose.* (Die Technik mit dem leeren Stuhl, die wir aus der Gestalt-Literatur kennen, wird hier beschrieben). David L. Luecke, *The Relationship Manual* (Columbia, Md.: Relationship Institute, 1981) s. auch letzte Ausgaben von *The journal of Christian Healing,* 103 Dudley Avenue, Narbelk, Penn 19072.

[3] Entnommen aus Howard M. Halpern, *Cutting Loose: A Guide to Adult Terms With Your Parents* (New York: Bantam)

[4] Joyce Landorf, *Irregular People* (Waco, Tex.: Word 1982)

[5] Lloyd John Ogilvie, *God's Best for my Life* (Eugene, Ore.: Harvest House 1981)

[6] Lewis B. Smedes, *Forgiveness: The Power to Change the Past,* Christianity Today(7. Januar 1983.)

[7] Ogilvie, *God's Best…*

[8] Smedes, *Forgive and Forget*

Kapitel 6

[1] W. Hugh Missildine, *Your Inner Child of the Past*

[2] Howard M. Halpern, *Cutting Loose*

[3] J. I. Packer, *Gott erkennen Das Zeugnis vom einzig wahren Gott,* Liebenzeller Mission

[4] Joseph R. Cooke, *Free for the Taking* (Old Tappan, N. J.: Fleming H. Revell, 1975)

[5] Maurice Wagner, *The Sensation of Being Somebody* (Zondervan)

[6] Halpern, *Cutting Loose*

Kapitel 7

[1] Jane B. Burka und Lenora M. Yuen, *Procrastination* (Menlo Park, Calif.: Addison-Wesley, 1980).

[2] David Burns, *Feeling Good: The New Mood Therapy* (New York: New American Library)
[3] John Robert Clarke, *The Importance of Being Imperfect* (New York: David McKay, 1981)
[4] Burns, *Feeling Good*

Kapitel 9

[1] Nick Stinnet, Barbara Chesser und John DeFrain, Herausgeber, *Building Family Strengths:* Blueprint for Action (Lincoln, Neb.: University of Nebraska Press, 1979)
[2] John Powell, *The Secret of Staying in Love* (Niles, III: Argus Communications, 1974).
[3] Lawrence Crabb, *Effective Biblical Counseling* (Grand Rapids: Zondervan).

Kapitel 10

[1] William J. Knaus, *Do it Now: How to Stop Procrastination* (Englewood Cliffs, N.J.: Prentice Hall, 1979).
[2] dto.
[3] Peter M. Lewinsohn, Ricardo F. Munoz, Mary Ann Youngren und Antoinette M. Zeiss, *Control Your Depression* (Englewood Cliffs, N.J.: Prentice Hall, 1979).

Kapitel 11

[1] Dr. George Weinberg, *Self Creation* (New York: Avon Books).
[2] dto.
[3] Richard F. Berg und Christine McCartney, *Depression and the Integrated Life* (New York: Alba House, 1981).
[4] dto.
[5] Charles R. Swindoll, *Growing Strong in the Seasons of Life* (Portland, Ore.: Multnomah)
[6] Lloyd John Ogilvie, *God's Best for My Life,* Tägliche Lese vom 3. März.

Lieber Leser,
wenn durch die Lektüre dieses Buches in Ihnen persönliche oder seelsorgerliche Fragen aufgekommen sind, so wenden Sie sich mit diesen bitte an einen Seelsorger Ihres Vertrauens. Gerne dürfen Sie sich auch an die

Family Life Mission, Postfach 1965, 77679 Kehl

wenden, die von Walter und Ingrid Trobisch gegründet wurde. Erfahrene Seelsorger werden Ihnen antworten. Ihre Anfragen werden selbstverständlich vertraulich behandelt.